「求人票」
で欲しい人材を引き寄せる

中小企業のための
ハローワーク採用

Complete guide to HELLO WORK recruitment

完全マニュアル

ハローワーク求人専門社会保険労務士
五十川 将史
MASASHI IKAGAWA

日本実業出版社

はじめに

　私はよく「**求人票の作成は健康診断のようなものだ**」と話しています。

　健康診断が個人の健康状態を計測するのと同様に、求人票の作成には企業の現状や労働条件を確認する必要があります。また、健康診断で身体の強みや健康リスクが見えてくるように、求人票を作成することで企業の強みや魅力を発見すると同時に、改善すべき自社の課題も見えてきます。

　健康診断が医療機関において医師や専門家が行うように、求人票についても専任の採用担当者を設置したり、外部の採用コンサルタントやコピーライターに依頼することも1つの選択肢です。

　しかし、多くの中小企業・小規模事業者にとっては、人的資源不足や経済的な制約から、これは難しい現実であることは、こうした皆さまの支援をしている私には理解できます。

　そんな中小企業・小規模事業者に活用して欲しいと考えているのが、本書で紹介するハローワーク（公共職業安定所）です。ハローワークはすべての求人サービスが無料で利用できるなど多くのメリットがあります。

　ただし、ハローワークにおいては各企業が自ら求人票を作成し、各種サービスを主体的に活用していく必要があります。これは、採用活動の基本や法律・ルールを理解したうえで、ハローワーク採用の仕組みや求人票の作成方法を学び、自社自身で実施するということが求められるということになります。

　そこで本書では、思うように採用コストをかけることができない中小企業・小規模事業者の方々でもハローワークを徹底活用することで、お金をかけずに自社が求める人材を採用することができるように、私と弊所のスタッフ4名が持つ求人票の作成方法をはじめ、**ハローワーク採用に関するノウハウや具体的な事例を余すことなく公開**することとしました。

　本書を有効に活用していただくことで、中小企業・小規模事業者の皆さまがハローワークでも自社が求める人材を採用できるようになり、これが日本を一段と元気にし、未来への希望を育むきっかけとなれれば、著者としてはこれ以上ない喜びです。

2024年2月 　　　　　　　　　　　　ウエルズ社会保険労務士事務所　代表

社会保険労務士　五十川　将史

はじめに

第2章

欲しい人材を引き寄せる求人票の作り方
求人票主要7項目の作成ポイント

第4章

業種別・ハローワーク求人票の書き方と文例集

正社員

第7章

募集シーン・ターゲット別・ハローワーク求人票の書き方と文例集
新卒採用

カバーデザイン　井上新八
DTP　　　　　一 企 画

序 章

ハローワークだからこそ
欲しい人材が採用できる

1. ハローワーク採用に対する よくあるイメージ

「ろくな求人票（会社）ではない」と言われないために

　皆さん、ハローワーク（公共職業安定所）で人材募集を行うことに対して、どのような印象をお持ちでしょうか。

　「今どきハローワークで仕事探ししている人はいない」
　「いたとしてもハローワークで仕事を探している人は失業者ばかりで、『ろくな人』がいない」
　「求人票に盛り込める情報量は限られているし、ハローワークだと自社が書きたい求人情報を書くことができない」

　社会保険労務士として事業所の皆さんから日々見聞きし、そして民間企業で採用担当をしていたこともある私自身も率直に言って、以前はハローワークに対してこのようなネガティブなイメージを持っていました。
　しかし、今ならこう言えます。

> 「ハローワークでよい人材が採用できないのは、
> もしかしたら求職者やハローワークが悪いのではなく、
> その会社自身に原因があるのではないか？」

　もちろん、ハローワークには様々な求職者や職員の方がいますし、現行のハローワークの求人システムにも改善の余地が多々あると私自身も感じています。
　ただ、採用活動がうまくいかない理由を、求職者やハローワークのせいだけにすることはできません。

序章

第1章

第2章

第3章

第4章

第5章

第6章

第7章

そもそも、求職者の方は、求人票を見たうえで自社に応募してきているということからすれば、「ろくな人が応募してこない」のは、その会社の求人票、ひいてはその会社自身が「ろくな求人票、会社ではない」と自ら言っているのと同じと言えます。

　人材募集に関する問題を決して他責思考に陥ることなく、ハローワークの特徴や仕組みを正しく理解することで、ハローワークをうまく活用し、自社の採用力アップにつなげていきたいものです。

　とはいえ、ハローワークに対するネガティブなイメージを抱えて期待値が低い状態でハローワークを活用した採用活動を進めていくことは、自社の採用に携わるあなた自身のモチベーションが上がらないだけでなく、社内のコンセンサスを得ることも難しいでしょう。

　まず初めに、ハローワークの持つ機能やポテンシャルを再認識し、自社の採用戦略に取り入れ「ハローワークだからこそ欲しい人材が採用できる」ことを一緒に確認していきたいと思います。

2. ハローワークは今もなお日本最大の職業紹介機関

少子化＆転職手段が多様化するなかでも国内トップの機関

　ハローワークは、全国544か所をはじめ、自治体によるワンストップ窓口340か所などのネットワークを持っています。

　確かに、「新規求職者数（ハローワークに新たに登録した求職者数）」と「就職件数（ハローワークで就職成功した件数）」は年々減少傾向が続いています。これは、少子化の影響のほか、転職サイトをはじめ、転職手段が多様化していることも一因と考えられます。

　とはいえ、それでも2022年度実績では、新規求人数（募集人数）約1053万人に対して、新規求職者数約459万人、就職件数は約123万人となっており、**今もなお日本最大の職業紹介機関**です。

　一般的に、新規求職者数が年間で約459万人という数字だけを見ても価値がわかりづらいので、民間の求人サービスとの比較から、その比類なき価値を測ってみます。

　例えば、単純に12で割って**1か月平均にするとおよそ32万人**。これに対して、ある大手求人ナビサイトの紹介ページには毎月の新規登録者数はおよそ10万人との記載がありました。

　もちろん、毎月新規の求職者が、大手求人ナビサイトの約4倍というような単純比較はできませんが、少なくとも**ハローワークにも民間の大手求人ナビサイトに負けないような新規求職者が今もなお登録している**ということは理解いただけることでしょう。

　厚生労働省の「令和2（2020）年転職者実態調査」によると、転職

者がどのような方法で転職活動を行ったか（複数回答）では、求職者が直接応募する「求人サイト・求人情報専門誌・新聞・チラシ等」が39.4％と最も高いですが、職業紹介機関ではハローワーク等の公的機関が34.3％に対して民間職業紹介事業者は14.8％となっており、**紹介斡旋による人材確保においてはハローワークの利用が高くなっています**。

●ハローワークにおける職業紹介の実績

	区分	2022年度
一般職業紹介	新規求職申込件数（万人）	458.6
	新規求人数（万人）	1052.8
	就職件数（万人）	122.6
若年者	フリーター等の正社員就業（万人）	10.4
高齢者	65歳以上就職件数（万件）	12.7
女性	母子家庭・マザーズ事業就職件数（万人）	10.8
就職氷河期世代	正社員就職件数（万人）	11.9
外国人	就職件数（万人）	1.1

出典：厚生労働省 職業安定局「公共職業安定所の主な取組と実績」（2023年10月）

序章
第1章
第2章
第3章
第4章
第5章
第6章
第7章
ハローワークだからこそ欲しい人材が採用できる

3. ハローワーク活用の 5つのメリット

（1）数十万円以上のサービスの利用料がすべて0円

　ハローワークを活用する最大のメリットは**費用がかからないこと**です。

　求人情報誌や求人サイトへの掲載、職業紹介事業者の利用などでは費用も媒体により数万円程度から数十万円以上まであり、中小企業・小規模企業者が手軽に利用できるとはいえません。

　その点、ハローワークは**求人情報の掲載**を何件でも何回でも無料でできます。また、全国ネットワークを活用した**職業紹介**、求職者ニーズに基づく求人充足に向けた**助言・指導**や就職面接会の開催などの**各種求人者向けサービス**も無料で利用できます。

　ただし、「**無料だからとりあえずハローワークに求人を出しておこう**」**という姿勢**では、その恩恵を受けることも**限定的**となってしまうでしょう。

　ハローワークの価値を民間の求人サービスやその料金に換算すれば、数十万円、いやそれ以上の価値のあるものだと認識し、**徹底活用する**ことでハローワークのポテンシャルを最大限に引き出すことができるでしょう。

（2）中小企業・小規模企業者を中心とした地域密着型

　ハローワークは、管轄エリア内の中小企業・小規模企業者を中心に職業の紹介斡旋を担う地域密着型の機関です。

　そのため、求人の勤務地も地元が多く、**地元で働きたい求職者には豊富な求人情報が魅力**です。

　最近は、若年層の地元志向も強くなっており、大手職業紹介事業者にはないハローワークの求人情報で仕事探しをする人も多くいます。

また、**UIJターン**（大都市圏から地方への移住）を考えている人には、全国のネットワークを活用した職業紹介の支援があるため、企業も全国各地の広範囲から人材を採用することができます。

（3）高度専門職や経営幹部も採用できる

　従来、ホワイトカラー系の高収入職種は民間職業紹介事業者が、ブルーカラー系を中心とした比較的年収の低い職種はハローワークが扱うなどの棲み分けの傾向がありました。

　しかし最近、両者の領域は重複してきており、ハローワークでも幅広い人材を対象とした求人・求職活動が行われるようになっています。

　また、ハローワークの機能の1つに、いわゆる失業保険の受給申請手続きがあります。**仕事探しをするつもりがないビジネスパーソンも、失業保険申請のためにはハローワークに求職のための「登録」をする**必要があり、その後の受給のためには窓口で職業相談を受けたり求人に応募したりしなければなりません。

　現に、**求人情報の中には医師、薬剤師や建築士、支店長や部長職などの経営幹部といった職種が多数あり、実績として就職件数も上がっているということは、ハローワークでもこうしたビジネスパーソンの採用チャンスがある**ということです。

　とはいえ、残念ながら現状、高度専門職や経営幹部といったビジネスパーソンの多くの方にとっては、ハローワークは転職活動でメインに利用するサービス・転職方法とはいえません。ひと言で言えば、企業も求職者もそういった求人は「ハローワークに期待していない」というのが本音でしょう。

　そもそもハローワークに出されている求人は、未経験者向けに出されているものが多いことや、経験者や高度専門職のほか、経営幹部といったビジネスパーソンを募集対象に含める場合であったとしても、例えば賃金が月額18万〜40万円のように、未経験者から経験者まで幅

広くカバーするような求人票であることが多いものです。

　これらの求人票は得てして、仕事内容は総花的であったり、未経験者に向けた内容となっており、高度専門職や経営幹部といったビジネスパーソンのニーズに応える求人票となっていないという場合がほとんどです。

　高度専門職や経営幹部といったビジネスパーソンのニーズにも応える求人内容や条件を備えた求人票をハローワークにおいても充実させていくことによって、将来的にはさらに、経験者や高度専門職、経営幹部といったビジネスパーソンにとっても転職活動で利用可能なサービス・転職方法の選択肢の1つに加わっていくことが期待できます。

（4）高校生や大学生などの新卒も採用できる

　「ハローワークは中途採用だけ」「ハローワークで就職先を探している大学生なんていない」と認識している企業が意外と多くあります。

　新卒の大学生は、大手就職サイトで求人を探していることは確かですが、「都市ではなく地元で」や「大手ではなく中小企業で」、「大手の選考を受けたが、今は地元の企業に意識が向いた」などの理由から地域の優良企業を志望する学生もあり、そうした学生が利用するのが地域の求人情報が豊富なハローワークです。

　高校新卒はハローワークを通した採用活動がルール化されていますが、大卒や短大、専修学校新卒に対しても専任の担当者が新卒専用の求人情報で相談・マッチング支援をしています。

　また、一般のハローワークとは別に「新卒応援ハローワーク」が各都道府県に1か所以上、全国では56か所に設置されています。

　ここでは、新卒者等の就職支援を専門とする就職支援ナビゲーターが、担当者制で個別に支援を行っています。定期的な求人情報の提供や、就職活動の進め方・求人の選び方の相談など、1人ひとりの希望や困りごとに寄り添った支援を行っています。

そのほか、必要に応じて、臨床心理士による専門的な支援を受けることもできるなどサービスも充実してきています。

就職支援ナビゲーターには、キャリアコンサルティング有資格者や企業の人事労務管理経験者などが採用されていて、私自身も就職支援ナビゲーターの前身である学卒ジョブサポーターという仕事をハローワークで行っておりました。

この新卒応援ハローワークを利用できる方は、**大学生のほか、大学院・短大・高専・専修学校などの学生・生徒や、これらの学校を卒業後、おおむね３年以内の既卒者が対象**となります。

新卒者だけでなく、卒業後おおむね３年以内の既卒者、第二新卒の方にもアプローチができるという点は大きな魅力です。

就職支援ナビゲーターによるきめ細かな支援により、同施設では年間約35万人が利用して約16.3万人もの就職決定に携わったという実績（2021年度）があります。

(5) 地方自治体や民間職業紹介事業者にも求人情報が提供される

ハローワークの求人情報は様々な団体や機関に提供されています。提供対象団体数は、**民間職業紹介事業者1,373団体、地方自治体441団体、学校等260団体、特別の法人25団体の計2,099団体**（2023年6月）です。

こうした外部の団体を通して6,757件（2022年度実績）の採用につながっており、ハローワークの求人情報は外部の労働市場における機関や事業者のマッチング機能によっても、企業の人材確保につながっています。

> **まとめ** **求職情報提供サービスのメリット**
>
> ハローワークを利用する求職者に加えて、情報提供先（職業紹介事業を行う地方自治体・地方版ハローワークや民間職業紹介事業者）を利用する求職者からの求人応募が期待できる。

4. ハローワークインターネットサービスの機能と活用

サイトへのアクセス数は1日で約240万件

　ハローワークインターネットサービスとは、厚生労働省が運営する就職支援・雇用促進のための情報提供サイトで、求人情報へのアクセス数は1日約240万件（2022年実績）あります。

　サービスは**求人者と求職者の双方が無料で利用できる**ため、特に採用リソースに乏しい中小零細企業にとっては貴重なツールの1つです。

　2020年1月の機能強化によりサービスが拡充され、従来に比べ使い勝手も改善されています。

　具体的な活用法は後述しますが、ここでは主な機能をざっくり見ていくことにします。

●ハローワークインターネットサービスの機能

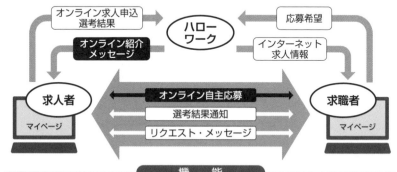

序章

第1章

第2章

第3章

第4章

第5章

第6章

第7章

ハローワークだからこそ欲しい人材が採用できる

（1）求人者マイページ機能

①オンラインによる求人申込み機能

　「求人者マイページ」を開設することにより、ハローワークに出向くことなく会社のパソコン等からオンライン上で求人の申し込みができます。また、求人内容の変更や求人取消しもオンライン上で完結できます。

　ハローワークの窓口が開いていない時間帯や休日も利用できるため、企業の効率的な採用活動に大きく寄与しています。

②詳細な求人情報提供機能

　求人者マイページでは、機能拡充に合わせて改訂された求人票フォームにより、求職者に対して求人情報をより詳細に伝えることができる求人票を作成・掲載することができます。

　また、求人票に掲載する情報のほかに福利厚生や研修制度、両立支援の内容などのPR情報も提供できるので、民間の求人媒体に見劣りしない求人情報を発信することができます。

③画像情報の登録・変更機能

　ハローワークインターネットサービスでは、求人情報などの文字情報だけでなく、求職者に職場のイメージや仕事内容を視覚的に訴える写真などの画像情報を最大10枚まで登録して掲載できます。また、画像ごとに30文字までの「画像タイトル・紹介文」も記載できるため、ホームページを開設していない企業はぜひ活用したい機能です。

　画像情報についても求人票を作成するときと同様に、自社の欲しい人物像を決めることが重要です。自社の欲しい人物像が定まれば、その相手に何を伝えれば興味を持ってもらえるかの方向性も定まってきます。子育て世代をターゲットにしたい場合には、画像情報にもなるべく同年代の従業員を前面に出したほうがより親近感を抱いてもらいやすくなるでしょう。

　なお、従業員の写真を本人の承諾なしに勝手に登録して公開するこ

とは「肖像権の侵害」にあたります。従業員が退職した後に、自分が写っている部分を削除してほしいと言われることがあり、その対応に時間や費用の負担がかかることもあります。退職したとしても引き続き使用できることについても、あらかじめ「肖像権使用同意書」等により本人から承諾を得ておくことでトラブル防止が期待できます。

④求職者の情報検索と「リクエスト」機能

　ハローワークに登録している求職者で、氏名などを除く一定の求職者情報の公開を希望している人については、「希望職種」「希望勤務地」「資格・免許」「最終学歴」などの情報を企業が検索できます。

　検索により自社の募集条件に合う求職者が見つかった場合、従来はハローワークの窓口で依頼していた求人への応募依頼「リクエスト」を自社のマイページから直接送ることができ、独自に求職者を開拓することが可能です。

　この機能は、ハローワーク版「スカウト機能」と言うこともできるでしょう。従来は、ハローワークに求人したら応募を待つだけでしたが、自社に合いそうな求職者に直接アピールできるようになっています。後述の「オンライン自主応募」と組み合わせることによって、募集から応募、採用にいたるプロセスをオンライン化することが可能となります。

⑤応募者の管理や採否結果の報告機能

　求人者マイページでは応募者を一覧で表示することができ、応募書類が届く前に求人者マイページで紹介状の確認も可能です。

　また、採否結果も求人者マイページを通じてハローワークに報告することができるので、FAXや電話を使用する必要もありません。

　なお、採用した理由や採用しなかった理由についての入力は任意とされていますが、可能な限り入力することをお勧めします。

　「ハローワークからの応募は、当社の求める人物像とは異なる方ばかり」という話を耳にすることがありますが、そもそもハローワークは、その会社の欲しい人物像というものを把握できていません。

　ハローワークに対する採否結果の報告などを通じて、自社としてどのような点を評価するのか、評価しないのかの採用基準を通知することによって、ハローワークにおける今後の求人受理、職業紹介にあたって非常に有益な情報となるでしょう。

（2）オンライン機能

　従来、求職者が希望の求人に応募するためには、必ずハローワークに出向く必要がありましたが、ハローワークインターネットサービスでは、オンラインによる2つの方法で紹介・応募ができます。

①オンラインハローワーク紹介

　オンラインハローワーク紹介は、求職者が求職者マイページを通じてオンラインで職業紹介を受ける方法です。紹介窓口での職業相談で希望の条件などを確認している求職者を対象に、担当者が求人との適合性を判断しオンラインで求人情報を送り、応募意思が確認できれば紹介状もオンライン上で発行します。

●オンライン機能Ⅰ　オンラインハローワーク紹介

> マイページを通じてハローワークからオンラインで紹介を受ける

流れ
1. ハローワークが登録求職者にマッチング求人（応募推奨）を選定し、求人者に応募可を確認のうえ求職者のマイページに求人情報を提供
2. 求職者が応募を希望すればマイページ上で応募（職業紹介の成立）
3. 求人者に応募通知が届き、紹介状や志望動機もマイページで確認
4. 求人者と求職者がマイページのメッセージ機能で面接日時などを調整し選考

- ☐ すべての求人が紹介の対象
- ☐ 紹介はハローワークで職業相談を受けた求職者を対象に、求人との適合性を判断したもの
- ☐ 求職者が応募すれば、その後の面接日時の調整などはマイページのメッセージ機能でやりとり
- ☐ 紹介状が発行されるため紹介を要件とする助成金の対象

面接日時の調整などは後日、求人者と求職者がマイページのメッセージ機能で行いますので、**すべてがオンライン上で完結でき、効率的な採用業務が行えます。**

　求職者が一旦持ち帰って家族などと相談したうえで応募を決めるような場合や、窓口での職業相談の結果、ハローワークから応募を推奨する場合などに利用されますが、企業にとっても今までは逸失していたかもしれない求職者の応募機会が増えることにつながるメリットがあります。

②オンライン自主応募

　オンライン自主応募は、求人を閲覧した求職者が応募したい企業に対してハローワークを介さず直接応募する方法です。

　ハローワークの窓口に出向いて求職登録をしている求職者に加えて、ハローワークインターネットサービスで求職者マイページを開設している登録者もスマートフォン等から応募できます。

　企業にとっては**ハローワークに出向けない在職者や遠方のUIJターン希望者のほかインターネット利用度の高い若年層からの応募が期待**

●オンライン機能Ⅱ　オンライン自主応募

> **ハローワークを介さずマイページで求職者から直接応募を受ける**

流れ
1. 求職者が自社の求人に応募するとマイページに応募通知が届く
2. マイページ内の志望動機や履歴書を確認し、メッセージ機能で面接日時を調整
3. 選考を行い、採否結果をマイページに入力

メリット	デメリット
☐ 応募者層が広がる可能性がある（特に若年層・在職者）	☐ 応募者はハローワークでの職業相談を受けていないため自社の募集条件に合致しない人もいる
☐ 求職者とのやりとりはマイページで完結でき効率的	☐ 紹介を要件とする助成金の対象外
☐ 派遣・請負の求人も利用可（条件あり）	☐ トラブルは当事者で対応

できるメリットがあります。

(3) オンライン機能活用の留意点
①求職者もマイページの開設が必要

　直接応募や求人者と求職者とのメッセージのやりとりなどのオンライン機能を活用するためには、**求人者と求職者の双方がそれぞれ「求人者マイページ」「求職者マイページ」を開設している**ことが前提となります。

②オンライン自主応募は助成金の対象外

　オンライン自主応募は、ハローワークの職業紹介を介さない求職者の自主的な応募となるため、**ハローワーク等の職業紹介を要件とする各種助成金（特定求職者雇用開発助成金・トライアル雇用助成金・地域雇用開発助成金ほか）の支給対象となりません**。

③安易な応募も含まれるオンライン自主応募

　オンライン自主応募は、手軽に応募できるため、**安易な応募も少なからずある**ようです。そうしたデメリットから「自主応募不可」の求人とするケースもありますが、在職中で転職活動をしている人やネット利用が主流の若年層の応募が期待できるメリットは見逃せません。

5. 企業のハローワーク活用法

（1）ハローワークの持つ機能や制度の活用

①窓口担当者とのつながりを活かす

　オンライン機能の強化により、企業や求職者が直接ハローワークに出向く必要がなくなったことは、効率的な求人・求職活動にとって大きなメリットとなります。

　しかし、**ハローワークの窓口**では、豊富なデータから自社が募集する職種の希望者が地域にどのくらいいるのか、地域の企業が提示している賃金額や逆に求職者が希望している賃金額はいくらかなど、**自社の採用戦略に役立つ情報を入手**することができます。

　先に紹介した「リクエスト」機能では、求職者マイページを開設していない求職者に対しても窓口で求職者情報を検索して、ハローワークからアプローチをしてくれる場合があります。

　また、求職者のニーズを踏まえた求人条件や応募につながりやすい求人票の作成などに関する**助言・援助**も受けられます。

　さらに、求人情報だけでは伝えられない自社の魅力や希望する人材の条件などを窓口に伝えておくことで、求職者のマッチングにつながることも期待できます。

　以上のように、ハローワークインターネットサービスにより直接出向かなくても必要な用件は処理できますが、**時々は訪問して担当者とつながりをつくっておくと、採用活動で様々なメリットが得られます。**

②専門窓口や付属施設の活用

ハローワークには、本所や出張所・分室のほか、庁舎内の専門コーナーや外部の付属施設があります。

専門コーナーとしては、子育て中の女性等に対する就職支援を行う「マザーズコーナー」や、正社員を希望するおおむね35歳未満のフリーター等に対する就職支援の「わかもの支援コーナー・窓口」など、7つのコーナーが全国に913か所あります。

●庁舎内の専門コーナー

名称	設置数
マザーズコーナー	185
わかもの支援コーナー・窓口	200
就職氷河期世代専門窓口	92
生涯現役支援窓口	300
人材確保対策コーナー	115
地方就職支援コーナー	2
農林漁業就職支援コーナー	19

●付属施設

名称	設置数
マザーズハローワーク	21
新卒応援ハローワーク	56
わかものハローワーク	21
外国人雇用サービスセンター	4
ふるさとハローワーク	137
一体的実施施設	340

出典：厚生労働省 職業安定局「公共職業安定所の主な取組と実績」（2023年4月）

また、付属施設には学生および卒業後おおむね3年以内の既卒者等に対する**「新卒応援ハローワーク」**やハローワークが設置されていない市町村の**「ふるさとハローワーク」**など6種類が全国に579施設あります

こうした専門コーナーや施設は、特定の対象者に対する専門的な支援を行っており、企業も自社が希望する人材の採用に活用できます。

そのほか、**職業訓練の修了予定者**も特定のスキルを身につけた人材です。専門コーナーや施設ではありませんが、個別訓練機関への求人票提出や施設内での企業説明会参加はもちろん、ハローワーク窓口でのマッチングを期待した担当者へのアピールなども応募につながる可能性があります。

③企業説明会や助成金、認定制度の活用

　ハローワーク内では<u>ミニ企業説明会を無料で開催</u>できます。開催にあたっては、窓口での職業相談者や募集職種を希望している求職者、失業保険受給中の就職活動者などに対してPRもしてくれます。

　求人への応募を待つだけでなく、能動的な採用活動の1つとして活用できます。

（2）求人情報の充実と幅広い活用

①求人内容の充実

　ハローワークインターネットサービスやハローワークの持つ機能・制度を効果的に活用するためには、求人票の内容が大きく影響します。

　<u>「求人を出しても応募がない」や「期待する人材が来ない」といった求人は、求人内容が薄い</u>傾向にあります。求職者が応募を判断するために知りたい説明や情報の充実が、応募状況や応募者の人物像に反映するものです。

　同じ職種だけでも何件、何十件もある求人票の中から自社を選んでもらうためには、まずは求人内容の充実が前提となります。

②求人情報や画像情報の見直し・更新

　また、「ハローワークに求人票を出しっぱなし」という企業もあります。求人票に応募どころか問い合わせすらないのであれば、求人内容に問題があるかもしれません。

　<u>求人票や画像情報は一度出したら終わりではなく、常に求職者の反応を見ながら修正・更新</u>していくことが必要です。

③選ばれる企業づくりに活用

　前述のように、<u>反応がない求人票には何か課題がある</u>と考えられます。待遇や労働時間などの労働条件や職場の環境、入社後の教育体制、将来に向けたキャリアアップ制度など、求職者の様々なニーズや要望に自社がどれだけ応えられているかが応募につながってきます。

序章
第1章
第2章
第3章
第4章
第5章
第6章
第7章

ハローワークだからこそ欲しい人材が採用できる

　求職者が応募したくなる企業に必要な課題を認識し、改善点を求人票に反映させていくことにより、他社とは違った魅力的な求人となり人材確保につながります。

　また、求人にあたっては**トライアル雇用助成金**や60歳以上の高年齢者などを対象とした**特定求職者雇用開発助成金**などを活用することも可能です。

　例えばトライアル雇用助成金の場合は、募集職種が未経験であることなどが要件のため、求職者には応募のハードルが低くなることや紹介窓口でのマッチングもしやすいため、応募につながることが期待できます。

　そのほか、厚生労働省や都道府県労働局では、働きやすい職場づくりに実績を上げている**「魅力ある企業」を認定する制度**を推進しています。

　具体的には、労働者の安全や健康確保の対策に積極的に取り組んでいる**安全衛生優良企業**や、仕事と育児の両立支援の状況が優良な**くるみん企業**の認定などがあります。

　こうした認定を受けると求人票にも表示できるため、求職者の企業に対するイメージ向上につながるとともに窓口でのマッチング対象求人となり、応募の可能性が高まります。

　そもそも「働きやすい職場」というものは、あくまで個人の主観的な判断によるものであり、「働きやすい職場というのは人それぞれ」という結論となってしまう場合があります。

　そのような場合にも、多くの人が持つ共通認識のもとで客観的な基準として、これらの公的機関の認定や表彰の実績を記載することによって、**「働きやすい職場」であることを見える化**することが可能です。

④求人検索エンジンや他の求人媒体への活用

　求人検索エンジンは、インターネットに掲載されているハローワー

ク求人などの様々な求人情報が1か所に集約され、特に**ネット利用の高い若年者などはハローワーク自体の利用が少なくても求人検索エンジンから自社の求人に誘導できます**。

　また、ハローワークで受理された求人情報は、労働条件などの法的なチェックを受けた、いわばお墨付きの求人情報といえるため、各種の求人媒体に掲載する場合でも安心して使用できるメリットがあります。

第1章

欲しい人材の心をつかむ求人票とは

求人票作成にあたっての考え方とポイント

1. 求職者はこうした求人票に注目する

（1）転職者の傾向

　厚生労働省の「2020年転職者実態調査」によると、自己都合による年齢階級別にみた離職理由別転職者の割合は**下表**のとおりです。

　傾向としては、**20代は人間関係や仕事内容**といった目の前の課題が、**30代は賃金以外の労働条件や会社の将来性**など、家庭を持つ年代層でもあることから働き方や将来の安定が離職理由となっています。**40代は仕事内容のほか会社の将来性や20年前後働いてきた自分に対する人事評価への満足度**が、**50代は人間関係や各年代共通の仕事内**

●年齢階級別にみた離職者の割合

年齢	離職理由上位3（複数回答、%）		
20〜24歳	人間関係 38.4	キャリアアップ 27.6	仕事内容 25.2
25〜29歳	仕事内容 31.4	賃金 31.3	労働条件 25.5
30〜34歳	労働条件 36.7	賃金 25.5	会社の将来性 25.1
35〜39歳	会社の将来性 29.1	労働条件 25.9	仕事内容 25.0
40〜44歳	仕事内容 29.1	労働条件 29.1	会社の将来性 23.3
45〜49歳	労働条件 29.2	賃金 26.1	人事評価 24.2
50〜54歳	人間関係 31.9	仕事内容 26.6	労働条件 26.3
55〜59歳	仕事内容 26.2	賃金 25.3	労働条件 24.5

※労働条件は賃金以外の労働条件による

容などの仕事を進めるうえでの課題が離職理由となっています。

　また、山形労働局が2017年に1,670人を対象に行った「ハローワーク利用者アンケート」によると、応募にあたり重視する条件（複数回答）は、仕事内容18.4％が一番多く、次いで就業場所15.4％、賃金10.4％、休日等10.3％となっています。

　仕事内容や休日等の働き方は、離職理由がそのまま応募にあたって重視する条件となっており、求人検索において求職者が注目する重要項目であるといえます。

（2）求職者が注目する求人とは
①求人情報は一覧画面で選別される

　ハローワークインターネットサービスで求人情報を検索する場合、希望職種や勤務地などを条件設定すると、まずは該当する求人情報の一部のみが掲載された一覧画面（**下図**）が表示され、求職者はその1件1件を見ながら詳しく見たい場合は求人票や詳細の画面へと進みます。

　この流れからすると、**最初の一覧画面の段階で注目されないと本来の求人票画面は見過ごされてしまう**ことになります。

●**求人情報の一覧画面**

②職種名のキーワードに注目

　一般に職種名は「事務職」「営業」「製造作業員」などと記載されることが多いですが、ハローワークの求人票では**最大28文字まで表記できる**ため、求人票でアピールしたい情報のキーワードなどを盛り込むことによって求職者の注目につながります。

　下記例上段の「営業職」の場合、職種名の28文字からは、「建築資材の営業職だが、飛び込みの新規開拓訪問ではなく都内の既往得意先を回るルート営業であり、土・日曜日はしっかり休める週休2日制で、営業未経験でも歓迎している」と、これだけで求人全体のイメージが読み取れます。

〈例〉職種名（28文字）
＊ルート営業（建築資材）／都内エリア／土日休み／未経験OK
＊介護福祉士／開設2年目／最新機器により負担軽減／託児所有

③仕事内容欄の冒頭90文字に注目

　一覧画面で次に注目する項目は仕事内容です。ここで注意したいことは、一覧画面の仕事内容は求人票に記載された内容全体の**冒頭3行90文字分だけが表示される**ことです。4行目以降は表示されないため、求職者に注目してほしいアピール情報があっても、この段階では見てもらえません。

〈例〉仕事内容（重機オペレーター職の90文字）
まずは見学にお越しください。憧れの重機の運転席に座ってみませんか？運転してみたくなったら当社のクレーンオペレーター職で叶えてください。普通自動車免許と重機への愛情があればOKです！

　冒頭90文字分で求職者の注目を惹くためのポイントは、**仕事内容だけの紹介にこだわらず、メッセージ的な情報などでインパクトを持た**

序章

第1章

第2章

第3章

第4章

第5章

第6章

第7章

せることです。

　上記例の「重機オペレーター職」では、仕事内容の説明はひと言も
ありません。子どもの頃、重機の運転に憧れた人の記憶に呼びかけ、
応募条件も重機への「愛情」があればOKという言葉でインパクトを
持たせています。

④求人票の情報量に注目

　求職者は一覧画面で興味関心を持った求人が見つかると求人票にア
クセスします。

　ここで初めて求人票が求職者の目に触れるわけですが、まず求職者
には求人票の情報量が目に入ります。期待を持って求人票を開いてみ
たら、**重要項目である「仕事内容」欄や「求人に関する特記事項」欄
は空欄が多く、知りたい情報が提供されていないことがわかると興味
関心は途切れてしまいます。**

　求職者は企業の人材募集に対する熱意や本気度を求人票の情報量か
らも感じます。人材確保の気持ちが強ければ、求職者の疑問や不安に
対する回答や自社の長所などを積極的に発信したくなり、必然的に情
報量も増えることになります。

　なお、「求人票のスペース一杯に情報を記載しても求職者に読んで
もらえない」という指摘もありますが、一方で「求人票がしっかり作
成されていたので応募した」という効果もあります。そうした応募者
は仕事探しに対する本気度が強い人と考えられ、結果として企業も欲
しい人材の採用につながる可能性が高いといえます。

2. 欲しい人材の心をつかむ 求人票作成のポイント

（1）まず現状分析と情報収集をする

①現在公開している求人票の振り返り

　ハローワークで求人を公開しているが「反応がない」「応募がない」などの状況にある場合は、その理由を検討してみる必要があります。

　その際、**他社がどのような求人票を出しているかは１つの参考になります**。賃金や休日などの労働条件や仕事内容の違い、福利厚生制度などを比較してみると、自社の募集条件や仕事内容の強みや課題が見えてきます。

②関連情報の収集

　現在は自社のパソコン等からオンラインで求人票を提出できますが、できれば**ハローワークの窓口を訪問して担当者から情報やアドバイスをもらうことをお勧めします**。

　募集する職種を希望している求職者が、この地域に何人くらいいるのか、求職者はどのような条件を重視しているかなどの情報を入手します。

　また、インターネットの情報も活用して、募集職種で働いている人が一般的に、どのような理由で離職・転職しているかなどについても把握しておきます。

（2）求人票の作成方針を立てる

　求人票の現状分析や収集した情報から、新しい求人票の作成方針を立てます。

①「欲しい人材」と「求職者」をイメージする

　人材募集で重要なことは、**欲しい人材のイメージを明確にすること**

です。年代や経験・資格・免許の有無などの基本条件のほか、**働き方や仕事に対する価値観、ビジネススキルや能力**などから、今回の募集で採用する人材のイメージを創っていきます。

次に**「その人は、今どこにいて、どんな仕事や生活をしながら、何を考えて転職活動をしているか」を想定**します。つまり、募集する求人に応募が期待できそうな人をイメージします。

下記例の「営業事務職」は、現在の職場で人間関係などに課題を抱えて転職を考えている人、出産・育児が一段落して社会復帰を考えている人、非正規雇用から正社員を目指している人などをイメージしたものです。

〈例〉営業事務職の求職者イメージ

＊現在も事務職として働いているが、職場の人間関係や就業環境に馴染めず職場を変えたいと考えている人

＊現在育児のために離職中の営業事務経験者だが、再度働ける条件も整ってきたことから、これまでの経験が活かせる営業事務職の仕事を探している人

＊現在は非正規雇用の事務職で働いているが、経験を活かして安定して働ける正社員を目指している人

②想定した求職者へのアピール

求職者をイメージしたら、次はその求職者に何をアピールするかです。

アピールポイントには大きく2種類あり、1つは自社製品・商品のシェアや独自技術などの企業としての強みや特長、もう1つは職場環境の良さや充実した教育体制、頑張りに対する評価など、働く人にとっての魅力やメリットです。

一般的には、前者の企業自体をアピールした求人が多いですが、欲しい人材の心をつかむためには、後者である**働く人にとっての魅力や**

メリットが**重要**であり、自社への転職によって転職理由の解決・改善につながる情報や同業他社との違いが求人への求心力を高めます。

　例えば、資格取得や専門技術の習得を支援している企業の場合、現在の職場ではスキルアップの機会や支援がないことを理由に、キャリアアップできる企業に転職したい人に向けて自社の支援策がアピールできます。

　同様に、労働条件や働き方、職場環境、人間関係、福利厚生などに課題を抱えた転職希望者に対しても、転職理由の解決・改善につながる自社の強みや特長をアピールしていきます。

　前述した〈例〉の営業事務職の場合におけるアピールポイントは、下記となります。

〈例〉営業事務職のアピールポイント
＊仕事は営業事務スタッフ３名のチームでサポートし、疑問点は毎朝のミーティングで担当を決めて説明・指導していくので安心であること
＊ノー残業デーや有給休暇取得促進などの労働環境改善に取り組んでおり、子育て世代にも働きやすいこと
＊業務マニュアルや引継書のほか、先輩が独自に作成したＦＡＱがあるため、未経験や仕事にブランクがある人でもゼロから始められること

（3）求人票作成にあたっての考え方とポイント
①３つの視点
　求人票作成にあたっては、最初に押さえておきたい３つの視点があります。

　１つ目は「**経営**」の視点です。人を募集しようとするときは、どんな仕事をしてもらうのか、雇用形態は正社員かパートタイマーか、賃金はいくらにするのかなどの経営の視点から人材募集を考えます。

　２つ目は「**法律**」の視点です。求人票に記載する内容は法律を順守

序章

第1章

第2章

第3章

第4章

第5章

第6章

第7章

欲しい人材の心をつかむ求人票とは　求人票作成にあたっての考え方とポイント

していることが求められ、特に労働基準法、職業安定法、男女雇用機会均等法の３つは重要となります。

３つ目は「人」の視点です。求人票の向こうにいる求職者は人であるということです。

「経営」の視点は求人を出すにあたって企業は必然的に考慮するものであり、「法律」はハローワークのチェックにより自然と求人票に反映されますが、「人」の視点は企業が意識的に盛り込まなければ反映されることはありません。

欲しい人材を確保するためには、まずはこの「人」の視点、すなわち「求職者の立場や目線」での作成がポイントになります。

②原則、何を書いてもよい

求職者が求人票で一番よく見ている「仕事内容」欄は、もちろん仕事内容を記載するスペースですが、仕事内容以外のことが記載できないものではありません。

例えば、未経験者歓迎の求人であれば、未経験入社の人数や割合、幹部候補の求人であれば昇進までの期間や流れなど、欲しい人材が重視する情報やイメージした求職者にアピールしたい情報などを盛り込むことで求人票への注目度を高めることが期待できます。

「ハローワークの求人票は役所に出す書類だから書きたいことが書けない」という意見を耳にすることがあります。もちろん、年齢・性別に関わる差別は原則禁止されていますし、実態と異なる好条件を掲載して求職者をだますような行為は論外といえます。

しかし、これらの禁止表記や注意点、ルールを正しく理解して守っている限りにおいて、イメージした求職者にアピールしたい情報を原則、自由に求人票の中に表現することは可能です。ルールを理解して、はじめて「求人票には原則、何を書いてもよい」ということになるので、求人票を作成する際に押さえておきたい求人募集のルールの詳細については、トピックスで後述します。

③求人原稿作成のポイント

　求人票の原稿作成にあたっては３つのポイントがあります。

　１点目は、**どんな人が閲覧するかを考えて作成**することです。悪い例としては、未経験者を対象にした求人票であるにもかかわらず、仕事内容の説明に専門用語や業界用語が多用されているケースが典型的なNG例です。

　また、いわゆる言葉足らずのため、内容が理解できなかったりイメージが湧かなかったりする説明では、求人票に興味関心を持ってもらえません。欲しい人材の心をつかむ求人票に限ったことではありませんが、まずは求職者に合わせた言葉でわかりやすい説明や紹介が求められます。

　２点目は**読みやすさ**です。求職者は、求人検索において数多くの求人票を閲覧しているため、**短時間で求人内容を理解してもらえるようにする**ことが必要です。何度も読み返さなければならない文章では、後回しにされかねません。

　求人票の読み手の立場に立って、内容をコンパクトにまとめ、アピールポイントも伝わりやすいよう、例えば見出しや箇条書きも適度に活用することによって読みやすくなり、印象も良くなります。

　３点目は**記載スペースの有効活用**です。求人票の中には、12行360字記述できる**「仕事内容」欄が２～３行で終わっている**ものや、裏面の20行600字記述できる**「求人に関する特記事項」欄も空欄**の目立つものが見られますが、これでは求職者に注目してもらうどころか何も判断できません。

　「ハローワークの求人では欲しい人材の応募がない」といった声がありますが、往々にしてそうした声の求人票は、**内容が浅かったり情報量が不足していたりする場合が多い**のです。

序章

第1章

第2章

第3章

第4章

第5章

第6章

第7章

④求職者目線

　求人票の中には、企業の過剰な紹介に加え、求職者への要望や条件などを強調したものが見られます。例えば「創業以来、業績も順調に伸びている安定した企業で云々」や「やる気のある方にはやりがいのある仕事です」などはよく使われるフレーズですが、こうした**企業目線により作成された求人票では求職者の心はつかめません**。

　欲しい人材の心をつかむ求人票は、企業からの一方的な情報発信や要求ではなく、求職者の疑問への答えや応募の判断に必要な情報など、いわゆる**求職者目線による情報がどれだけ提供されているか**であり、その充実度が心をつかむことになります。

⑤説明の具体性

　求職者は、求人票から職種や労働条件などの情報だけを見ている訳ではありません。仕事内容欄や求人に関する特記事項欄の記載情報からは、「仕事をしている自分の姿」や「毎日、1か月、1年間の働く姿」などをイメージし、このイメージに納得できると応募につながります。

　よくある例として「アットホームな職場です」や「丁寧に指導します」などがありますが、いずれも言葉の響きとしては悪くありませんが、こうした**企業側の主観的で曖昧な表現は、求職者の解釈もマチマチ**で、勝手にイメージした情報が入社後には「思っていたのと違う」となると**早期離職につながりかねません**。

　ポイントは情報の具体性・リアル感です。前述の「アットホームな職場」の場合では下記例などの言い換えが考えられます。

〈例〉「アットホームな職場」の言い換え

＊全体会議では20代の若手も遠慮なく自由に意見が言えるため、毎回活発な会議になっています。

＊社長を含めて、役職名でなく「さん」付けで呼んでいます。

具体的な数字や実例を交えることにより、求職者はリアルなイメージを持つことができるようになります。

欲しい人材の心をつかむ求人票にするには、説明や紹介はできるだけ具体的に記載することがポイントです。

⑥求職者の関心が高い情報

求人票の中には、どのような求職者に向けた求人票なのかがはっきりしないため、記載内容も総花的で、あたりさわりのないものが見られます。一見、どんな求職者にもあてはまる内容で無難ではありますが、言い換えれば特長やメッセージ性の弱い求人ともいえます。

欲しい人材の心をつかむ求人票にするためには、イメージした求職者がどのような情報を求めているかを考えて発信することがポイントになり、その充実度が求人票への注目度を高めます。一例として下記のような求職者のニーズが考えられます。

〈例〉求職層別に関心の高い情報
＊若年層やワーク・ライフ・バランスを重視する30代前後の中堅世代では、時間外労働や休日などの働き方の情報
＊非正規雇用から正社員を目指している求職者では、安定した仕事と生活やキャリア形成支援の情報
＊未経験者は入社後の指導育成体制の情報
＊パートタイマーは無理のない仕事内容や職場環境の情報

⑦画像情報の活用

ハローワークインターネットサービスには、求人票の文字情報だけでなく、画像情報（写真）を事業所単位で最大10枚まで登録することができます。また、画像ごとに30文字までの「画像タイトルや紹介文」も掲載できます。

このサービスは、まだまだ企業の認知度も高くないため活用している求人は少ないだけに、特に自社のホーページが開設されていない企

序章

第1章

第2章

第3章

第4章

第5章

第6章

第7章

業や発信力が弱い企業にとっては、有効な情報発信となります。

　活用にあたっては、どのような画像を掲載するかが重要となりますが、実際に掲載している企業の例では、会社の外観や取り扱っている製品・商品、設置している機械や店舗内の風景などが多いようです。
　しかし、欲しい人材の心をつかむためのポイントは、やはり「人」です。

　例えば、入社後一緒に働くこととなる先輩や上司の働いている様子、あるいは現場での先輩による指導風景や昼食休憩を楽しんでいる様子など、「人」を主役にしたものが効果的です（掲載には本人の承諾を得る必要があります）。
　文字情報だけでは伝えきれないアピールポイントを視覚情報として提供することで求職者の注目を惹きつけることが期待できます。

　画像情報は求人票自体ではなく、ハローワークインターネットサービス上に掲載されることから、「せっかく画像情報を登録していても応募者は見ていなかった」というご意見をいただくことがあります。求人票の中に「画像情報あり」「※職場の様子は事業所画像情報をご覧ください」などと画像情報に誘導するのもよいでしょう。
　ちなみに、画像情報は求職者だけでなくハローワークの職員も確認をしています。たとえ求職者が見つけることができなかったとしても、職員が職業相談の際に求職者と一緒に確認したり、職業紹介やマッチングの際の参考としていることもあるので登録しておく価値があります。

　なお、掲載した画像は時々見直しを行い、新しいものに入れ替えていくことが必要です。求職者が閲覧した際に、古い情報とわかるようなものでは、逆にイメージダウンになりかねません。新しく入社した新人の活躍風景や直近の社員親睦会風景などは、新鮮さもアピールでき、イメージアップにつながります。

法律違反となる表記に要注意

　私自身は「求人票には原則、何を書いてもよい」と考えています。

　ただ、求人広告や求人票を作成をする際、**若者や女性または男性を採用したいという願望から「25歳以下」「30代まで」「明るい人歓迎」「体力のある人歓迎」などといった文言を無意識に記載していないでしょうか？**

　これらのフレーズは、法律違反となってしまう可能性があります。

　求人広告や求人票には、年齢や性別を制限する表記など、書いてはいけない禁止表記や注意点、ルールが意外とたくさんあるものです。

　禁止表現を使用してしまうと、法律違反やトラブル、企業イメージの低下につながる恐れがあるため、これらの禁止表記や注意点、ルールをまずは理解することが重要です。

　ルールを理解して、はじめて「求人票には原則、何を書いてもよい」ということが可能となります。

　ここでは、求人票作成など求人募集に関連するルールを定めた法律の趣旨、目的を踏まえたうえでの、具体的な対応例、記載例について確認を行っていきます。

①求人票作成に関連する主な7つの法律の概要

　求人票の作成で気をつけるべき法律は数多くありますが、その中から**労働基準法、職業安定法、男女雇用機会均等法、雇用対策法、最低賃金法、著作権法、そして若者雇用促進法**の7つの法律について、それらの概要を一緒に確認していきましょう。

1. 労働基準法

　この法律では、労働者に関する労働条件の最低基準を定めています。労働者が納得したうえで労働契約を結んだとしても、労働基準法の内容を下回る部分は無効となります。また、労働基準法の対象者はすべての労働者であり、パートやアルバイトであっても適用される点にはご注意ください。

労働基準法の主な内容について簡単に確認していきましょう。

1つ目は、**賃金支払い5原則**について。賃金の支払いには、①通貨で②直接③全額を④毎月1回以上⑤一定期日に支払わなければならないという5つの原則があります。賃金は生活を支える重要なものなので、労働者に確実にお金が入るように配慮した規定となっています。

2つ目は、**労働・休憩時間**について。原則として、1日に8時間、1週間に40時間を超えて労働させてはならないなどの規定があります。また、労働時間が6時間を超える場合は45分、8時間を超える場合は少なくとも1時間の休憩時間を与えなければならないなどの内容も定められています。

3つ目は、**時間外・休日労働**について。時間外労働（残業）や休日に労働をさせる場合には、時間外・休日労働に関する協定（36協定）を締結したうえで事前に所轄の労働基準監督署長に届け出なければなりません。残業や休日労働を行っているにもかかわらず36協定の締結・届出をしていない、上限規制を守れていない場合には法律違反となり、求人を出すことはできません。求人票裏面の「時間外労働時間」欄には特別条項を含めた記載をする欄があり、協定内容を基にした正しい記載が求められます。

その他、割増賃金や解雇予告、有期労働契約、年次有給休暇などについても規定されています。

2. 職業安定法

日本国憲法に基づいた、働く権利に関する法律で、国民が自由に職業を選択できるように定められています。求人企業・事業主は、応募者に対して、**仕事内容や賃金、労働時間、その他の労働条件を明示**しなければなりません。また、労働条件を明示する際には誤解を与えないよう、**わかりやすい言葉にしなければならない**など、法律に則り、求人内容を明瞭にすることが求められています。

序章
第1章
第2章
第3章
第4章
第5章
第6章
第7章

3. 男女雇用機会均等法

　求人企業・事業主は、募集・採用する際に**性別を理由とする差別を禁止**し、**男女均等な取扱い**とすることを求められています。

　また、労働者の募集・採用、昇進、職種の変更をする際、業務上の合理的な理由がない場合において、労働者の身長・体重・体力や、転居を伴う転勤への対応を必要な条件とすることは、間接差別として禁止されています。

4. 雇用対策法

　「労働者の職業の安定」「経済と社会の発展並びに完全雇用の達成」などに資することを目的とした法律です。募集・採用においては、応募者が年齢ではなく本人の能力や適性に応じて活躍の場が得られるように、**年齢制限の禁止**が定められています。その他には「青少年の応募機会の拡大」や「外国人の適正な雇用管理」などが定められています。

5. 最低賃金法

　最低賃金額は、賃金の最低限度を定めるものであり、使用者は**最低賃金以上の賃金**を労働者に支払わなければなりません。仮に最低賃金額より低い賃金を労使合意のうえで定めても、それはこの法律により無効とされ、最低賃金と同額の定めをしたものとみなされます。

　最低賃金額は、都道府県ごとに最低賃金審議会の調査審議に基づき毎年決定されています。

6. 著作権法

　著作権法では、求人記事は著作物にあたるため著作権が発生します。**求人記事は、採用するために求人掲載をする広告主ではなく、掲載される媒体のもの**になることがポイントとなります。例えば、ある媒体に掲載されている求人広告を許可なく無断で転用することは著作権を侵害することになるので注意が必要です。

　　また、**文章**のみならず撮影した**写真**や描いた**絵**も同様の扱いになりますが、掲載媒体の許諾を得られれば使用することができます。

7. 若者雇用促進法（青少年の雇用の促進等に関する法律）

　　若者雇用促進法の目的は、若者自らが自分に合った仕事を選択でき、かつスキルアップや開発を進められるようにすることにあります。

　　この法律に基づき厚生労働省では若者を募集・採用等する事業主などが講ずべき措置を指針としてまとめています。指針の中で、明示する従事すべき業務の内容等が虚偽または誇大な内容としないことや固定残業代に関する明示の方法、応募者などに対して平均勤続年数や研修の有無などといった**就労実態等の職場情報を提供する**ことを事業主に求めています。

　　この法律や指針を理解し遵守することは企業側としても、働く意思のある若い世代の雇用、安定した人材確保につながります。若者雇用促進法は、採用が難しくなる時代に意識するべき事柄を示す法律ともいえます。

②求人票作成の具体的表記ルール　—NG例と工夫・改善策—

　　ここからは、これらの法律の概要やその趣旨、目的を踏まえたうえでの、５つの具体的表記ルールとNG例やOK例・工夫例について考えていきます

> **ルール1**　性別を制限する表記の禁止

> **ルール2**　年齢を制限する表記の禁止

> **ルール3**　国籍や居住地を制限する表記の禁止

> **ルール4**　身体的条件を制限する表記の禁止

> **ルール5**　賃金に関して注意すべき表記

　まず前提としては、前述の①で確認したとおり、募集や採用にあたり性別を理由とする差別は禁止となっています。

　そのうえでの実務対応ですが、**職種名は一方の性を排除していないことがわかる表現が必要**となります。

　実務対応 ➡ **職種名は一方の性を排除していないことがわかる表現が必要**

女性を排除していないことがわかる表現

NG例	OK例
営業マン ➡	営業スタッフ　営業担当者　営業マン（男女）
カメラマン ➡	撮影スタッフ　カメラマン（男女）
ウエイター ➡	フロアスタッフ

男性を排除していないことがわかる表現

女将 ➡	支配人　女将（男女）
家政婦 ➡	家事手伝い　家政婦（男女）
掃除婦 ➡	清掃作業員

　例えば、営業マンやカメラマン、ウエイターについては、営業スタッフ、カメラマン男女、フロアスタッフというように女性を排除していないことがわかる表現とすることが必要となります。

　また、女将や家政婦、掃除婦については、支配人や家事手伝い、清掃作業員というように男性を排除していないことがわかる表現としなければなりません。

　一方で、**業務の正常な遂行上、一方の性が適していると認められている仕事については、性別を指定した募集が可能**な場合の1つとなります。

　適用外職種としては、防犯上や業務の必要性から女性更衣室の清掃員や同性介助による介護員、芸術分野で特定の性別の必要性から女優や俳優、宗教上の必要性から巫女などが挙げられます。

実務対応 ➡ **業務の正常な遂行上、一方の性が適していると認められている仕事はOK**

適用外職種

防犯上や業務の必要性から
　　例：女性更衣室の清掃員　同性介助による介護員

芸術分野で特定の性別の必要性から
　　例：女優　俳優　モデル

宗教上の必要性から
　　例：巫女

　もう１つの性別を指定した募集が可能な場合としては、**ポジティブアクションのための特例措置**が挙げられます。

ポジティブアクションのための特例措置

男女の均等な機会・待遇の確保の支障となっている事情を改善するために、事業主が女性のみを対象とする、または女性を有利に取り扱う措置（ポジティブアクション）は均等法違反とならない

趣旨 ➡ **男女の格差を改善することが目的**

女性労働者の割合が４割を下回っている場合は、事実上の格差が生じていると判断されるため、ポジティブアクションを講じることができる　　　※割合の判定は職種、雇用形態などの雇用管理区分による

具体例
・募集または採用に係る情報の提供について、女性に有利な取扱いをすること
・採用の基準を満たす者の中から男性より女性を優先して採用すること

　男女の均等な機会・待遇の確保の支障となっている事情を改善するために、事業主が女性のみを対象とする、または女性を有利に取り扱う措置（ポジティブアクション）を行う場合は均等法違反となりません。

　この特例措置は、男女の格差を改善することを目的としており、**女性労働者の割合が４割を下回っている**場合は事実上の格差が生じていると判断

されるため、ポジティブアクションを講じることができます。

　例えば、募集または採用に係る情報の提供について、女性に有利な取扱いをすることや、採用の基準を満たす者の中から男性より女性を優先して採用することが挙げられます。

　ここでいう割合は、単に全社員数に対する女性の割合ではなく、職種や雇用形態、就業形態等の雇用管理区分による割合となります。

　職種別雇用管理を行う会社の事例で見てみましょう。

●女性割合が４割を下回る状況とは…

割合は、単に全社員数に対する女性の割合ではなく、
職種や雇用形態、就業形態等の雇用管理区分による割合

例：職種別雇用管理を行う会社の場合

男性７人（営業職）、女性３人（営業事務職）の営業部の場合

| 営業職の募集 | ➡ | 「女性限定求人」
……女性４割以下のため | |
| 営業事務職の募集 | ➡ | 「女性歓迎」
……女性100％のため | |

新規部門立ち上げの場合

| 初めての募集のため
女性４割を下回る条件には該当しない | |

　例えば、営業部には10人が所属しており、その内訳は、営業職で男性が７人、営業事務職で女性が３名とします。この場合、営業職を募集する場合、営業職における女性の割合は４割以下となるため「女性限定求人」とすることが可能となります。

　一方、同じ営業部であったとしても、営業事務職においては女性が100％となるため「女性限定求人」とすることはもとより、「女性歓迎」等と表記をすることはできません。

　また、新規部門の立ち上げの場合についてですが、初めての募集のため女性４割を下回る条件には該当せず、ポジティブアクションのための特例

措置の対象とはならないのでご注意ください。

　では次に、「女性活躍中」という表記の考え方について見ていきたいと思います。

●**法の趣旨に沿った考え方**（例：「女性活躍中」という表記）

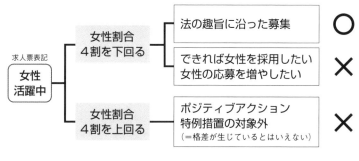

「女性活躍中」という表記は、企業や現場の現状や実態を説明しているに過ぎないとして、直ちに均等法違反とはなりませんが、女性のみを採用する方針のもと「女性活躍中」と表記しているのであれば、「その方針について違法」となります。

　たとえ、ポジティブアクションの特例措置の対象の場合であったとしても、法の趣旨に沿った考え方をベースにして、会社や職場の現状・実態を表す情報として紹介することが求められています。

　また、**求人票に男性・女性の明記がなくても求人票全体で一方を限定・歓迎していると誤認されかねない表現はNG**となるので注意が必要です。

　それでは、ここから具体的に性別を指定する表記のNG例と工夫例について見ていきましょう。

| 実務対応 ➡ | 法の趣旨をベースに業務内容や職場の具体的説明によりアプローチする |

NG例		工夫例
女性歓迎	➡	・昨年度の育休取得社員（男女）は３名です ・厚労省「えるぼし」認定取得の事業所です
男性歓迎	➡	パワフルワークで活躍したい方歓迎です
女性向けの仕事です	➡	ミドル層女性向けの婦人服販売業務です
男性向けの仕事です	➡	30kg程度の原料投入の仕事があります

| 実務対応 ➡ | 職場の状況や事実を紹介する |

働くママ歓迎	➡	小学生以下の子育て世代が５名活躍中です
若い男性歓迎	➡	20〜30代男性が60％を占める職場です

　考え方としては、法の趣旨をベースに、**業務内容や職場の具体的説明によりアプローチする**方法が考えられます。

　「女性歓迎」といった、性別を理由に求人や採用の対象から排除する表現ではなく、「昨年度の育休取得社員（男女）は３名です」や「厚労省『えるぼし』認定取得の事業所です」のように企業や現場の事例を紹介することで求職者に具体的なイメージを提供できます。

　また、男性歓迎という一方の性に特定して呼びかける表現ではなく、例えば「パワフルワークで活躍したい方歓迎です」というフレーズも考えられます。「女性向けの仕事です」ではなく、「ミドル層女性向けの婦人服販売業務です」というように業務内容や必要な能力からのアプローチとすることもできます。「働くママ歓迎」はママという一方の性に特定して呼びかける表現となっているため、「小学生以下の子育て世代が５名活躍中です」というように職場の状況や事実を紹介する工夫が考えられます。

ルール２　年齢を制限する表記の禁止

　こちらもまず前提としては、前述の①のとおり、労働者の募集および採用の際には、原則として年齢を不問としなければなりません。

序章

第1章

第2章

第3章

第4章

第5章

第6章

第7章

欲しい人材の心をつかむ求人票とは　求人票作成にあたっての考え方とポイント

　実務対応としては、職務に適合する人か否かの判断に必要な**適性、能力、経験、技能の程度などをできるだけ明示する**ことが考えられます。

　具体的なNG例の１つ目は「○○業務経験○年以上」という表記です。

　業務経験年数を定めることは問題ありませんが、その経験年数に合理的な理由がなく、かつ、非常に長い期間が設定されている場合は事実上の年齢制限と解釈される可能性があります。

　２つ目のNG例は「35歳以上は経験必須」という表記です。

　業務経験を求めることは問題ありませんが、35歳以上は経験者に限るとすることは35歳を境に条件が変わるため、事実上の年齢制限と解釈されるので注意が必要です。

　では次に、**雇用対策法上の事由の場合は年齢制限が認められる場合がある**ので、認められる６つの事例について確認をしていきます。

　まず例外事由の１つ目。

　定年年齢を上限として、当該年齢未満の労働者を期間の定めのない労働契約の対象とする場合です。

　○「60歳未満の方を募集」（定年が60歳）
　×「60歳未満の方を募集」（定年が65歳）

　定年が60歳の場合、60歳未満の方を募集とすることは可能ですが、定年が65歳の会社が、60歳未満の人を募集とすることはできません。

　例外事由の２つ目は、**労働基準法等の規定により年齢制限が設けられている場合**です。

　○「18歳以上の方を募集」（労働基準法第62条の危険有害業務）
　○「18歳以上の方を募集」（警備業法第14条の警備業務）

　労働基準法第62条の危険有害業務や警備業法第14条の警備業務に従事する場合は満18歳に満たない者を使用できないことから、「18歳以上の方を募集」とすることが可能です。

例外事由の３つ目は、**長期勤続によるキャリア形成を図る観点から若年者等を期間の定めのない労働契約の対象とする場合**です。

○「35歳未満の方を募集」（職務経験不問）
×「35歳未満の方を募集」（契約期間６ヶ月）

これは新卒者などを一括採用し長期間雇用継続するなかで、自社内でのキャリア形成を図り、定年やその後の継続雇用を経て退職するという、日本の雇用慣行との調和を図るため設けられた例外事由です。

ただし、契約期間６ヶ月など、期間の定めのある有期労働契約である場合には例外とは認められませんのでご注意ください。

例外事由の４つ目。

技能・ノウハウの継承の観点から、特定の職種において労働者数が相当程度少ない特定の年齢層に限定し、かつ、期間の定めのない労働契約の対象とする場合です。

○「電気通信技術者として30～39歳の方を募集」
（○○社の同技術者は20～29歳が10人、30～39歳が2人、40～49歳が8人）

技能・ノウハウの継承が必要となる具体的な職種について、特定の年齢層が相当程度少ない場合に、期間の定めのない労働契約で募集・採用するときの例外事由です。

この場合の「職種」とは、厚生労働省「職業分類」の小分類もしくは細分類、または総務省「職業分類」の小分類を参考にすることとなります。

例外事由の５つ目。**芸術・芸能の分野における表現の真実性等の要請がある場合**です。

○「演劇の子役のため○歳以下の方を募集」

芸術作品のモデルや、演劇などの役者募集・採用において、表現の真実

序章

第1章

第2章

第3章

第4章

第5章

第6章

第7章 欲しい人材の心をつかむ求人票とは 求人票作成にあたっての考え方とポイント

性などが求められる場合、特定の年齢層の人に限定して募集・採用することが認められます。

　例外事由最後の６つ目。**60歳以上の高齢者または特定の年齢層の雇用を促進する施策の対象となる者の場合**です。

○「60歳以上の方を募集」
○「60歳以上65歳未満の方を募集」（特定求職者雇用開発助成金の対象）

　60歳以上の高齢者に限定して募集・採用する場合には、年齢制限をすることが認められます。

　また、特定の年齢層の雇用を促進する国の施策（雇い入れ助成金など）を活用するため、その施策の**対象となる特定の年齢層に限定して募集・採用する場合**には、年齢制限をすることが認められています。

　年齢制限となる表記のNG例に対する実務対応としては、性別と同様に、**業務内容や職場の現状・事実を説明する**工夫が必要です。

実務対応 ➡ **業務内容や職場の現状・事実を説明する**

NG例		工夫例
若年層歓迎	➡	・社員25名の平均年齢は45歳ですが、20代・30代の８名が中心となって活躍している職場です
		・社員の50％が20~30代の会社です
		・当社も社員の高齢化問題を抱えており、将来を担う人材の育成に取り組んでいます
		・厚労省「ユースエール」認定取得の事業所です （注）「若い方が活躍できる」は特定の年齢層（若年層以外）の排除につながる
ミドル層歓迎	➡	経験豊富なベテランによる技術伝承に会社全体で取り組んでいます

　若年層歓迎ではなく、「社員25名の平均年齢は45歳ですが、20代・30代の８名が中心となって活躍している職場です」や「当社も社員の高齢化

問題を抱えており、将来を担う人材の育成に取り組んでいます」といった表記が考えられます。

ルール3　国籍や居住地を制限する表記の禁止

　次に3つ目のルール、国籍・居住地などを制限する表記についてです。

　国籍・出身地・居住地・通勤時間などは、特定の人物の差別や優遇となるため表記してはならず、**中立となる表現に言い換え**なければなりません。

実務対応 ➡ 中立となる表現に言い換える

NG例		工夫例
国籍は問いません	➡	・現在、海外3ヶ国から来日したエンジニアも活躍しています ・日本語でコミュニケーションがとれる方歓迎
中国人歓迎	➡	・中国語に堪能な方歓迎 ・ビジネスレベルの中国語力をお持ちの方歓迎 ・年に3〜4回中国への出張があります
地元が○○県の方歓迎	➡	Uターン歓迎
通勤1時間以内の方歓迎	➡	地元企業で活躍したい方歓迎

　「国籍は問いません」という表記は一見問題ないようにも思いますが、国籍を問わないことが基本なので、あえて表記することもできません。

　「日本語でコミュニケーションがとれる方」や「中国語に堪能な方」など、職務に適合する人か否かの判断に必要な適性や、能力などの表記とするなどの工夫が考えられます。

ルール4　身体的条件を制限する表記の禁止

　次に4つ目のルール、身体的条件を制限する表記についてです。

　身体的条件は主観によって左右される不確実なものであるため、表記してはならず、**業務に必要な行動や能力として表記する**必要があります。

実務対応　➡　**業務に必要な行動や能力として表記する**

NG例		工夫例
健康な方	➡	日々の体調を自己管理できる方
体力に自信のある方	➡	・30キロ程度の荷物の上げ下ろしがあります ・学生時代に体育系運動部で頑張ってきた先輩が多く社内でスポーツクラブも立ち上げました
茶髪不可	➡	過度な染髪はお控えください
誰でもできる簡単な仕事	➡	○○商品を指定の棚に並べる作業です

　例えば、「誰でもできる簡単な仕事」という表現については、業務内容を記載し、その内容によって誰もが同じように「簡単」な仕事であると感じられるようにするなどの工夫が考えられます。

　それでは、「明るい人歓迎」はなぜNGなのかを考えてみましょう。

　明るい人という性格面は、計測不能で、主観によって左右される不確実なものであるため、これを歓迎、優遇することは差別表現となります。

　この場合は「笑顔でお客様と接客できる方」など、業務に必要な行動や能力、仕事への取り組み方などを表記する工夫が考えられます。

実務対応　➡　**業務に必要な行動や能力として表記する**

NG例		工夫例
明るい人	➡	笑顔でお客様と接客できる方
真面目な人	➡	業務でお客様と信頼関係を築ける方
やる気のある人	➡	自分から進んで難しい仕事にも取り組む人
協調性のある人	➡	仕事は4人チームで協力しながら進めます
リーダーシップのある人	➡	3年後にはリーダーとしてチームを引っ張ってもらいます
コミュニケーション能力が高い人	➡	お客様とコミュニケーションをとりながら接客をする仕事です

ルール5　賃金に関して注意すべき表記

　次に5つ目のルール、賃金に関して注意すべき表記についてです。

　最低賃金は使用者が労働者に対して支払わなければならない「最低額」であり、**最低賃金を下回る金額での募集・採用はできません。**

　最低賃金には、各都道府県にそれぞれ定められた「地域別最低賃金」と、特定の産業に従事する労働者を対象に定められた「特定（産業別）最低賃金」の2種類があります。

　「特定（産業別）最低賃金」は、「地域別最低賃金」よりも高い金額水準で定められています。**地域別と特定（産業別）の両方の最低賃金が同時に適用される労働者には、使用者は高い方の最低賃金額以上の賃金を支払わなければなりません。**この最低賃金は、外国人労働者やパート、アルバイトといった雇用形態に関わらず、原則としてすべての労働者に適用となるのでご注意ください。

　賃金が最低賃金額以上となっているかどうかを調べるには、「最低賃金の対象となる賃金額」と適用される「最低賃金額」を、以下の方法により比較します。

　まず、時間給の方であれば、時間給と最低賃金額の時間額とを比較することになるのでわかりやすいかと思います。

　次に、日給制の場合ですが、日給を1日の所定労働時間で除して求めた金額と、最低賃金額の時間額を比較することになります。

　ただし、日額が定められている特定（産業別）最低賃金が適用される場合には、日給と最低賃金額の日額を比較することとなります。

　月給制の場合も時間給に換算して比較することになります。最低賃金の対象となる賃金は、毎月支払われる基本的な賃金とされています。いわゆ

る残業代や深夜割増賃金などはもちろん、皆勤手当や通勤手当、家族手当などを除外したものが最低賃金の対象となりますのでご注意ください。

ここでは、トラブルになりがちな固定残業代について確認をしていきます。

いわゆる若者雇用促進法が2015年10月1日から施行され、時間外・休日労働や深夜労働の一定時間分を固定残業代として支払う制度（固定残業制）を採用している事業主は、募集・採用にあたって固定残業代に関する労働時間数、金額等の明示が義務化されています。

実務対応としては、基本給と固定残業代を分けて表記すること、固定残業代に相当する時間を超える時間分は追加支給することを明確にすること、そして定額で支払われる手当（職務手当等）に固定残業代が含まれる場合には、両者を分けて表記することなどが求められています。

次に、トラブルになりがちな賃金の幅について考えてみましょう。

実務対応 ➡ **想定される応募者の経験・能力に合わせた適度な幅で設定する**

疑問を持たれやすい例	わかりやすい例
月額17万円〜35万円	**月額17万円〜22万円**
金額の幅が広すぎると「どうしてこれほど差があるのか」「実際の金額はいくらなのか」との疑問・不信感につながりかねない！	**コメント例** 経験者の場合は経験内容や能力・取得資格などを踏まえて決定します。なお、未経験の方は原則17万円をスタートに3年後には20万円程度を予定します。

月額17万円〜35万円など、金額の幅が広すぎると「どうしてこれほど差があるのか」「実際の金額はいくらなのか」などの疑問・不信感につながりかねません。また、求職者は上限金額に目が行き、期待感も大きくなる可能性があります。

募集をかける求人の仕事内容や役割などから、**適正な賃金の幅を設定し**

たうえで、コメントなどを通じて、補足説明を丁寧に行っていくことが、求人全体に対する信頼性の向上に寄与するものと考えられます。

　ここまで、求人票作成に関連する法律の概要やその趣旨、目的を踏まえたうえでの、5つのテーマにおける作成ルールと、具体的表記のNG例やOK例・工夫例を確認してきました。

　性別や年齢などの禁止表現に注意をすることは、求人票を作成するうえで最低限、守らなければならないルールであるとともに、法令遵守に取り組む姿勢は求職者を安心させ、信頼できる企業というイメージアップにつながっていくことも期待されます。

　禁止表現に関する法律やルールを熟知し、厳格に守れる会社こそが、自社の欲しい人材に響く自由な発想の求人票を作成できるようになることでしょう。

第2章

欲しい人材を引き寄せる求人票の作り方

求人票主要7項目の作成ポイント

求人票「主要７項目」の
作成ポイント

欲しい人材の心をつかむ主要７項目とは何か

　ここまで、欲しい人材の心をつかむ求人票作成にあたっての考え方やポイントを紹介してきましたが、本章では、求人票の具体的な書き方を紹介します。

　現在のハローワーク求人票は、2020年の様式変更により、情報量が大幅に増えたものです。求職者の情報ニーズ多様化や情報不足によるミスマッチの防止などの背景を考えると、求人情報の充実は求職者・企業の双方にとって大いにメリットのあることです。

　以下、このメリットを最大限活かし、応募につながる求人票の作成ポイントを紹介していきます。

　ハローワークの求人票には**全部で50項目以上**の記載欄が設けられていますが、本章では主要項目として７項目を取り上げます。

　この７項目は、求職者が応募を判断するために特に重要な情報といっても過言ではなく、**欲しい人材の心をつかむためには、この主要７項目の情報内容の充実度が重要**となります。

〈求人票の主要７項目〉

1 職種名

2 仕事内容

3 就業時間に関する特記事項

4 休日等　その他

5 事業内容

6 会社の特長

7 求人に関する特記事項

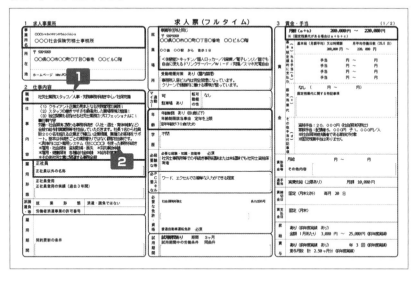

【図1】求人票の表面

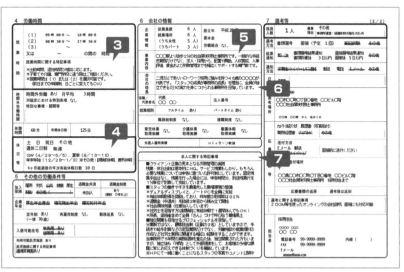

【図2】求人票の裏面

序章
第1章
第2章
第3章
第4章
第5章
第6章
第7章

欲しい人材を引き寄せる求人票の作り方　求人票主要7項目の作成ポイント

1. 職種名 （28文字＝28文字×1行）
職種名は商品名。28文字のキャッチコピー

最も目立つ場所。職種だけ書いていたのでは、もったいない！

　職種名は、書籍でいえばタイトルに相当する情報であり、求人検索をしている求職者が最初に目にするものです。そのため、単に「事務職」とか「営業職」などといった名称だけで終わらないことが大切です。

　ハローワーク求人票の職種名は28文字まで記載可能であることからも、職種名以外の情報を盛り込むことがポイントです。

 求職者目線

　求職者が求人検索を行うにあたっては、最初に希望職種を条件設定します。例えば「販売」や「ドライバー」などを設定したうえで、該当求人の中から自分に合った求人はないかと期待感を持って閲覧しています。

　職種を指定すれば、その条件で表示される求人情報は当然ながら条件設定した「販売」や「ドライバー」であり、その表示だけでは特にインパクトを与えたり注目されたりすることはありません。

！ 留意点

　書籍のタイトルや商品名に相当する職種名は、求職者と企業の最初の出会いの場であり、求職者の興味関心を左右する重要な入口となります。そのため、職種名でどのような情報を盛り込んで求職者の注目を惹きつけるかが求人票を閲覧してもらうための第一歩となります。

作成ポイント

①単なる職種名だけで終わらず、記載可能な**28文字を有効に活用**する。

②ひと目で「仕事内容＋αの魅力」がわかるよう、**求人内容の特徴や労働条件などからアピールしたいキーワード**を盛り込む。

③ただ詳しく記載すればよいというものではなく自社の欲しい人材が、数ある求人の中で、自社の求人に目を留めてもらえるように「オッ」と興味関心を惹くようなキャッチコピーを工夫する。

〈職種名の記載例〉　全角28文字以内

介護職

　　➡介護職（デイサービス）／働き方は柔軟に対応可／日曜日休み

生産管理

　　➡食品パッケージやスマホに使うフィルムを造る機械の生産管理

ゴルフキャディ

　　➡ゴルフキャディ／知識・経験不要・3ヶ月間研修／託児所あり

2. 仕事内容（360文字＝30文字×12行）
第一印象を決めるのは最初の3行

余白を残しているようでは工夫が足りない！

　仕事内容は、求職者の主な転職理由のひとつであり、求人票で最も時間をかけて閲覧する項目であることから、その内容が求職者の興味関心を大きく左右します。

　ハローワーク求人票の仕事内容欄は360字まで記載可能ですが、企業によっては必ずしも活用しきれていないようです。

　文字数が多いほど応募者も多いという調査結果からも、欲しい人材の心をつかむためには、まずは**360文字を最大限に活用する**ことです。

求職者目線

　求職者は、仕事内容欄の情報から「どのような仕事をするのか」を知るだけでなく、募集職種で仕事をしている（働いている）自分の姿をイメージしようとします。

　例えば、自動車部品の製造ではどのような部品を、どのような機械で、どのように作業していくのか。また、未経験者はどんな作業から担当していくのかなどの情報があれば、よりリアルなイメージが可能となります。そのうえで、その仕事をやってみたい、面白そうだと思

●応募に至るプロセスはズバリこれ！

えるような情報まで盛り込むことで、求職者にとって魅力ある仕事内容とすることができるでしょう。

 留意点

　仕事内容欄では、必ずしも仕事そのものの説明しか記載できないわけではありません。求職者が求人票で最もよく見ている箇所であることは紹介しましたが、それであるならば、**仕事内容以外であっても欲しい人材が知りたいと思っている情報を盛り込むことにメリットはある**と考えられます。

　例えば、「経験者歓迎」といっても「どの程度のレベルの技術を持っている人なのか」や「この仕事にはどの程度の熟練度が必要なのか」などの情報があれば、求職者は自分の経験値で対応できるかどうかの目安が持て、応募の判断もしやすくなります。

 作成ポイント

①求人検索において、最初に求職者が閲覧する一覧画面に表示される**最初の３行である90文字分は、興味関心を惹く内容**とする。

②単なる業務や作業の**名称（固有名詞）や事務的な箇条書きで終わらない**。

③例えば「○○業務全般」ではなく、**求職者が仕事をしている自分の姿がイメージできるように具体的な説明**をする。

④「未経験者歓迎」の場合は、できるだけ**専門用語や業界用語を避ける**。

⑤**経験者や有資格者を対象とする場合は、そうした人だからこそわかる用語や数値なども交えて説明**する。

⑥**「仕事のやりがい」や「社会への貢献」などもアピール**する。

⑦良いことばかりではなく、この仕事の**大変さや苦労なども併せて紹介**する。

⑧**すべてを詰め込む必要はなく、**足りない説明やぜひ紹介したい情報などは**「求人に関する特記事項」欄で補足**する。

〈仕事内容の文例〉　全角360文字以内

プラモデルづくりで時間の経つのを忘れたことはありませんか。設計図に沿って組み立てる楽しさを自分の仕事にできる機械加工・オペレーターの募集です。あなたが本当にやりたいことは何ですか？
（90文字）

■業務の概要

＊製品は自動車部品や産業用機械部品で、マシンはＮＣ（数値制御）旋盤が中心です。

＊オペレーティング業務はＮＣ旋盤への数字の打ち込みや完成品のチェックにより機械の稼働状況を確認する作業です。

■入社後の活躍

＊まずはオペレーティング業務から始め、約１年で基本を習得した後に、プログラミング業務も担当していきます。

＊３年後には独り立ちできる育成体制を整えています。

3. 就業時間に関する特記事項
（120文字＝30文字×4行）
入社後の働き方がイメージできる工夫が必要

行き違いを防ぐために実績を明確に紹介しておく

　就業時間は、単に働く時間を示すだけではなく、**求職者の働き方を決める重要な情報**です。働き方は、シフト制（交替制）や夜勤など、職種や企業によって異なります。

　欲しい人材の心をつかむためには、文字数は多くはありませんが、「就業時間に関する特記事項」欄で**できるだけ具体的な説明をしておくことが大切**です。

求職者目線

　転職後の毎日や1か月、1年間がどのような働き方になるのかをイメージでき、自分の求めている姿と一致あるいは受け入れ可能であるかを判断できるようにします。

留意点

　基本的な就業時間は、指定箇所に記載しますが、**いくつかの勤務時間がある場合は、入社後の求職者との行き違いを防ぐためにも、コメント欄において具体的に紹介しておく**ことが必要です。

　また、仕事を進めていくうえで覚悟しておいてほしいことや、求職者に伝えておきたいことも補足しておきます。

作成ポイント

①変形労働時間制の場合は、繁忙期などにおける具体的な時間も紹介する。

②早番、遅番、夜勤などがあるシフト制の場合は、シフトのサイクルや各時間帯勤務の1か月の回数などを紹介するとともに、標準的な勤務モデルを紹介する。

③時間外労働は、例えば月末に多く発生するなどの発生パターンや特徴を紹介する。

④「36協定における特別条項」がある場合は、単に上限時間数だけではなく、前年度の実績時間数を紹介する。

⑤子育てなどとの両立に対する配慮のコメントを入れる。

〈就業時間に関する特記事項の文例〉　全角120文字以内

＊シフトは原則1週間サイクルで組みますが、希望がある場合は前月5日までに申し出てください。

＊通常は1日30分程度の時間外勤務がありますが、夏季の繁忙期でも19時までには退社できます。

＊お子さまの急な体調不良や学校行事の場合は遠慮なくご相談ください。

＊働き方の改善に取り組んできた結果、月平均残業時間は昨年比2時間短縮しました。

休日等　その他
（60文字＝30文字×2行）
貴社の「会社カレンダー」を求職者は知らない

若い人の採用に影響。具体的な日程の提示を！

　休日も求職者の働き方や生活スタイルに大きく影響する条件です。若い人やワーク・ライフ・バランス志向が強い世代においては、休日の内容は重要な情報となります。

求職者目線

　求職者としては「いつ、どのような方法で、何日休めるのか」、つまり**具体的に知りたい**ため、面接で説明がなければわからない情報では応募を判断できません。

留意点

　記載欄では単に日数だけを記載するのではなく、求職者が1週間、1か月、1年間における働き方をイメージできるよう、その特徴などを**コメント欄で具体的に説明**します。

作成ポイント

①「月8〜9日休み」「会社カレンダーによる」などでは、休み方がわからないため、**標準的な休日モデルやルールを紹介**する。また、「会社カレンダーによる」場合は、「ホームページで公開中」などのコメントを盛り込む。

②夏季休暇やGW、年末年始休暇は、**昨年実績や本年の予定など具体的に紹介**する。

③独自の休暇制度（誕生日休暇や結婚記念日休暇など）がある場合は、取得実績や事例などと併せて積極的に紹介する。

④年次有給休暇取得率も参考情報として紹介する。

〈休日等　その他の文例〉　全角60文字以内

＊４週８休では毎週○曜日と他の曜日が必ず休みになります。

＊繁忙期の１０月～１２月は３回程度の休日出勤があります（振替休日対応）。

＊夏季８／１２～８／１６、年末年始１２／３０～１／３。

＊（参考）昨年の有給休暇取得率は７０％でしたが今年度の目標は７５％です。

5. 事業内容 （90文字＝30文字×3行）
求職者が家族にどんな会社かを説明する材料になる

定款の事業目的のような内容では意味がない！

　事業内容は自社の事業を説明するものであることから、定款の事業目的の欄に記載する内容のように、簡素な内容で済ませているものが多いようです。しかし、欲しい人材の心をつかむためには、**自社の特徴をどう伝えるかの工夫が必要**です。

求職者目線

　求職者の「どんな会社なのか？」というニーズを踏まえ、事業内容とともに事業の特徴などを紹介し、**具体的にイメージできるように**します。

留意点

　求職者は、同業他社の求人票とも比較しながら検討しています。**同業他社と比べて何が違うのか、どのような特徴があるか**など、その会社ならではの「個性」が表れている紹介文にすることが必要です。

　求職者本人が理解できるだけでなく、**求職者の家族や知人に対して説明、説得しやすい事業内容としておく**という視点で考えてみるのもよいでしょう。

作成ポイント

①記述内容を別の会社名で流用しようとしても、そのままでは使えない、**汎用性のないレベルにする**。

②そのためには、**固有名詞や数字（実績）を用いて具体的で客観的な表現**にする。

〈事業内容の文例〉　全角90文字以内

＊個人で始めた練り製品の商店を１９９８年に法人化しました。食生活の変化に対応するため商品開発には力を入れ、最近では毎年２品目のペースで新製品を開発、現在では２０品目を生産しています。

＊小規模リフォームを主力とした住宅設備工事会社です。３年前にショールーム１号店を開設し、「水廻りリフォームＮＯ．１」をスローガンに地域の多くのお客様の豊かな生活に日々貢献しています。

6. 会社の特長 （90文字＝30文字×3行）
「従業員にとっての」会社の特長となっているか

他社と似たような内容は避けたい！

　前述の「事業内容」とともに会社の「個性」をアピールする項目です。

　なお、「事業内容」と「会社の特長」は、いずれも求人票とは別の事業所登録において登録しますので、求人票ごとに変更することはできません。

　そのため、登録においては複数の職種や雇用形態による求人にも対応できるよう、年齢や性別などに偏りのない内容にします。

求職者目線

　ここでいう「特長」は、良し悪しに関係のない「特徴」ではなく、あくまで優れている点を表す「特長」です。

　求職者は、前述の事業内容で会社が営む事業を理解したうえで、次に「どのような優れた点（魅力）を持った会社なのか」を本欄からイメージします。

留意点

　「会社の特長」の前に「求職者（働く人）にとっての」という言葉をつけて考えるとよいでしょう。

　会社案内やホームページにあるような自社のお客様や取引先に向けたものではなく、あくまでも求職者である「働く人にとっての特長」をアピールします。

作成ポイント

①そのままの内容では他社が使えない内容とするため、**自社ならでは
の固有名詞や数字（実績）を交えて紹介**する。

②「求職者（働く人）にとっての会社の特長」とは、**職場の雰囲気や
社員の活躍状況、入社後の教育制度、資格取得への支援、頑張りの
評価、将来のキャリアアップのチャンスなど、職場環境に関する幅
広い情報**が考えられる。

③よくある例として、「雰囲気のよい職場です」や「人間関係がよい
働きやすい職場です」などがある。これらのワードは、社名を変え
ても通用するため避けたい。あくまでも**自社ならではの「個性」と
しての特長**であることがポイントとなる。

〈会社の特長の文例〉　全角90文字以内

＊職場は従来の階層型組織ではなく、案件ごとにチームを編成し社員
は個人として複数のチームに属しながら業務をこなしていきます。
複雑な上下関係などはなく、フラットで自由な職場が特長です。

＊「楽しい本屋さんづくり」に向けた毎月の店内ディスプレイやキャ
ンペーン企画は、パートさんも加わった３つのチームが交替して担
当しており、お客様の反響はスタッフの大きな力となっています。

7. 求人に関する特記事項
（600文字＝30文字×20行）
「特記」かどうかを考える必要はない

マッチング率の向上に役立てたい項目

　求人票で最も重要なスペースである「仕事内容」欄に次いで重要なのが本欄です。

　仕事内容で記載しきれなかった情報を追加・補足でき、**文字数は最大600文字と求人票の中では最大のスペース**です。

　「特記事項」という名称から、企業によっては「これは特記事項といえるのだろうか」や「特に求人条件で記載しておくような事項はない」といった解釈により、記載を迷ったり省いたりすることもあるようです。

　しかし、本欄は**ハローワークから必ず記載してほしいと指定されたこと以外であれば自由に記載してもよいスペース**です。ハローワークの求人票には、１日の流れや入社後のサポート体制、モデル年収例などを記載する個別の項目はありませんが、欲しい人材にとって有益な情報を提供することは、マッチング機能の強化を図りたいハローワークの思いにも通ずるものであり、積極的に活用したいところです。

求職者目線

　求職者は、仕事内容や労働条件だけで応募を決めるものではありません。応募を判断するためには、実際に働くにあたっての様々な疑問や不安など、知りたいことはたくさんあります。欲しい人材の心をつかむためには、そうした**求職者の多様なニーズに応える**ことが大切です。

留意点

　本欄の充実度は、**求人に対する会社の熱意や本気度の証**として求職者に伝わります。

　「協調性のある人を求めます」のような、求職者に対する能力や人柄への要求などを一方的に発信するのではなく、求職者の疑問や不安などに対して、丁寧に応えるような情報を発信していきます。

　また、**本欄の充実は求職者だけでなく、ハローワークの担当者にとっても、求人に対する会社の熱意や本気度の証として映る**ことでしょう。

 作成ポイント

①仕事内容や労働条件などで**説明しきれなかった情報を追加・補足**する。

②求職者が知りたい働き方のイメージや職場の様子、入社後の教育制度、資格取得の支援など、**求職者のインセンティブ（応募動機）になるような情報を提供**する。

③自社への転職によって**求職者の転職理由がどう改善されるのか、自社で働くメリットは何か**など、応募の判断に必要な情報を提供する。

④欲しい人材の心をつかみ応募につながるような**「募集の背景」や「入社後の期待」**など、求職者の背中を押すようなメッセージの提示**にも記載**する。

〈求人に関する特記事項の文例〉　全角600文字以内

■仕事内容の補足

　３ヶ月程度は、材料や製品の運搬、品質確認、手順書に基づく機械の清掃や検査などを担当し、全体の流れを習得します。

■職場の様子や働き方

＊工場内は冷暖房完備です。

＊スタッフ１０名は２０〜６０代で、うち１名は未経験での入社２年目ですが、現在ではほぼ独り立ちして活躍しています。

＊有給休暇と土・日曜日を活用した連続５日休暇があります。

＊毎月、部署ごとに業務計画を立て時間外労働を管理しています。

■頑張れる環境

＊実務経験を積みながら国家資格「○○２級」の取得に向けて１級有資格者が個別指導します。

＊ＮＣ旋盤は金属加工の基礎技術で応用範囲の広いスキルです。当社では経験を問わず、国家資格とともに豊富なキャリアを積んだ人材を育成していきます。

（以下省略）

　以上、本章ではハローワーク求人票の主要７項目の作成ポイントを紹介してきましたが、残りの項目も作成の基本は「**求職者目線**」です。欲しい人材の心をつかむためには、それぞれの項目についても、**求職者の立場から知りたい情報を可能な範囲で紹介していくことが大切**といえます。

MEMO

						10							
			20									30	
						40							
			50									60	
						70							
			80									90	
						100							
			110									120	
						130							
			140									150	
						160							
			170									180	
						190							
			200									210	
						220							
			230									240	
						250							
			260									270	
						280							
			290									300	

第**3**章

他社と圧倒的な微差を作る
主要７項目＋その他86項目の
具体的な記載例

オンライン上で他社と差がつく 記載術を押さえよう

「求人者マイページ」を制した会社が最後に笑う！

　ハローワークインターネットサービスの「求人者マイページ」を開設することにより、ハローワークに出向くことなく会社のパソコン等からオンライン上で求人の申し込みができます。

　また、**求人内容の変更や求人の停止、事業所情報の変更、事業所画像情報の登録もオンライン上で完結**できます。

　ハローワークの窓口が開いていない**時間帯や休日も利用できる**ため、企業の効率的な採用活動に大きく寄与しています。

　本章では、「求人者マイページ」から求人の申し込みをする際の登録手順に沿って、他社と圧倒的な微差を作る**主要7項目**とその**他86項目**について解説します。

　各項目では、必須・任意の区分や入力可能文字数の表示、チャート図による入力方法の説明に加え、マイページで入力した項目が求人票では、どのように表示されるのかをイメージしながら作成できるように求人票表示例も紹介します。

　また、専門用語や関連する法律の説明、記述欄の記載例、ワンポイントアドバイスとともに、ハローワークの求人申し込みが初めての担当者にもわかりやすく解説していきますので、求人票の作成にお役立てください。

本章の見方

各パートの最初に、解説を行う項目の**求人者マイページ画面**と**求人票**を掲載しています。

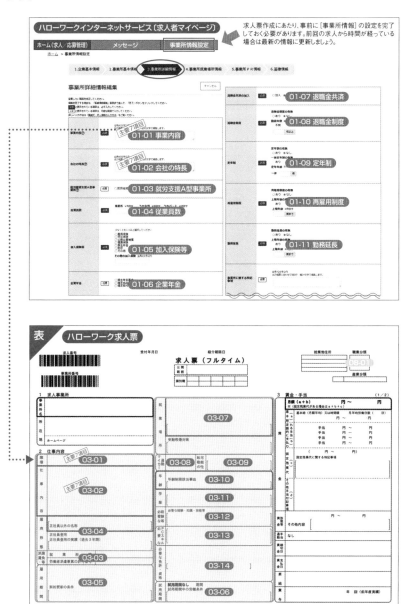

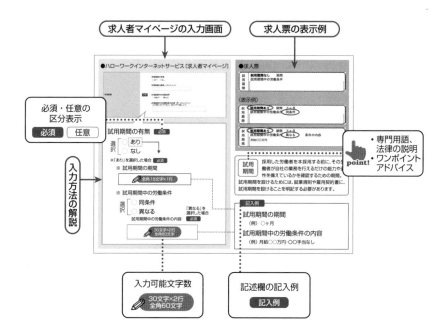

求人者マイページの入力画面

求人票の表示例

必須・任意の
区分表示

必須　任意

入力方法の解説

入力可能文字数

記述欄の記入例

記入例

専門用語、法律の説明
ワンポイントアドバイス

「求人者ページ」求人申し込みマニュアル 〈目次〉

序章
第1章
第2章
第3章
第4章
第5章
第6章
第7章

他社と圧倒的な微差を作る主要7項目＋その他86項目の具体的な記載例

ハローワークインターネットサービス〔求人者マイページ〕

ホーム（求人／応募管理）　　メッセージ　　事業所情報設定

ホーム ＞ 事業所情報設定

求人票作成にあたり、事前に［事業所情報］の設定を完了しておく必要があります。前回の求人から時間が経っている場合は最新の情報に更新しましょう。

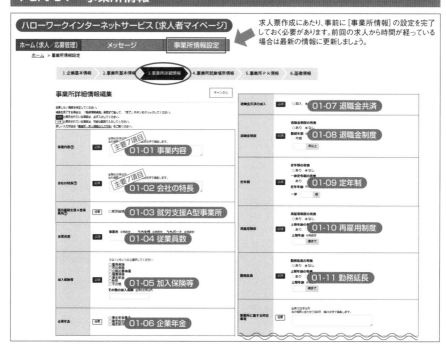

1.企業基本情報　2.事業所基本情報　3.事業所詳細情報　4.事業所就業場所情報　5.事業所ＰＲ情報　6.画像情報

事業所詳細情報編集　　　　　キャンセル

事業内容⑦　　01-01 事業内容

会社の特長⑦　　01-02 会社の特長

就労継続支援Ａ型事業所　　01-03 就労支援A型事業所

従業員数　　01-04 従業員数

加入保険等　　01-05 加入保険等

企業年金　　01-06 企業年金

退職金共済の加入　　01-07 退職金共済

退職金制度　　01-08 退職金制度

定年制　　01-09 定年制

再雇用制度　　01-10 再雇用制度

勤務延長　　01-11 勤務延長

事業所に関する特記事項

（つづき）

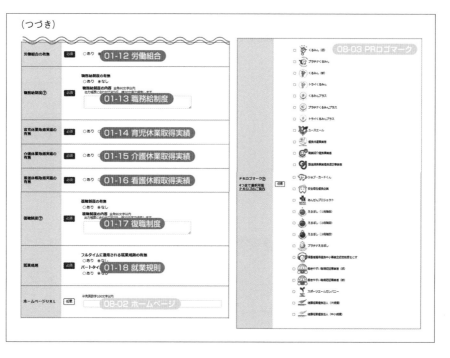

労働組合の有無　　01-12 労働組合

職務給制度⑦　　01-13 職務給制度

育児休業取得実績の有無　　01-14 育児休業取得実績

介護休業取得実績の有無　　01-15 介護休業取得実績

看護休暇取得実績の有無　　01-16 看護休暇取得実績

復職制度⑦　　01-17 復職制度

就業規則　　01-18 就業規則

ホームページＵＲＬ　　08-02 ホームページ

ＰＲロゴマーク⑦　　08-03 PRロゴマーク

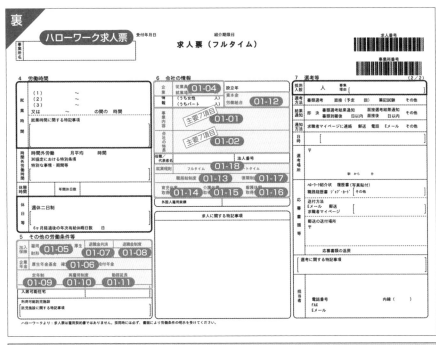

01-01　事業内容

●ハローワークインターネットサービス〔求人者マイページ〕

事業内容⑦　必須　全角90文字以内　出力帳票に合わせて紐付け、横30文字で編集します。

事業内容　主要7項目　必須

30文字×3行
全角90文字

事業内容欄は求人票ごとに変更することはできません。
複数の求人を同時に募集する場合は、職種や雇用形態、年齢、性別に偏りのない内容にしましょう。

●求人票

6　会社の情報

企業情報	従業員数　　　　人 就業場所　　　　人 （うち女性　　　人） （うちパート　　人）	設立年 資本金 労働組合
事業内容		
会社の特長		
役職／代表者名		法人番号
就業規則	フルタイム	パートタイム
	職務給制度	復職制度
育児休業取得実績	介護休業取得実績	看護休暇取得実績
外国人雇用実績		

point!
業種がわかればいいはNG

☑ 「求職者が」どんな会社なのか「具体的に」イメージできること
☑ 同業他社の求人情報が並んだとき、自社の個性が表れているような紹介文にすること

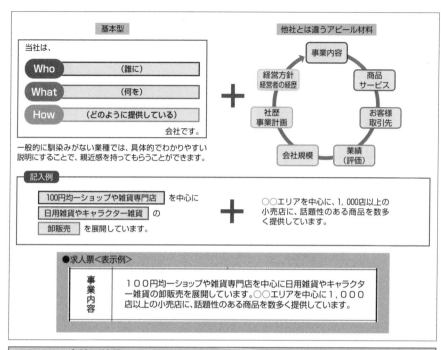

基本型

当社は、

Who （誰に）

What （何を）

How （どのように提供している）

会社です。

一般的に馴染みがない業種では、具体的でわかりやすい説明にすることで、親近感を持ってもらうことができます。

他社とは違うアピール材料

- 事業内容
- 商品サービス
- お客様取引先
- 業績（評価）
- 会社規模
- 社歴事業計画
- 経営方針経営者の経歴

記入例

100円均一ショップや雑貨専門店	を中心に
日用雑貨やキャラクター雑貨	の
卸販売	を展開しています。

＋

○○エリアを中心に、1,000店以上の小売店に、話題性のある商品を数多く提供しています。

●求人票＜表示例＞

| 事業内容 | １００円均一ショップや雑貨専門店を中心に日用雑貨やキャラクター雑貨の卸販売を展開しています。○○エリアを中心に１，０００店以上の小売店に、話題性のある商品を数多く提供しています。 |

01-02　会社の特長

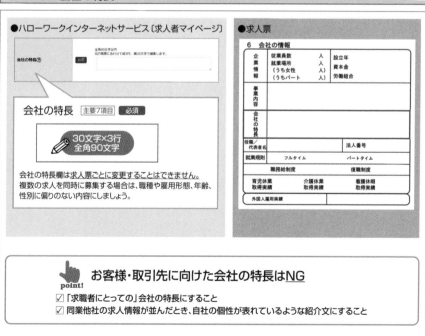

●ハローワークインターネットサービス〔求人者マイページ〕

会社の特長⑦　[必須]

全角90文字以内
出力の幅に合わせて縮小改行、横30文字で編集します。

会社の特長 [主要7項目] [必須]

30文字×3行
全角90文字

会社の特長欄は求人票ごとに変更することはできません。
複数の求人を同時に募集する場合は、職種や雇用形態、年齢、性別に偏りのない内容にしましょう。

●求人票

6　会社の情報			
企業情報	従業員数 就業場所 （うち女性 （うちパート	人 人 人） 人）	設立年 資本金 労働組合
	事業内容		
	会社の特長		
役職／代表者名			法人番号
就業規則	フルタイム		パートタイム
	職務給制度		復職制度
育児休業取得実績		介護休業取得実績	看護休暇取得実績
外国人雇用実績			

👆 point!
お客様・取引先に向けた会社の特長はNG

☑ 「求職者にとっての」会社の特長にすること
☑ 同業他社の求人情報が並んだとき、自社の個性が表れているような紹介文にすること

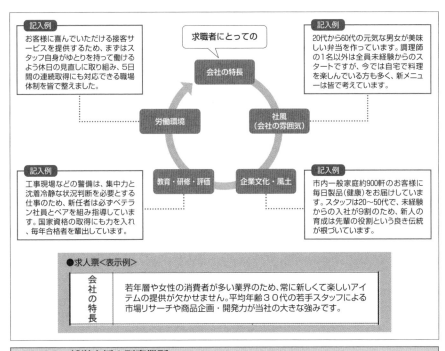

記入例
お客様に喜んでいただける接客サービスを提供するため、まずはスタッフ自身がゆとりを持って働けるよう休日の見直しに取り組み、5日間の連続取得にも対応できる職場体制を皆で整えました。

求職者にとっての

会社の特長

記入例
20代から60代の元気な男女が美味しい弁当を作っています。調理師の1名以外は全員未経験からのスタートですが、今では自宅で料理を楽しんでいる方も多く、新メニューは皆で考えています。

労働環境

社風
(会社の雰囲気)

記入例
工事現場などの警備は、集中力と沈着冷静な状況判断を必要とする仕事のため、新任者は必ずベテラン社員とペアを組み指導しています。国家資格の取得にも力を入れ、毎年合格者を輩出しています。

教育・研修・評価

企業文化・風土

記入例
市内一般家庭約900軒のお客様に毎日製品(健康)をお届けしています。スタッフは20〜50代で、未経験からの入社が9割のため、新人の育成は先輩の役割という良き伝統が根づいています。

●求人票<表示例>

会社の特長	若年層や女性の消費者が多い業界のため、常に新しくて楽しいアイテムの提供が欠かせません。平均年齢３０代の若手スタッフによる市場リサーチや商品企画・開発力が当社の大きな強みです。

01-03　就労支援Ａ型事業所

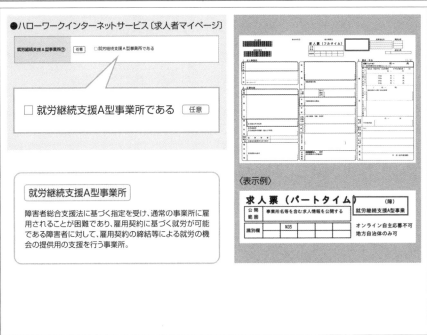

●ハローワークインターネットサービス〔求人者マイページ〕

就労継続支援Ａ型事業所⑦　[任意]　□就労継続支援Ａ型事業所である

□ 就労継続支援Ａ型事業所である　[任意]

就労継続支援Ａ型事業所

障害者総合支援法に基づく指定を受け、通常の事業所に雇用されることが困難であり、雇用契約に基づく就労が可能である障害者に対して、雇用契約の締結等による就労の機会の提供用の支援を行う事業所。

〈表示例〉

求人票(フルタイム)

求人票(パートタイム)　　(障)
公開範囲　事業所名等を含む求人情報を公開する　就労継続支援A型事業所
職別機　　N35　　オンライン自主応募不可
　　　　　　　　　　　地方自治体のみ可

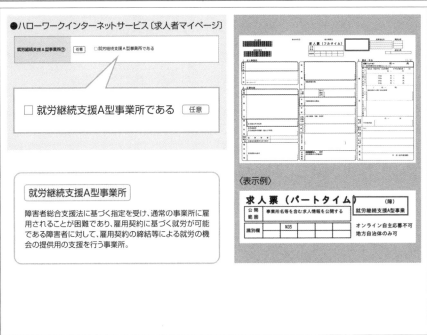

01-04　従業員数

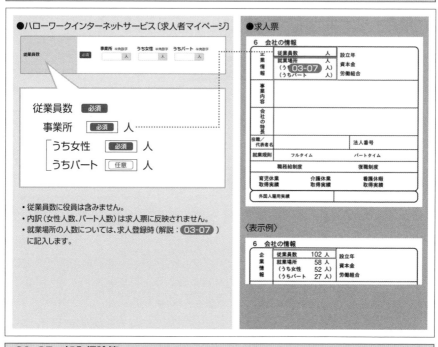

- 従業員数に役員は含みません。
- 内訳（女性人数、パート人数）は求人票に反映されません。
- 就業場所の人数については、求人登録時（解説：**03-07**）に記入します。

01-05　加入保険等

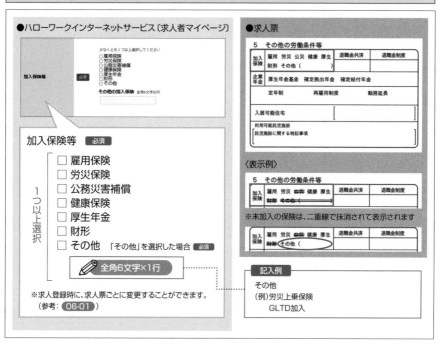

01-06 企業年金

●ハローワークインターネットサービス〔求人者マイページ〕

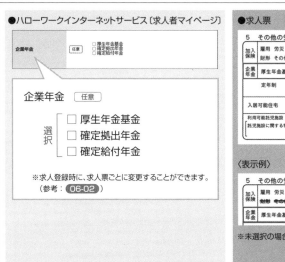

企業年金 [任意]
- ☐ 厚生年金基金
- ☐ 確定拠出年金
- ☐ 確定給付年金

企業年金 [任意]

選択
- ☐ 厚生年金基金
- ☐ 確定拠出年金
- ☐ 確定給付年金

※求人登録時に、求人票ごとに変更することができます。
（参考： 06-02 ）

●求人票

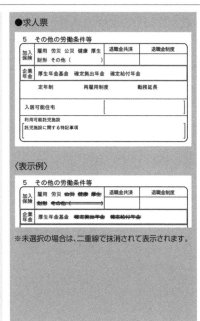

5	その他の労働条件等						
加入保険	雇用 労災 公災 健康 厚生 財形 その他（　　　）				退職金共済	退職金制度	
企業年金	厚生年金基金　確定拠出年金　確定給付年金						
	定年制		再雇用制度		勤務延長		
入居可能住宅							
利用可能託児施設 託児施設に関する特記事項							

〈表示例〉

5	その他の労働条件等		
加入保険	雇用 労災 公災 健康 厚生 財形 その他（　　　）	退職金共済	退職金制度
企業年金	厚生年金基金　確定拠出年金　確定給付年金		

※未選択の場合は、二重線で抹消されて表示されます。

01-07 退職金共済

●ハローワークインターネットサービス〔求人者マイページ〕

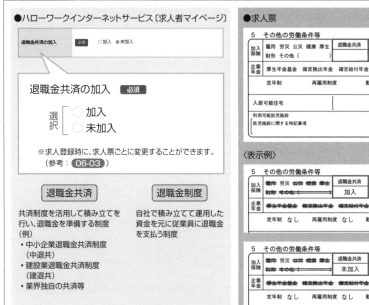

退職金共済の加入 [必須]　○加入 ⦿未加入

退職金共済の加入 [必須]

選択
- ○ 加入
- ○ 未加入

※求人登録時に、求人票ごとに変更することができます。
（参考： 06-03 ）

[退職金共済]
共済制度を活用して積み立てを行い、退職金を準備する制度
（例）
- ・中小企業退職金共済制度
　（中退共）
- ・建設業退職金共済制度
　（建退共）
- ・業界独自の共済等

[退職金制度]
自社で積み立てて運用した資金を元に従業員に退職金を支払う制度

●求人票

5	その他の労働条件等						
加入保険	雇用 労災 公災 健康 厚生 財形 その他（　　　）				退職金共済	退職金制度	
企業年金	厚生年金基金　確定拠出年金　確定給付年金						
	定年制		再雇用制度		勤務延長		
入居可能住宅							
利用可能託児施設 託児施設に関する特記事項							

〈表示例〉

5	その他の労働条件等		
加入保険	雇用 労災 公災 健康 厚生 財形 その他（　　　）	退職金共済 加入	退職金制度 なし
企業年金	厚生年金基金　確定拠出年金　確定給付年金		
	定年制 なし	再雇用制度 なし	勤務延長 なし

5	その他の労働条件等		
加入保険	雇用 労災 公災 健康 厚生 財形 その他（　　　）	退職金共済 未加入	退職金制度 なし
企業年金	厚生年金基金　確定拠出年金　確定給付年金		
	定年制 なし	再雇用制度 なし	勤務延長 なし

他社と圧倒的な微差を作る主要7項目＋その他86項目の具体的な記載例

01-08 退職金制度

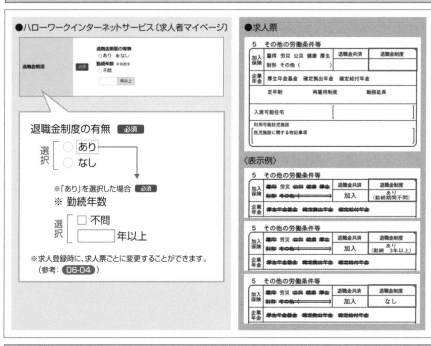

01-09 定年制

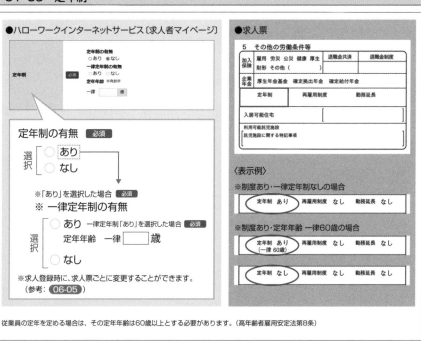

従業員の定年を定める場合は、その定年年齢は60歳以上とする必要があります。（高年齢者雇用安定法第8条）

01-10 再雇用制度

●ハローワークインターネットサービス〔求人者マイページ〕

再雇用制度　必須

再雇用制度の有無
○あり　◉なし
上限年齢の有無
○あり　○なし
上限年齢　半角数字
　　　歳まで

再雇用制度の有無　必須

選択
- ○ あり
- ○ なし

※「あり」を選択した場合　必須

※ 上限年齢の有無

選択
- ○ あり　上限年齢「あり」を選択した場合　必須
  - 上限年齢　　　　歳まで
- ○ なし

※求人登録時に、求人票ごとに変更することができます。
（参考：06-06）

●求人票

5　その他の労働条件等

加入保険	雇用 労災 公災 健康 厚生 財形 その他（　　　）	退職金共済	退職金制度
企業年金	厚生年金基金　確定拠出年金　確定給付年金		

定年制	再雇用制度	勤務延長

入居可能住宅

利用可能託児施設

託児施設に関する特記事項

〈表示例〉

※制度あり・上限年齢なしの場合

定年制 あり（一律 60歳）	再雇用制度 あり	勤務延長 なし

※制度あり・上限年齢63歳までの場合

定年制 あり（一律 60歳）	再雇用制度 あり（上限 63歳まで）	勤務延長 なし

定年制 なし	再雇用制度 なし	勤務延長 なし

定年年齢を65歳未満に定めている事業主は、その雇用する高年齢者の65歳までの安定した雇用を確保するため、「65歳までの定年の引上げ」「65歳までの継続雇用制度の導入」「定年の廃止」のいずれかの措置（高年齢者雇用確保措置）を実施する必要があります。（高年齢者雇用安定法第9条）

01-11 勤務延長

●ハローワークインターネットサービス〔求人者マイページ〕

勤務延長　必須

勤務延長の有無
○あり　◉なし
上限年齢の有無
○あり　○なし
上限年齢　半角数字
　　　歳まで

勤務延長の有無　必須

選択
- ○ あり
- ○ なし

※「あり」を選択した場合　必須

※ 上限年齢の有無

選択
- ○ あり　上限年齢「あり」を選択した場合　必須
  - 上限年齢　　　　歳まで
- ○ なし

※求人登録時に、求人票ごとに変更することができます。
（参考：06-07）

●求人票

5　その他の労働条件等

加入保険	雇用 労災 公災 健康 厚生 財形 その他（　　　）	退職金共済	退職金制度
企業年金	厚生年金基金　確定拠出年金　確定給付年金		

定年制	再雇用制度	勤務延長

入居可能住宅

利用可能託児施設

託児施設に関する特記事項

〈表示例〉

※制度あり・上限年齢なしの場合

定年制 あり（一律 60歳）	再雇用制度 あり（上限 63歳まで）	勤務延長 あり

※制度あり・上限年齢65歳までの場合

定年制 あり（一律 60歳）	再雇用制度 あり（上限 63歳まで）	勤務延長 あり（上限 65歳まで）

定年制 なし	再雇用制度 なし	勤務延長 なし

勤務延長　定年退職日以降もこれまでと同じ雇用形態を維持したまま雇用を延長する制度です。雇用形態、役職、賃金、仕事内容なども大きく変わることなく、勤務期間だけ延長されるのが一般的です

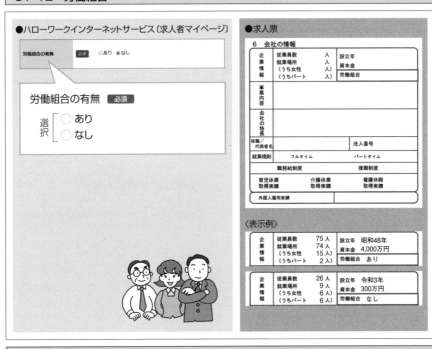

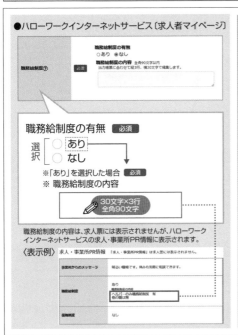

職務給制度	考え方 「仕事」に人をつける

年齢や勤続年数に影響されず、従事する仕事の内容（難易度・責任度合い）に応じて賃金を決定する制度

職能給制度	考え方 「人」に仕事をつける

年齢や勤続年数、職務遂行能力の評価をもとに賃金を決定する制度

- 基本給の決定要素が専ら職務給である（職務・職種などの仕事の内容に基づき基本給が決定される）ものを指します。
- 職務給に加え、職能給や年齢給を組み合わせている場合であっても、賃金の大半が職務給により決定されている場合は該当します。
- 基本給が年齢や勤務年数・スキルなどを踏まえて決定されている場合は該当しません。
- 基本給に上乗せされる職務手当とは異なります。
- 職務に応じた賃金額の支給規程などがあるものに限ります。

記入例

職務給制度の内容

（例）
- 社内独自の職務等級表を作成し、職務（役割）に応じて基本給を決定します。
- ヘルパーのみ職務給制度があります。

求人票において職務給制度の欄は、制度の有無のみが表示されます。

職務給制度を導入している場合は、「求人に関する特記事項欄」等で制度の内容を詳しく説明しましょう。

適正に評価・処遇される職場を探している求職者はもちろん、パートタイム労働者や有期雇用労働者からも「しっかりと評価してもらえる会社」と思ってもらえる可能性が高まります。

他社と圧倒的な微差を作る主要7項目＋その他86項目の具体的な記載例

01-14 育児休業取得実績

01-15 介護休業取得実績

01-16 看護休暇取得実績

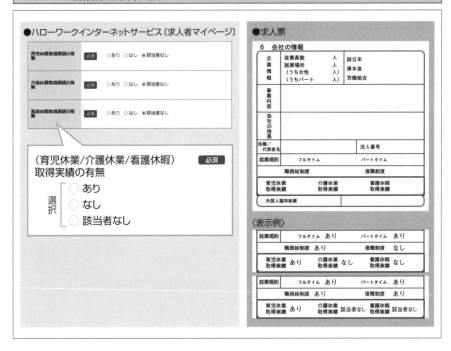

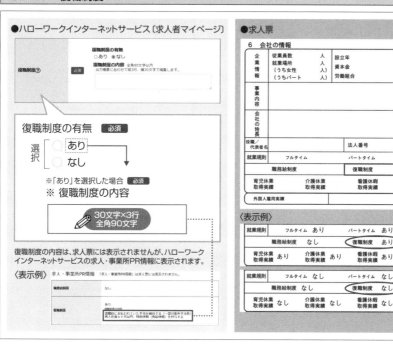

●ハローワークインターネットサービス〔求人者マイページ〕

復職制度の有無
○あり ●なし

復職制度⑦ 　必須
復職制度の内容 全角90文字以内
出力帳票に合わせて縦3行、横30文字で編集します。

復職制度の有無 　必須

選択
　○ あり
　○ なし

※「あり」を選択した場合 　必須
※ 復職制度の内容

30文字×3行
全角90文字

復職制度の内容は、求人票には表示されませんが、ハローワークインターネットサービスの求人・事業所PR情報に表示されます。

〈表示例〉 求人・事業所PR情報 「求人・事業所内容欄」は求人票には表示されません。

| 職務給制 | なし |
| 復職制度 | あり |

●求人票

6　会社の情報

企業情報	従業員数	人	設立年
	就業場所	人	資本金
	（うち女性	人）	労働組合
	（うちパート	人）	
事業内容			
会社の特長			
役職／代表者名		法人番号	
就業規則	フルタイム	パートタイム	
	職務給制度	復職制度	
育児休業取得実績	介護休業取得実績	看護休暇取得実績	
外国人雇用実績			

〈表示例〉

就業規則	フルタイム あり	パートタイム あり
	職務給制度 なし	復職制度 あり
育児休業取得実績 あり	介護休業取得実績 あり	看護休暇取得実績 あり

就業規則	フルタイム なし	パートタイム なし
	職務給制度 なし	復職制度 なし
育児休業取得実績 なし	介護休業取得実績 なし	看護休暇取得実績 なし

| 復職制度 | 結婚、出産、介護、疾病、配偶者の転勤などにより、いったん退職した場合に復職する（再雇用する）制度を指します。 |

退職　再入社

※育児・介護などの休業後に職場復帰するものは該当しません

記入例

復職制度の内容

（例）
〈条件〉
勤務経験3年以上、退職後10年以内で、結婚、出産、育児、介護などのやむを得ない事情により退職した方。

求人票において復職制度の欄は、制度の有無のみが表示されます。

復職制度を導入している場合は、「求人に関する特記事項欄」等で制度の内容を詳しく説明し、ワーク・ライフ・バランスの充実や女性の活躍促進に積極的に取り組んでいる姿勢をアピールしましょう。

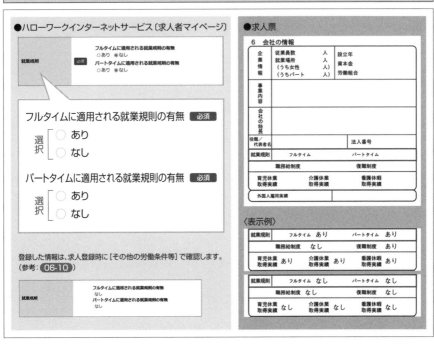

●ハローワークインターネットサービス〔求人者マイページ〕

就業規則 【必須】
フルタイムに適用される就業規則の有無
○あり ◉なし
パートタイムに適用される就業規則の有無
○あり ◉なし

フルタイムに適用される就業規則の有無 【必須】

選択
○ あり
○ なし

パートタイムに適用される就業規則の有無 【必須】

選択
○ あり
○ なし

登録した情報は、求人登録時に［その他の労働条件等］で確認します。
(参考：06-10)

就業規則
フルタイムに適用される就業規則の有無
なし
パートタイムに適用される就業規則の有無
なし

●求人票

6　会社の情報

企業情報	従業員数	人	設立年	
	就業場所	人	資本金	
	（うち女性	人）	労働組合	
	（うちパート	人）		
事業内容				
会社の特長				
役職／代表者名			法人番号	
就業規則	フルタイム		パートタイム	
	職務給制度		復職制度	
	育児休業取得実績	介護休業取得実績		看護休暇取得実績
外国人雇用実績				

〈表示例〉

就業規則	フルタイム あり		パートタイム あり	
	職務給制度 なし		復職制度 あり	
	育児休業取得実績 あり	介護休業取得実績 あり		看護休暇取得実績 あり

就業規則	フルタイム なし		パートタイム なし	
	職務給制度 なし		復職制度 なし	
	育児休業取得実績 なし	介護休業取得実績 なし		看護休暇取得実績 なし

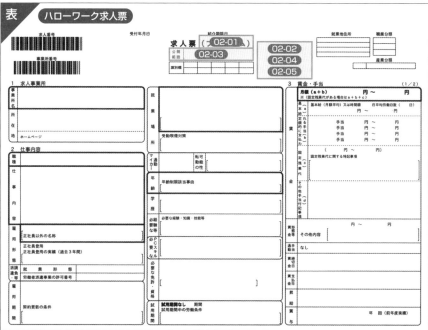

序章

第1章

第2章

第3章

第4章

第5章

第6章

第7章

他社と圧倒的な微差を作る主要7項目＋その他86項目の具体的な記載例

●ハローワークインターネットサービス〔求人者マイページ〕

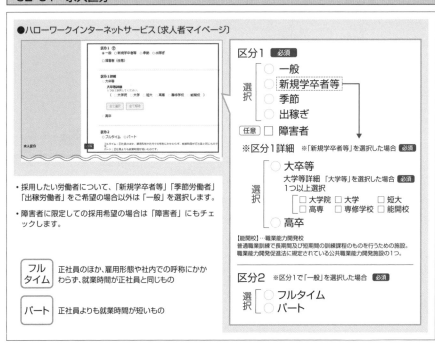

区分1 必須

選択
- ○ 一般
- ○ 新規学卒者等
- ○ 季節
- ○ 出稼ぎ

任意 □ 障害者

※**区分1詳細**　※「新規学卒者等」を選択した場合 必須

選択
- ○ 大卒等

  大学等詳細 「大学等」を選択した場合 必須
  1つ以上選択
  - □ 大学院　□ 大学　　□ 短大
  - □ 高専　　□ 専修学校　□ 能開校

- ○ 高卒

【能開校】…職業能力開発校
普通職業訓練で長期間及び短期間の訓練課程のものを行うための施設。
職業能力開発促進法に規定されている公共職業能力開発施設の1つ。

区分2　※区分1で「一般」を選択した場合 必須

選択
- ○ フルタイム
- ○ パート

・採用したい労働者について、「新規学卒者等」「季節労働者」「出稼労働者」をご希望の場合以外は「一般」を選択します。

・障害者に限定しての採用希望の場合は「障害者」にもチェックします。

フルタイム	正社員のほか、雇用形態や社内での呼称にかかわらず、就業時間が正社員と同じもの

パート	正社員よりも就業時間が短いもの

●求人票　**ハローワーク求人票【一般】**

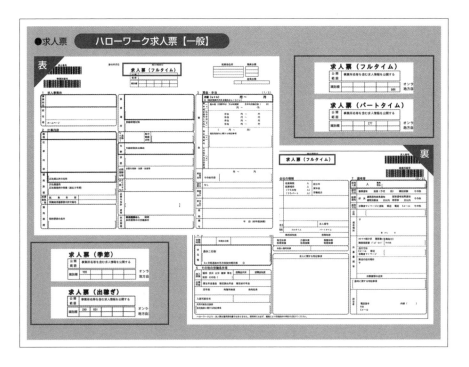

●求人票　ハローワーク求人票【新規学卒者(大卒等)】

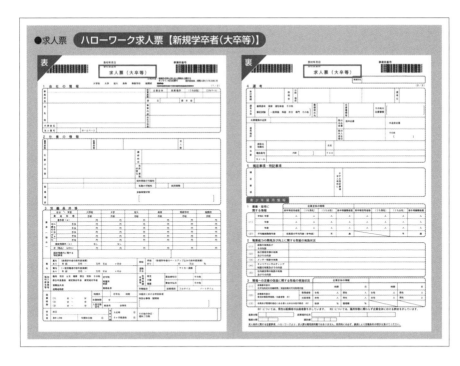

●求人票　ハローワーク求人票【新規学卒者(高卒)】

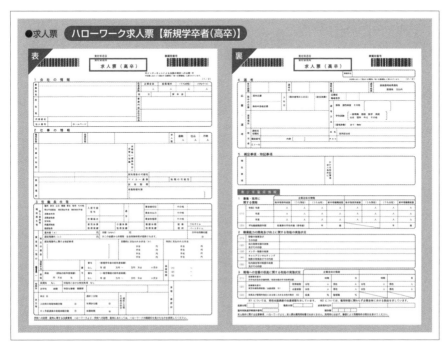

●ハローワークインターネットサービス〔求人者マイページ〕　　●求人票

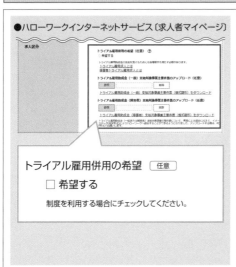

トライアル雇用併用の希望　[任意]

□ 希望する

制度を利用する場合にチェックしてください。

〈表示例〉
トライアル雇用併用にチェックした場合

トライアル雇用	職業経験の不足などから就職が困難な求職者等を原則3か月間試行雇用することにより、その適性や能力を見極め、期間の定めのない雇用への移行のきっかけとすることを目的とした制度。 労働者と企業がお互いを理解したうえで無期雇用へ移行することができるため、ミスマッチを防ぐことができます。 ※試用期間とは異なりますので、ご注意ください。

■ トライアル雇用の仕組み

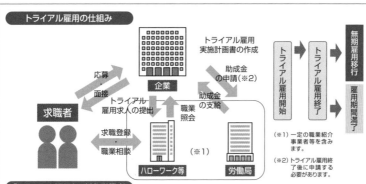

（※1）一定の職業紹介事業者等を含みます。

（※2）トライアル雇用終了後に申請する必要があります。

「トライアル雇用」の対象労働者

次のいずれかの要件を満たした上で、紹介日に本人がトライアル雇用を希望した場合に対象となります。

① 紹介日の前日から過去2年以内に、2回以上離職や転職を繰り返している
② 紹介日の前日時点で、離職している期間が1年を超えている※1
③ 妊娠、出産・育児を理由に離職し、紹介日の前日時点で、安定した職業※2についていない期間が1年を超えている
④ 生年月日が1968年（昭和43年）4月2日以降の者で、ハローワーク等で担当者制による個別支援を受けている
⑤ 就職の援助を行うにあたって、特別な配慮を要する※3

※1 パート・アルバイトなどを含め、一切の就労をしていないこと
※2 期間の定めのない労働契約を締結し、1週間の所定労働時間が通常の労働者の所定労働時間と同等であること
※3 生活保護受給者、母子家庭の母等、父子家庭の父、日雇労働者、季節労働者、中国残留邦人等永住帰国者、ホームレス、住居喪失不安定就労者、生活困窮者、ウクライナ避難民

出典：厚生労働省_トライアル雇用のリーフレット

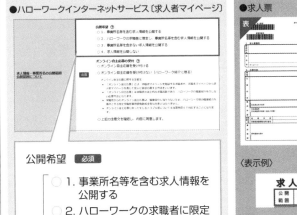

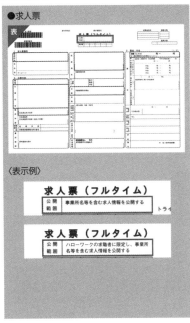

●ハローワークインターネットサービス〔求人者マイページ〕

公開希望 **必須**

選択

○ 1. 事業所名等を含む求人情報を公開する

○ 2. ハローワークの求職者に限定し、事業所名等を含む求人情報を公開する

○ 3. 事業所名等を含まない求人情報を公開する

○ 4. 求人情報を公開しない

●求人票

〈表示例〉

求人票（フルタイム）
| 公開範囲 | 事業所名等を含む求人情報を公開する |

求人票（フルタイム）
| 公開範囲 | ハローワークの求職者に限定し、事業所名等を含む求人情報を公開する |

公開範囲	参考
公開範囲1 すべての求職者に、事業所名等(※1)を含む求人情報を公開する。	• ハローワークに登録している求職者をはじめ、より多くの人材からの応募が期待できます。 • ハローワークに登録している求職者以外から問い合わせがくる可能性があります。
公開範囲2 ハローワークの求職者(※2)に限定し、事業所名等(※1)を含む求人情報を公開する。 (※2) ハローワークの求職者 　ハローワークを利用されている求職者（利用登録者）とハローワークインターネットサービス上でのみ求職登録を行っている者（オンライン登録者）が含まれます。	事業所名等を確認できるのはハローワークに登録している求職者に限られるため、公開範囲1に比べ応募者数が少なくなる可能性があります。
公開範囲3 事業所名等(※1)を含まない求人情報を公開する。	求職者は、ハローワークの窓口で事業所名や連絡先などを確認する必要があります。
公開範囲4 求人情報を公開しない。	ハローワーク内に設置されたパソコン（検索・登録用端末）やハローワークインターネットサービスでは公開されません（窓口での情報提供となります）。

(※1) 事業所名等　　　　　出典：ハローワークインターネットサービス　求人情報や事業所名等の公開について～事業主の方へ～

一般求人、障害のある方のための求人、季節求人、出稼ぎ求人

[求人事業所]
• 事業所番号
• 事業所名
• 所在地
• ホームページ

[選考等]
• 選考場所
• 応募書類等
　（郵送の送付場所）
• 担当者

[仕事内容]
• 労働者派遣事業の許可番号
• 就業場所（郵便番号、住所、
　地図、最寄り駅）

[求人・事業所PR情報]
• 支店・営業所・工場等
• 年商
• 主要取引先
• 関連会社

[会社の情報]
• 設立年
• 資本金
• 会社の特長
• 役職／代表者名
• 法人番号

[事業所画像情報]

新卒・既卒求人

[会社の情報]
• 事業所番号
• 事業所名
• 所在地
• 代表者名
• 設立年
• 資金金
• 会社の特長
• 法人番号
• ホームページ

[仕事の情報]
• 就業場所
　（郵便番号、住所、
　地図、最寄り駅）

[選考]
• 説明会
• 書類提出先
• 選考場所
• 担当者

[青少年雇用情報]

[事業所画像情報]

● ハローワークインターネットサービス［求人情報検索/求人情報一覧表］

公開範囲を限定した場合、公開対象外の求職者はハローワークインターネットサービスから事業所等の情報を確認することができません。

● 求人票

106

02-04　オンライン自主応募

●ハローワークインターネットサービス〔求人者マイページ〕

●求人票

表

〈表示例〉

受付年月日 令和5年9月12日　　紹介期間日 令和5年11月30日

求人票（フルタイム）

公開範囲	事業所名等を含む求人情報を公開する	
識別欄		オンライン自主応募可

地方自治体、民間人材ビジネス

受付年月日 令和5年9月8日　　紹介期間日 令和5年11月30日

求人票（フルタイム）

公開範囲	事業所名等を含む求人情報を公開する	
識別欄	Z91　622　254	トライアル雇用併用
	Y12	オンライン自主応募不可

地方自治体のみ可

オンライン自主応募の受付 　必須

選択
- ○ オンライン自主応募を受け付ける
- ○ オンライン自主応募を受け付けない
（ハローワーク紹介に限る）

「オンライン自主応募を受け付ける」を 必須
選択した場合

□ 上記の注意文を確認し、内容に同意します。

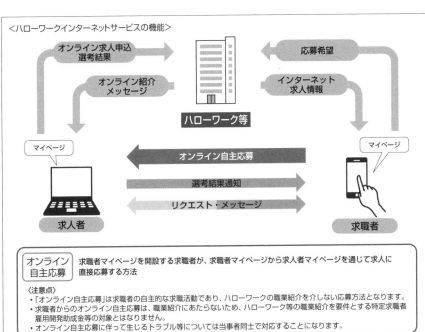

<ハローワークインターネットサービスの機能>

オンライン求人申込 選考結果　　応募希望

オンライン紹介 メッセージ　　インターネット 求人情報

ハローワーク等

マイページ　　マイページ

オンライン自主応募

選考結果通知

リクエスト・メッセージ

求人者　　求職者

オンライン 自主応募	求職者マイページを開設する求職者が、求職者マイページから求人者マイページを通じて求人に直接応募する方法

〈注意点〉
- 「オンライン自主応募」は求職者の自主的な求職活動であり、ハローワークの職業紹介を介しない応募方法となります。
- 求職者からのオンライン自主応募は、職業紹介にあたらないため、ハローワーク等の職業紹介を要件とする特定求職者雇用開発助成金等の対象とはなりません。
- オンライン自主応募に伴って生じるトラブル等については当事者同士で対応することになります。

●ハローワークインターネットサービス〔求人者マイページ〕

◆ハローワーク以外の職業紹介機関に求人情報を
提供可能な場合
リーフレットの内容を確認のうえ、同意にチェックします。

◆提供を希望しない場合
提供を不可とする機関をチェックします。
（求人申込み・公開後も変更可能）

オンライン提供を不可とする機関　任意

☐ 民間人材ビジネス

☐ 地方自治団体（地方版ハローワーク(※)）

　（※）地方版ハローワーク
　　　地方自治体が自ら実施する無料職業紹介をいいます。

求人情報を提供する場合　必須

☐ リーフレットの内容を確認し、同意します。

求人情報提供サービス	労働市場全体のマッチング機能を強化するため、雇用対策や職業紹介事業を行っている地方自治体や民間の職業紹介事業者に、ハローワークの全国ネットワークの求人情報を提供するものです。

〈提供対象〉
全国のハローワークに申込みをした求人（大学等を卒業予定の方を対象とした求人や障害者求人を含む）です。

〈メリット〉
ハローワークを利用する求職者に加えて、情報提供先（職業紹介事業を行う地方自治体・地方版ハローワークや民間職業紹介事業者）を利用する求職者からの求人応募が期待できます。

1．求人情報の提供先

提供先となる「地方自治体・地方版ハローワーク」
■職業安定法第29条第1項に基づき無料職業紹介事業を行う地方自治体
■自ら職業紹介は行わないが、職業紹介事業者に委託して職業紹介事業を行う地方自治体
　※求人者および求職者から金銭を徴収しない場合に限ります。
　　実際に職業紹介（求人事業主への求職者の紹介）を行う委託先の職業紹介事業者にも求人情報は提供されます。
■ハローワークと連携し、求職者に対して職業紹介に準じた個別支援を行う地方自治体
■職業安定法第33条の2第1項に基づき無料の職業紹介事業を行う学校等（中学校・高等学校を除く）
■職業安定法第33条の3第1項に基づき無料職業紹介事業を行う特別の法人

提供先となる「民間職業紹介事業者（民間人材ビジネス）」
■職業安定法第30条第1項に基づき有料職業紹介事業を行う事業者
■職業安定法第33条第1項に基づき無料職業紹介事業を行う事業者

出典：ハローワークインターネットサービス　求人情報提供サービスについて リーフレット兼同意書

Part 03　仕事内容

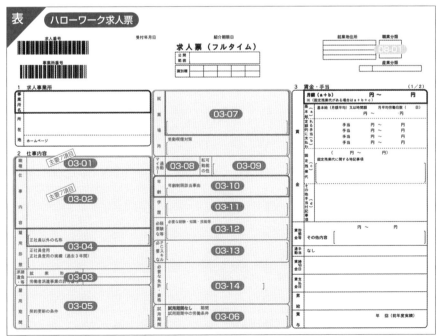

他社と圧倒的な微差を作る主要7項目＋その他86項目の具体的な記載例

ハローワークインターネットサービス〔求人者マイページ〕

求人仮登録

1.求人区分等　2.事業所情報等　3.仕事内容　4.賃金・手当　5.労働時間　6.保険・年金・定年等　7.求人PR情報　8.選考方法

- 03-01 職種
- 08-01 職業分類
- 03-02 仕事の内容
- 03-03 派遣・請負等
- 03-04 雇用形態・正社員登用
- 03-05 雇用期間
- 03-06 試用期間
- 03-07 就業場所
- 03-08 マイカー通勤
- 03-09 転勤の可能性
- 03-10 年齢
- 03-11 学歴・専攻
- 03-12 必要な経験等
- 03-13 必要なPCスキル
- 03-14 必要な免許・資格

主要7項目

表　ハローワーク求人票

109

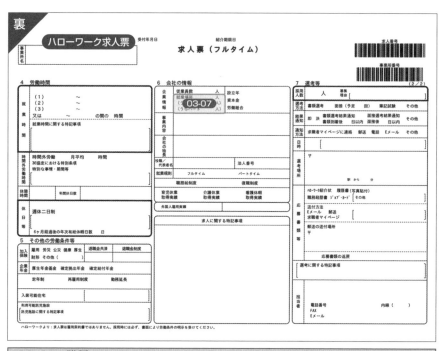

ハローワーク求人票

受付年月日　　紹介期限日

求人票（フルタイム）

求人番号

事業所番号

4 労働時間

就業時間
- （1）　　　～
- （2）　　　～
- （3）　　　～
- 又は　　　～　　　の間の　　時間

就業時間に関する特別事項

時間外労働　月平均　　時間
36協定における特別条項
特別な事情・期間等

休憩時間　年間休日数

休日等　週休二日制

6ヶ月経過後の年次有給休暇日数　　日

5 その他の労働条件等

加入保険　雇用 労災 公災 健康 厚生　退職金共済　退職金制度
財形 その他（ ）

企業年金　厚生年金基金 確定拠出年金 確定給付年金

定年制　再雇用制度　勤務延長

入居可能住宅

利用可能託児施設
託児施設に関する特記事項

6 会社の情報

企業情報　従業員数　　人　設立年月
就業場所　　人　資本金
（うちパート　　人）　労働組合

事業内容

会社の特長

役職・代表者名　　法人番号

就業規則　フルタイム　パートタイム

職務給制度　　深夜制度

育児休業　介護休業　看護休暇
取得実績　取得実績　取得実績

外国人雇用実績

求人に関する特記事項

7 選考等

採用人数　　人　募集理由

選考方法　書類選考（予定 回）筆記試験　その他

結果通知　即決 書類選考結果通知 面接選考結果通知
書類到着後　日以内 面接後　日以内　その他

通知方法　求職者マイページに連絡 郵送 電話 Eメール その他

日時

選考場所　〒
駅 から　分

応募書類　ハローワーク紹介 履歴書（写真貼付）
職務経歴書 ジョブ・カード その他

送付方法
Eメール 郵送
求職者マイページ

郵送の送付場所　〒

応募書類の返戻

選考に関する特記事項

担当者　電話番号　　　　内線（ ）
FAX
Eメール

ハローワークより：求人票は雇用契約書ではありません。採用時には必ず、書面により労働条件の明示を受けてください。

03-01　職種

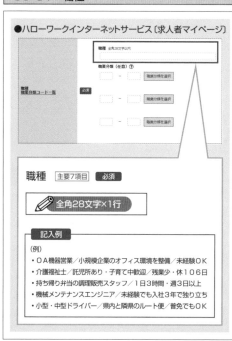

●ハローワークインターネットサービス〔求人者マイページ〕

職種 全角28文字以内

職業分類（任意）⑦

職業分類を選択

職業分類を選択

職業分類を選択

職種 職業分類コード一覧 必須

職種 主要7項目 必須

全角28文字×1行

記入例

（例）
- ・OA機器営業／小規模企業のオフィス環境を整備／未経験OK
- ・介護福祉士／託児所あり・子育て中歓迎／残業少・休106日
- ・持ち帰り弁当の調理販売スタッフ／1日3時間・週3日以上
- ・機械メンテナンスエンジニア／未経験でも入社3年で独り立ち
- ・小型・中型ドライバー／県内と隣県のルート便／普免でもOK

●求人票

職種　介護福祉士／最新機器により負担大幅軽減／経験者・託児所有

仕事内容
2000年に開設した特養ホーム「○○苑」です。当施設の特徴は各種介護機器を導入することで、介護職のみなさんの日常の負担を軽減し、本当にやりたい「やさしい介護」に取り組めることです。
■やさしい介護
＊施設は10名単位のユニット型で自宅に近い環境での介護です。
＊介護リフトや多機な車いすなどの導入で見守り介護を軽減しています。
＊センサーマットや見守りカメラなどで見守り介護をサポート。
＊他施設にはないい口腔ケアで食事タイムも楽しい介助の時間です。
＊施設内に託児所があり、小さなお子様を抱える方も安心です。
■一緒に働きたい人
＊介護を夢見た頃の初心を忘れず仕事がしたい方
＊既成概念にとらわれない施設の新しい歴史をつくっていきたい方

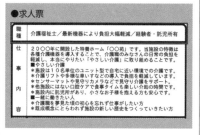

point! 職種名は書籍のタイトルのようなものです。「仕事内容」欄や「求人に関する特記事項」欄の内容からキーワードを探してみましょう。

●ハローワークインターネットサービス〔求人者マイページ〕

仕事の内容 ⑦　必須

全角360文字以内
出力帳票に合わせて縦12行 横30文字で掲載します。

仕事の内容　主要7項目　必須

30文字×12行
全角360文字

●ハローワークインターネットサービス［求人情報検索/求人情報一覧表］

●求人票〈表示例〉

| 職種 | 介護福祉士／最新機器により負担大幅軽減／経験者・託児所有 |

| 仕事内容 | ２０００年に開設した特養ホーム「○○苑」です。当施設の特徴は各種介護機器を導入することで、介護職のみなさんの日常の負担を最も本当にやりたい「やさしい介護」に取り組めることです。
■やさしい介護
＊施設は１０名単位のユニット型で自宅に近い環境での介護です。
＊介護リフトや多様な車いすなどの導入で負担を軽減しています。
＊センサーマットや見守りカメラなどで見守り介護をサポート。
＊他施設にはない口腔ケアで食事タイムも楽しい介助の時間です。
＊施設内に託児所があり、小さなお子様を抱える方も安心です。
■一緒に働きたい人
＊介護職を夢見た頃の初心を忘れず仕事がしたい方
＊既成概念にとらわれず施設の新しい歴史をつくっていきたい方 |

 point!

ハローワークインターネットサービスを利用して求人検索を行った際、［求人情報一覧表］の「仕事の内容」欄には冒頭３行のみが表示されます。求職者がどの求人の詳細を見るかを選ぶ参考となりますので、意識して作成しましょう。

●ハローワークインターネットサービス〔求人者マイページ〕

派遣・請負等　必須

就業形態
○ 派遣・請負ではない　○ 派遣　○ 紹介予定派遣　○ 請負
労働者派遣事業の許可番号

就業形態　必須

選択
- ○ 派遣・請負ではない
- ○ 派遣
- ○ 紹介予定派遣
- ○ 請負

事業所情報に労働者派遣事業の許可番号の登録がない場合、就業形態で派遣、紹介予定派遣はすべて選択できません。

●求人票〈表示例〉

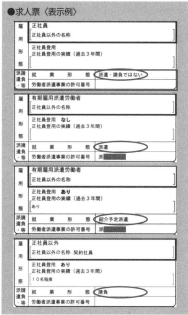

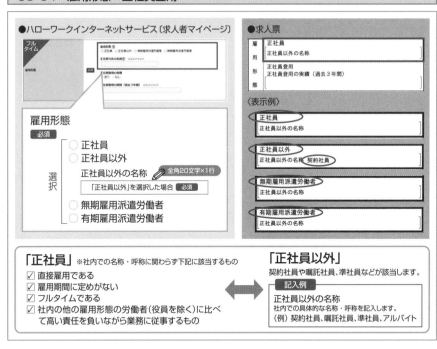

「正社員」 ※社内での名称・呼称に関わらず下記に該当するもの

☑ 直接雇用である
☑ 雇用期間に定めがない
☑ フルタイムである
☑ 社内の他の雇用形態の労働者（役員を除く）に比べて高い責任を負いながら業務に従事するもの

↔

「正社員以外」

契約社員や嘱託社員、準社員などが該当します。

記入例

正社員以外の名称
社内での具体的な名称・呼称を記入します。
（例）契約社員、嘱託社員、準社員、アルバイト

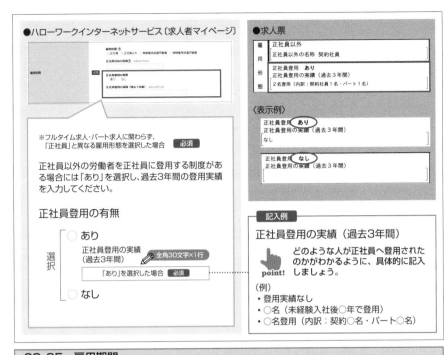

●ハローワークインターネットサービス〔求人者マイページ〕

●求人票

雇用形態	正社員以外
	正社員以外の名称 契約社員
	正社員登用 あり
	正社員登用の実績（過去3年間）
	2名登用（内訳：契約社員1名・パート1名）

〈表示例〉

正社員登用 （あり）
正社員登用の実績（過去3年間）
なし

正社員登用 （なし）
正社員登用の実績（過去3年間）

※フルタイム求人・パート求人に関わらず、「正社員」と異なる雇用形態を選択した場合 **必須**

正社員以外の労働者を正社員に登用する制度がある場合には「あり」を選択し、過去3年間の登用実績を入力してください。

正社員登用の有無

選択
○ あり
　正社員登用の実績（過去3年間）　全角30文字×1行
　　「あり」を選択した場合 **必須**
○ なし

記入例

正社員登用の実績（過去3年間）

point! どのような人が正社員へ登用されたのかがわかるように、具体的に記入しましょう。

（例）
・登用実績なし
・○名（未経験入社後○年で登用）
・○名登用（内訳：契約○名・パート○名）

03-05 雇用期間

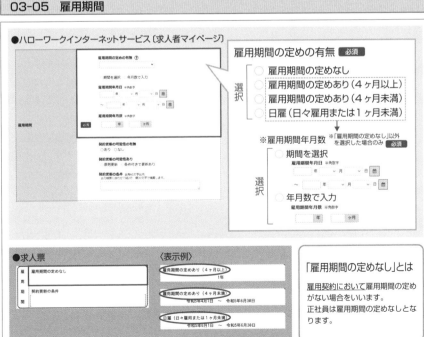

●ハローワークインターネットサービス〔求人者マイページ〕

雇用期間の定めの有無 **必須**

選択
○ 雇用期間の定めなし
○ 雇用期間の定めあり（4ヶ月以上）
○ 雇用期間の定めあり（4ヶ月未満）
○ 日雇（日々雇用または1ヶ月未満）

※雇用期間年月数　※「雇用期間の定めなし」以外を選択した場合のみ **必須**

選択
○ 期間を選択
　雇用期間年月日 ※角数字
○ 年月数で入力
　雇用期間年月数 ※角数字

●求人票

| 雇用期間 | 雇用期間の定めなし |
| | 契約更新の条件 |

〈表示例〉

雇用期間の定めあり（4ヶ月以上）
　1年

雇用期間の定めあり（4ヶ月未満）
　令和5年4月1日 ～ 令和5年6月30日

日雇（日々雇用または1ヶ月未満）
　令和5年5月1日 ～ 令和5年6月30日

「雇用期間の定めなし」とは

雇用契約において雇用期間の定めがない場合をいいます。
正社員は雇用期間の定めなしとなります。

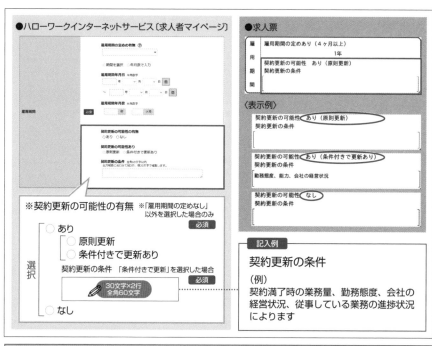

03-06　試用期間

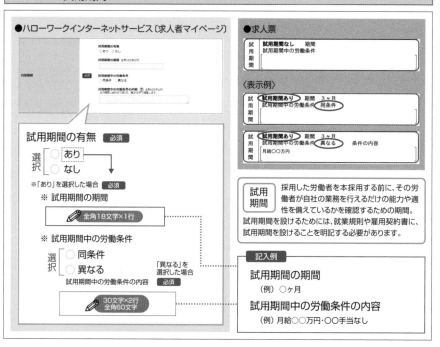

●ハローワークインターネットサービス〔求人者マイページ〕

●求人票

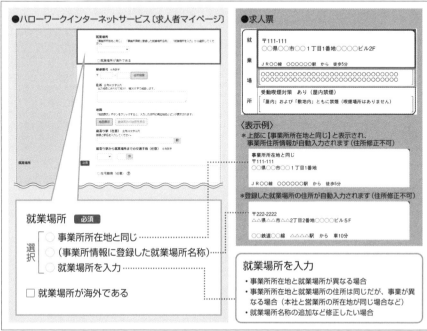

〈裏面〉

就業場所 必須

選択
- 事業所所在地と同じ……………
- （事業所情報に登録した就業場所名称）………
- 就業場所を入力…………………

☐ 就業場所が海外である

就業場所を入力

・事業所所在地と就業場所が異なる場合
・事業所所在地と就業場所の住所は同じだが、事業が異なる場合（本社と営業所の所在地が同じ場合など）
・就業場所名称の追加など修正したい場合

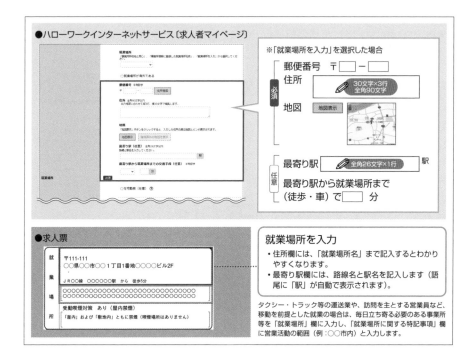

●ハローワークインターネットサービス〔求人者マイページ〕

※「就業場所を入力」を選択した場合

必須
郵便番号 〒 □ - □
住所 30文字×3行 全角90文字
地図 地図表示

任意
最寄り駅 全角26文字×1行 駅
最寄り駅から就業場所まで
（徒歩・車）で □ 分

●求人票

就業場所
〒111-111
○○県○○市○○1丁目1番地○○○○ビル2F

ＪＲ○○線 ○○○○○駅 から 徒歩5分
○○○○○○○○○○○○○○○○○○○○○○○○○○○
○○○○○○○○○○○○○○○○○○○○○○○○○○○

受動喫煙対策 あり（屋内禁煙）
「屋内」および「敷地内」ともに禁煙（喫煙場所はありません）

就業場所を入力

・住所欄には、「就業場所名」まで記入するとわかりやすくなります。
・最寄り駅欄には、路線名と駅名を記入します（語尾に「駅」が自動で表示されます）。

タクシー・トラック等の運送業や、訪問を主とする営業員など、移動を前提とした就業の場合は、毎日立ち寄る必要のある事業所等を「就業場所」欄に入力し、「就業場所に関する特記事項」欄に営業活動の範囲（例：○○市内）と入力します。

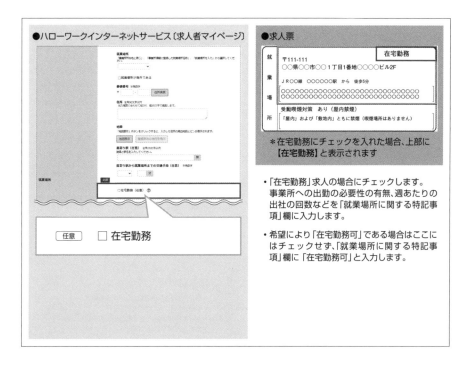

●ハローワークインターネットサービス〔求人者マイページ〕

任意 □ 在宅勤務

●求人票

就業場所
在宅勤務
〒111-111
○○県○○市○○1丁目1番地○○○○ビル2F

ＪＲ○○線 ○○○○○駅 から 徒歩5分
○○○○○○○○○○○○○○○○○○○○○○○○○○○
○○○○○○○○○○○○○○○○○○○○○○○○○○○

受動喫煙対策 あり（屋内禁煙）
「屋内」および「敷地内」ともに禁煙（喫煙場所はありません）

＊在宅勤務にチェックを入れた場合、上部に
【在宅勤務】と表示されます

・「在宅勤務」求人の場合にチェックします。
事業所への出勤の必要性の有無、週あたりの出社の回数などを「就業場所に関する特記事項」欄に入力します。

・希望により「在宅勤務可」である場合はここにはチェックせず、「就業場所に関する特記事項」欄に「在宅勤務可」と入力します。

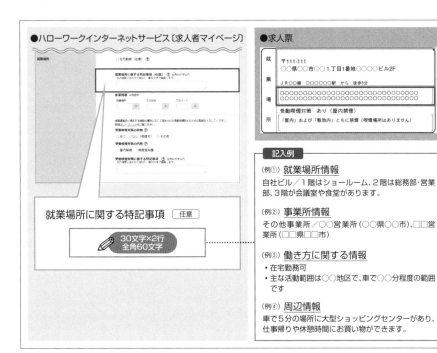

●ハローワークインターネットサービス〔求人者マイページ〕

●求人票

就業場所	〒111-111 ○○県○○市○○1丁目1番地○○○○ビル2F
	JR○○線　○○○○○駅　から　徒歩5分
	○○○○○○○○○○○○○○○○○○○○○○○○○○○○ ○○○○○○○○○○○○○○○○○○○○○○○○○○○○
	受動喫煙対策　あり（屋内禁煙） 「屋内」および「敷地内」ともに禁煙（喫煙場所はありません）

就業場所に関する特記事項　[任意]

30文字×2行
全角60文字

記入例

（例①）就業場所情報
自社ビル／1階はショールーム、2階は総務部・営業部、3階が会議室や食堂があります。

（例②）事業所情報
その他事業所／○○営業所（○○県○○市）、□□営業所（□□県□□市）

（例③）働き方に関する情報
・在宅勤務可
・主な活動範囲は○○地区で、車で○○分程度の範囲です

（例④）周辺情報
車で5分の場所に大型ショッピングセンターがあり、仕事帰りや休憩時間にお買い物ができます。

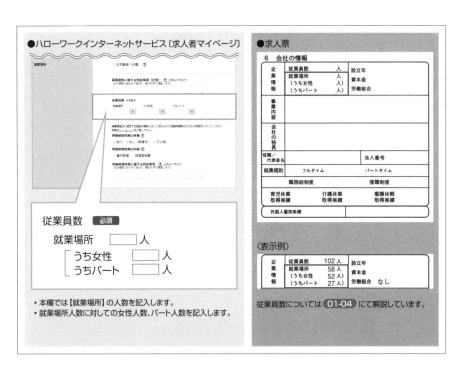

●ハローワークインターネットサービス〔求人者マイページ〕

●求人票

6　会社の情報

企業情報	従業員数　　　　人 就業場所　　　　人 （うち女性　　　人） （うちパート　　人）	設立年 資本金 労働組合
	事業内容	
	会社の特長	
役職／代表者名		法人番号
就業規則	フルタイム	パートタイム
	職務給制度	復職制度
育児休業 取得実績	介護休業 取得実績	看護休暇 取得実績
外国人雇用実績		

従業員数　[必須]

就業場所　　　　人
うち女性　　　　人
うちパート　　　人

・本欄では【就業場所】の人数を記入します。
・就業場所人数に対しての女性人数、パート人数を記入します。

〈表示例〉

| 企業情報 | 従業員数　　102人
就業場所　　　58人
（うち女性　　52人）
（うちパート　27人） | 設立年
資本金
労働組合　なし |

従業員数については **01-04** にて解説しています。

他社と圧倒的な微差を作る主要7項目＋その他86項目の具体的な記載例

117

●ハローワークインターネットサービス〔求人者マイページ〕

●求人票

〒111-111
○○県○○市○○1丁目1番地○○○○ビル2F

JRОО線 ООООО駅 から 徒歩5分

○○○○○○○○○○○○○○○○○○○○○○○○○○
○○○○○○○○○○○○○○○○○○○○○○○○○○

受動喫煙対策 あり（屋内禁煙）
「屋内」および「敷地内」ともに禁煙（喫煙場所はありません）

「受動喫煙防止」のための取組みを明示

受動喫煙対策の推進のため、職業安定法施行規則の一部が改正され、2020年4月1日から、労働者の募集や求人の申込みを行う際に「就業の場所における受動喫煙を防止するための措置に関する事項」の明示義務が課されています。

ハローワークでは、求人票の様式を変更し、2020年1月6日以降の求人申込み（変更を含む）から明示するようになっています。

●ハローワークインターネットサービス〔求人者マイページ〕

●求人票

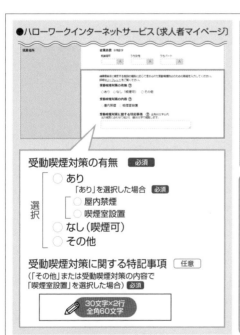

受動喫煙対策の有無 【必須】

選択
- ○ あり
  「あり」を選択した場合 【必須】
  - ○ 屋内禁煙
  - ○ 喫煙室設置
- ○ なし（喫煙可）
- ○ その他

受動喫煙対策に関する特記事項 〔任意〕

（「その他」または受動喫煙対策の内容で「喫煙室設置」を選択した場合）【必須】

30文字×2行
全角60文字

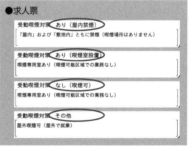

受動喫煙対策 あり（屋内禁煙）
「屋内」および「敷地内」ともに禁煙（喫煙場所はありません）

受動喫煙対策 あり（喫煙室設置）
喫煙専用室あり（喫煙可能区域での業務なし）

受動喫煙対策 なし（喫煙可）
喫煙専用室あり（喫煙可能区域での業務なし）

受動喫煙対策 その他
屋外喫煙可（屋外で就業）

健康増進法に規定する施設の種別に応じて定められた受動喫煙防止のための取組みを入力します。

【あり】敷地内禁煙、屋内禁煙、喫煙専用室設置など
【屋内禁煙】屋内完全禁煙（敷地内禁煙を含む）場合
【喫煙室設置】室内に喫煙室を設置している場合
【なし（喫煙可）】店内全部を喫煙可としている場合
【その他】屋外で就業する場合

【受動喫煙対策に関する特記事項】
取組内容の詳細について記入します。

記入例

改正健康増進法に規定する施設の類型に応じて、以下のとおり受動喫煙対策について明示してください。

就業場所	改正健康増進法上の施設の類型と 受動喫煙を防止するための措置		求人申し込み時の明示方法 ～「受動喫煙対策」の選択・記載方法～		
			「有無」欄	「対策」欄	「特記事項」欄
病院、学校、 児童福祉施設、 行政機関など （2019年7月～）	第一種 施設	敷地内禁煙の場合	あり	屋内禁煙	「敷地内禁煙」などと記載
		敷地内に特定屋外喫煙場所設置 の場合★	あり	屋内禁煙	「敷地内禁煙（屋外に喫煙場所 設置）」などと記載
バス・タクシー、旅客機 など（2020年4月～）		禁煙	あり	屋内禁煙	下記（1）注2を参照
事業所、 飲食店、 ホテル・旅館、 鉄道・船舶、 その他の施設 （2020年4月～）	第二種 施設	屋内禁煙の場合	あり	屋内禁煙	
		喫煙専用室または加熱式たばこ 専用喫煙室設置の場合★	あり	喫煙室設置	「喫煙専用室設置」「加熱式たば こ専用喫煙室設置」などと記載
		適用除外の場所あり （例：宿泊室内など） の場合	あり	喫煙室設置	「喫煙可の宿泊室あり」などと 記載
（経過措置） 既存の営業規 模の小さな飲 食店など※2	既存特定 飲食提供 施設	店内の一部を喫煙可能室として いる場合★	あり	喫煙室設置	「喫煙可能室設置」などと記載
		店内の全部を喫煙可能室として いる場合	なし （喫煙可）	―	―
喫煙が主目的の バー・スナッ ク、たばこ販売 店など （2020年4月～）	喫煙目的 施設	店内の一部を喫煙目的室として いる場合★	あり	喫煙室設置	「喫煙目的室設置」などと記載
		店内の全部を喫煙目的室として いる場合	なし （喫煙可）	―	―
屋外 （第一種施設を除く）		―	その他	―	「屋外喫煙可（屋外で就業）」な どと記載

(注) 就業場所に禁煙区域と喫煙可能区域がある場合（★）は、喫煙可能区域での業務があるか否かについて、可能な限り「受動喫煙対策に 関する特記事項」欄に記載・入力してください。
　記載例：「喫煙可能区域での業務あり」「喫煙可能区域での業務なし」

出典：厚生労働省・都道府県労働局・ハローワーク 受動喫煙リーフレット

就業場所における「受動喫煙防止」のための取組みを明示する際は、以下の点にもご留意ください。

（1）求人事業所の所在地と就業場所が異なる場合

　求人事業所の所在地と就業場所が異なる場合は、**実際の就業場所における受動喫煙 対策を明示**してください。

（注1）**求人の申込み時点で複数の場所での就業が予定されている場合**は、「受動喫煙 対策に関する特記事項」欄や「就業場所に関する特記事項」欄を活用して、それぞれ の就業場所における受動喫煙対策を明示してください。ただし、出張や営業など立ち 寄る可能性のある場所や、将来的に就業する可能性のある場所について、あらかじめ 網羅して明示する必要はありません。

（注2）バス・タクシー、鉄道、船舶、航空機の乗務員など、移動が前提の業務である 場合には、恒常的に立ち寄る所属事務所など（鉄道の駅や空港のターミナルビルを含む） および業務を従事する場所（バス・タクシー、鉄道の車内、航空機の機内）の状況を 明示する必要があります。このため、恒常的に立ち寄る所属事務所などの状況につい ては、「就業場所に関する特記事項」欄に記載・入力してください。

（注3）**労働者派遣求人の場合は、派遣先における受動喫煙対策を明示**してください。

出典：厚生労働省・都道府県労働局・ハローワーク受動喫煙リーフレット

（2）喫煙可能区域で就業する場合（年齢制限の取扱い）

　改正健康増進法では、施設の管理権原者は、喫煙専用室などの喫煙可能区域に**20歳未満の者を立ち入らせてはならない**としています。

　このため、喫煙可能区域で就業する求人は、**年齢制限の下限を20歳以上とする必要**があります。

　（労働施策総合推進法施行規則第1条の3第1項に規定する例外事由（2号：法令の規定による年齢制限）に該当）

> 【記載例】
> 年齢制限　　　　　　：　あり
> 年齢制限範囲　　　　：　20歳以上　～
> 年齢制限該当事由　　：　法令の規定により年齢制限がある
> 年齢制限の理由　　　：　健康増進法により20歳未満立入禁止のため

（3）地方公共団体が条例などで受動喫煙の防止に関する事項を定めている場合

　地方公共団体の条例により受動喫煙を防止するための措置が定められている場合には、求人申込み時の明示に当たっても、条例などに適合したものとなるようにご留意ください。

出典：厚生労働省・都道府県労働局・ハローワーク受動喫煙リーフレット

03-08　マイカー通勤

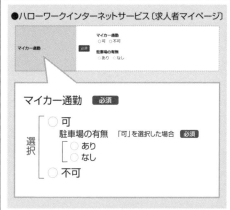
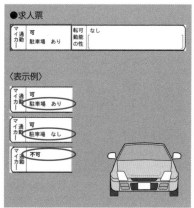

費用や場所などの駐車場に関する情報は、【就業場所に関する特記事項】欄（参考：`03-07`）や求人票裏面の【求人に関する特記事項】欄（参考：`08-07`）で説明を行いましょう。

> ┌ 記入例 ┐
> （例）
> ・敷地内に無料駐車場があります
> ・駐車場：月額1，500円、会社まで徒歩1分

03-09　転勤の可能性

●ハローワークインターネットサービス〔求人者マイページ〕

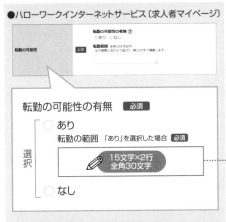

転勤の可能性の有無 **必須**

選択
- ○ あり
  - 転勤の範囲　「あり」を選択した場合 **必須**
    - 15文字×2行 全角30文字
- ○ なし

入力した就業場所以外への転勤の可能性の有無を選択します。

就業場所が数か所あり、それぞれの場所ごとの募集人数が確定している場合は、就業場所ごとに別の求人として申し込みます。

●求人票

〈表示例〉

── 記入例 ──

転勤の範囲

（例）
- 本人の希望を考慮（応相談）
- ○○県内
- 転居を伴う転勤なし
- 管理職以上対象
- 転勤先には単身用社宅があります

03-10　年齢

●ハローワークインターネットサービス〔求人者マイページ〕

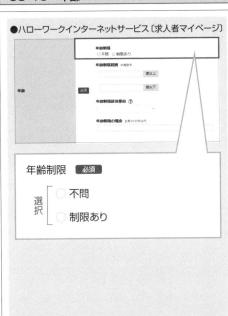

年齢制限 **必須**

選択
- ○ 不問
- ○ 制限あり

●求人票

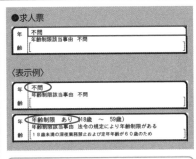

〈表示例〉

年齢に関係なく働く機会が均等に与えられるよう、労働者の募集・採用の際には、年齢を「不問」としなければなりません。

※ただし、例外事由（労働政策の総合的な推進並びに労働者の雇用の安定及び職業生活の充実等に関する法律施行規則第1条の3第1項）に該当する場合のみ年齢制限を設けることができます。

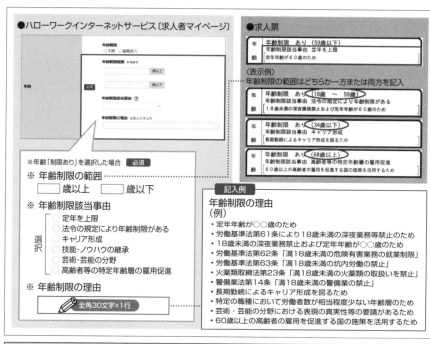

●ハローワークインターネットサービス〔求人者マイページ〕

●求人票

年齢	年齢制限 あり（59歳以下） 年齢制限該当事由 定年を上限 定年年齢が60歳のため

〈表示例〉
‥‥ 年齢制限の範囲はどちらか一方または両方を記入

年齢	年齢制限 あり（18歳 ～ 59歳） 年齢制限該当事由 法令の規定により年齢制限がある 18歳未満の深夜業務禁止および定年年齢が60歳のため

年齢	年齢制限 あり（34歳以下） 年齢制限該当事由 キャリア形成 長期勤続によるキャリア形成を図るため

年齢	年齢制限 あり（60歳以上） 年齢制限該当事由 高齢者等の特定年齢層の雇用促進 60歳以上の高齢者の雇用を促進する国の施策を活用するため

※年齢「制限あり」を選択した場合 必須

※ 年齢制限の範囲‥‥‥‥‥‥‥
　　□ 歳以上　　□ 歳以下

※ 年齢制限該当事由
　選択
　　○ 定年を上限
　　○ 法令の規定により年齢制限がある
　　○ キャリア形成
　　○ 技能・ノウハウの継承
　　○ 芸術・芸能の分野
　　○ 高齢者等の特定年齢層の雇用促進

※ 年齢制限の理由
　　✎ 全角30文字×1行

記入例

年齢制限の理由
（例）
・定年年齢が○○歳のため
・労働基準法第61条により18歳未満の深夜業務等禁止のため
・18歳未満の深夜業務禁止および定年年齢が○○歳のため
・労働基準法第62条「満18歳未満の危険有害業務の就業制限」
・労働基準法第63条「満18歳未満の坑内労働の禁止」
・火薬類取締法第23条「満18歳未満の火薬類の取扱いを禁止」
・警備業法第14条「満18歳未満の警備業の禁止」
・長期勤続によるキャリア形成を図るため
・特定の職種において労働者数が相当程度少ない年齢層のため
・芸術・芸能の分野における表現の真実性等の要請があるため
・60歳以上の高齢者の雇用を促進する国の施策を活用するため

03-11　学歴・専攻

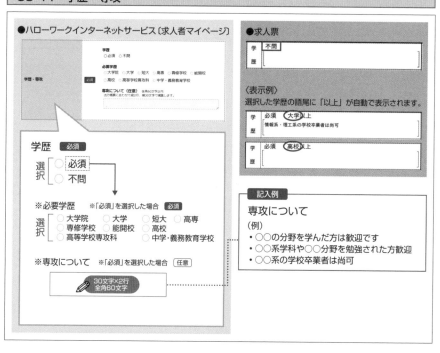

●ハローワークインターネットサービス〔求人者マイページ〕

●求人票

学歴	不問

〈表示例〉
選択した学歴の語尾に「以上」が自動で表示されます。

学歴	必須　大学以上 情報系・理工系の学校卒業者は尚可

学歴	必須　高校以上

学歴 必須

選択
　　○ 必須
　　○ 不問

※必要学歴　※「必須」を選択した場合 必須

選択
　　○ 大学院　　○ 大学　　○ 短大　　○ 高専
　　○ 専修学校　○ 能開校　○ 高校
　　○ 高等学校専攻科　　○ 中学・義務教育学校

※専攻について　※「必須」を選択した場合 任意
　　✎ 30文字×2行
　　　 全角60文字

記入例

専攻について
（例）
・○○の分野を学んだ方は歓迎です
・○○系学科や○○分野を勉強された方歓迎
・○○系の学校卒業者は尚可

●ハローワークインターネットサービス〔求人者マイページ〕

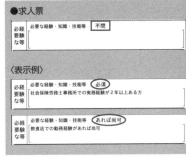

●求人票

必要な経験等	必要な経験・知識・技能等	不問

〈表示例〉

必要な経験等	必要な経験・知識・技能等	必須
	社会保険労務士事務所での実務経験が2年以上ある方	

必要な経験等	必要な経験・知識・技能等	あれば尚可
	飲食店での勤務経験があれば尚可	

必要な経験・知識・技能等 〔必須〕

選択
- ○ 必須
- ○ あれば尚可
- ○ 不問

※「必須」・「あれば尚可」を選択した場合 〔必須〕

※必要な経験・知識・技能等の詳細

> 30文字×3行
> 全角90文字

〔記入例〕

必要な経験・知識・技能等の詳細

（例）
- ○○の経験があれば尚可
- ○○での経験がある方は歓迎します
- ○○経験者は歓迎します
- ○○に関する業務経験（期間不問）
- ○○の実務経験（○年以上）
- 経験がなくてもお年寄りと話すことが好きで、お役に立ちたい気持ちのある方は歓迎です

> 年齢制限該当事由で「キャリア形成」を選択した場合、必要な経験・知識・技能等は「不問」となります。

●ハローワークインターネットサービス〔求人者マイページ〕

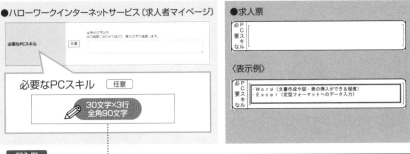

●求人票

必要なPCスキル	

〈表示例〉

必要なPCスキル	・Word（文書作成や図・表の挿入ができる程度） ・Excel（定型フォーマットへのデータ入力）

必要なPCスキル 〔任意〕

> 30文字×3行
> 全角90文字

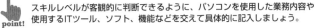

〔記入例〕

必要なPCスキル **point!**　スキルレベルが客観的に判断できるように、パソコンを使用した業務内容や使用するITツール、ソフト、機能などを交えて具体的に記入しましょう。

Wordの記入例
- Word（社内外文書作成）
- Word（見積書・請求書作成）
- Word（文書作成や図・表の挿入ができる程度）

Excelの記入例
- Excel（データ入力・表の作成）
- Excel（VLOOKUP関数を使用したデータ集計ができる程度）

PowerPointの記入例
- PowerPoint（会議用プレゼン資料作成・編集）
- PowerPointが使用できれば尚可

その他の記入例
- 会計システム（○○会計、○○システム）使用経験がある方歓迎
- 定型フォーマットへのデータ入力程度
- ○○データの入力、メール送受信あり
- お客様情報の入力・ネット予約の確認管理や事務作業などがあるため、基本的なパソコン操作ができる方
- 公式SNS・WEBサイトの更新業務あり
- ○○を使用しますが、マニュアルがありますので未経験でも1ヶ月程度で使えるようになります

●ハローワークインターネットサービス〔求人者マイページ〕

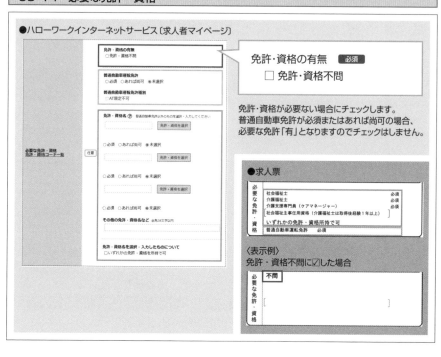

免許・資格の有無　**必須**

☐ 免許・資格不問

免許・資格が必要ない場合にチェックします。
普通自動車免許が必須またはあれば尚可の場合、
必要な免許「有」となりますのでチェックはしません。

●求人票

必要な免許・資格		
	社会福祉士	必須
	介護福祉士	
	介護支援専門員（ケアマネージャー）	必須
	社会福祉主事任用資格（介護福祉士は取得後経験1年以上）	
	いずれかの免許・資格所持で可	
	普通自動車運転免許　必須	

〈表示例〉
免許・資格不問に☑した場合

必要な免許・資格	不問
	[　　　　　　　　　　　　　　　]

●ハローワークインターネットサービス〔求人者マイページ〕

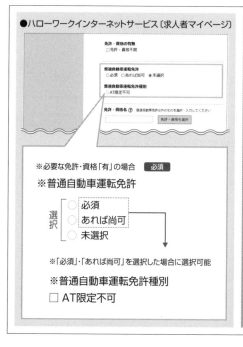

※必要な免許・資格「有」の場合　**必須**

※普通自動車運転免許

選択
- ◯ 必須
- ◯ あれば尚可
- ◯ 未選択

※「必須」・「あれば尚可」を選択した場合に選択可能

※普通自動車運転免許種別
☐ AT限定不可

●求人票〈表示例〉

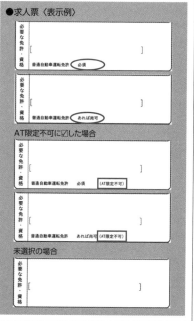

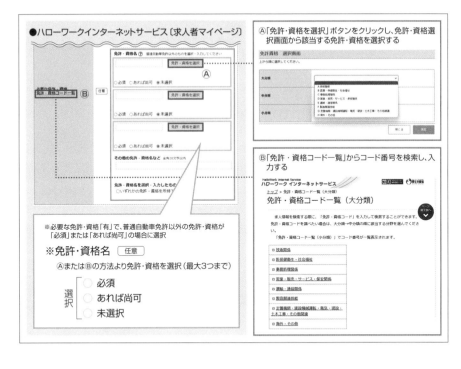

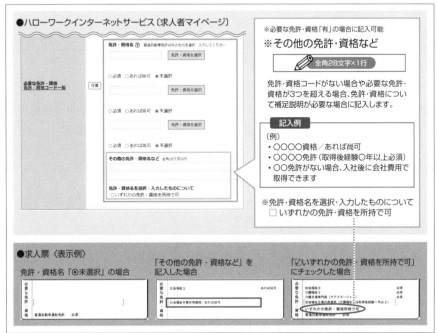

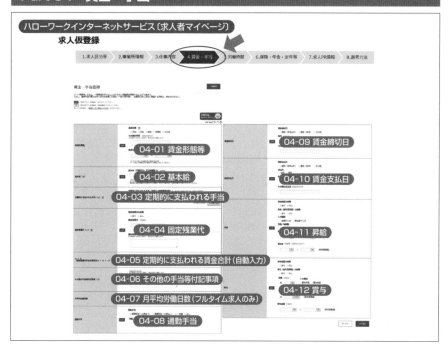

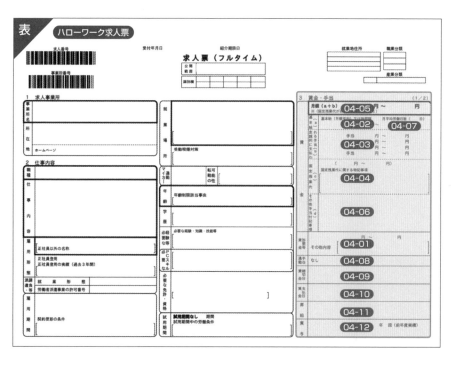

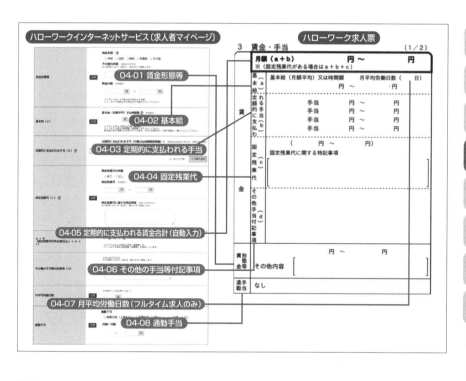

フルタイム求人とパート求人の表記の違い

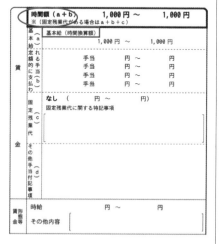

フルタイム／月給の場合

月額（a＋b）	200,000 円 ～	200,000 円
※（固定残業代がある場合はa＋b＋c）		

フルタイム求人の場合、賃金形態が月給以外の場合でも【月額に換算】して表記されます。

パート／時給の場合

時間額（a＋b）	1,000 円 ～	1,000 円
※（固定残業代がある場合はa＋b＋c）		

パート求人の場合、賃金形態が時給以外の場合でも【時間額に換算】して表記されます。

04-01　賃金形態等

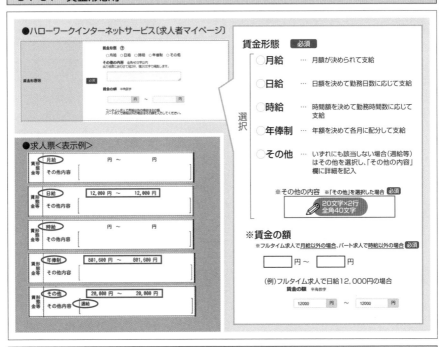

●ハローワークインターネットサービス〔求人者マイページ〕

賃金形態　⑦
○月給　○日給　○時給　○年俸制　○その他

その他の内容　全角40文字以内
当の場合に合わせて記入し、確と文字で編集します。

賃金形態等　必須

賃金の額　※半角数字
　　　　円 ～ 　　　　円

賃金形態　必須

選択

- **月給** … 月額が決められて支給
- **日給** … 日額を決めて勤務日数に応じて支給
- **時給** … 時間額を決めて勤務時間数に応じて支給
- **年俸制** … 年額を決めて各月に配分して支給
- **その他** … いずれにも該当しない場合（週給等）はその他を選択し、「その他の内容」欄に詳細を記入

※その他の内容　※「その他」を選択した場合　必須

20文字×2行
全角40文字

※賃金の額
※フルタイム求人で月給以外の場合、パート求人で時給以外の場合　必須

　　　　円 ～ 　　　　円

(例)フルタイム求人で日給12,000円の場合
賃金の額 ※半角数字

12000　円 ～ 12000　円

●求人票＜表示例＞

- 賃形態金等　月給　　　円 ～ 　　　円　その他内容
- 賃形態金等　日給　12,000 円 ～ 12,000 円　その他内容
- 賃形態金等　時給　　　円 ～ 　　　円　その他内容
- 賃形態金等　年俸制　801,600 円 ～ 801,600 円　その他内容
- 賃形態金等　その他　20,000 円 ～ 20,000 円　その他内容　週給

04-02　基本給

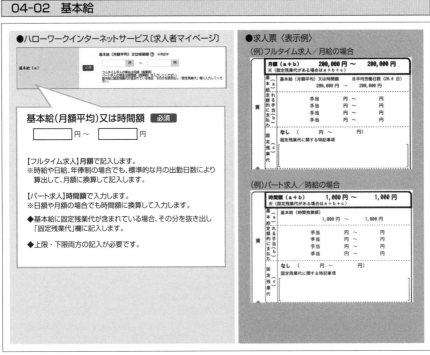

●ハローワークインターネットサービス〔求人者マイページ〕

基本給（月額平均）又は時間額　⑦　※半角数字

基本給（a）　必須
　　　　円 ～ 　　　　円

フルタイム求人は月額平均、パート求人は時間額
基本給に固定残業代が含まれている場合は、「固定残業代」欄に入力してくだ

基本給(月額平均)又は時間額　必須

　　　　円 ～ 　　　　円

【フルタイム求人】**月額**で記入します。
※時給や日給、年俸制の場合でも、標準的な月の出勤日数により算出して、月額に換算して記入します。

【パート求人】**時間額**で入力します。
※日額や月額の場合でも時間額に換算して入力します。

◆基本給に固定残業代が含まれている場合、その分を抜き出し「固定残業代」欄に記入します。

◆上限・下限両方の記入が必要です。

●求人票〈表示例〉

(例)フルタイム求人／月給の場合

月給（a＋b）	200,000 円 ～	200,000 円
※（固定残業代がある場合はa＋b＋c）

基本給（月額平均）又は時間額　平均労働日数（20.0 日）
　　　200,000 円 ～ 　　　200,000 円

賃

支払われる手当等的に

手当　　　円 ～ 　　　円
手当　　　円 ～ 　　　円
手当　　　円 ～ 　　　円
手当　　　円 ～ 　　　円

固定残業代　なし（　　円 ～ 　　円）
固定残業代に関する特記事項

(例)パート求人／時給の場合

時間額（a＋b）	1,000 円 ～	1,000 円
※（固定残業代がある場合はa＋b＋c）

基本給（時間換算額）
　　　1,000 円 ～ 　　　1,000 円

賃

支払われる手当等的に

手当　　　円 ～ 　　　円
手当　　　円 ～ 　　　円
手当　　　円 ～ 　　　円
手当　　　円 ～ 　　　円

固定残業代（c）　なし（　　円 ～ 　　円）
固定残業代に関する特記事項

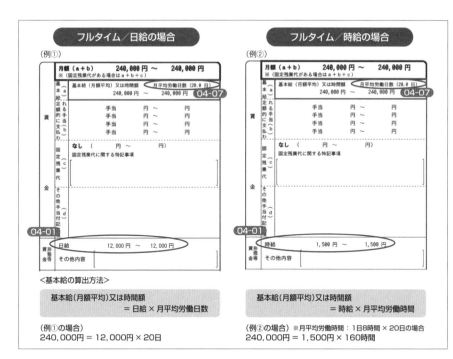

04-03 定期的に支払われる手当

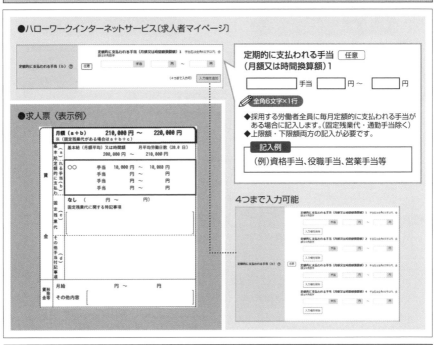

04-04 固定残業代

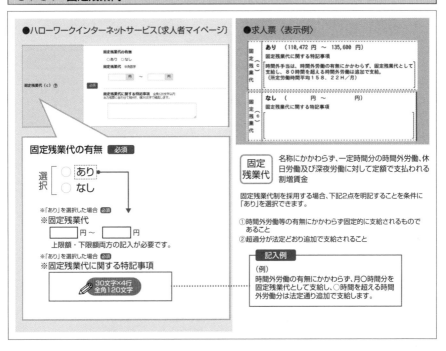

04-05　定期的に支払われる賃金合計

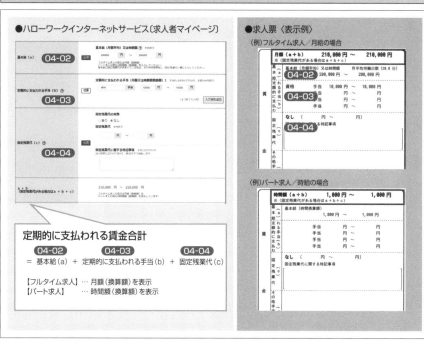

● ハローワークインターネットサービス〔求人者マイページ〕

基本給（a）　**04-02**

定期的に支払われる手当（b）　**04-03**

固定残業代（c）　**04-04**

定期的に支払われる賃金合計

04-02　　**04-03**　　**04-04**

= 基本給（a）＋ 定期的に支払われる手当（b）＋ 固定残業代（c）

【フルタイム求人】… 月額（換算額）を表示
【パート求人】　… 時間額（換算額）を表示

● 求人票〈表示例〉

（例）フルタイム求人／月給の場合

（例）パート求人／時給の場合

04-06　その他の手当等付記事項

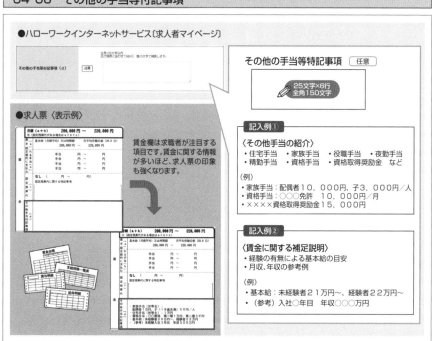

● ハローワークインターネットサービス〔求人者マイページ〕

その他の手当等付記事項（d）

その他の手当等特記事項　[任意]

25文字×6行
全角150文字

● 求人票〈表示例〉

賃金欄は求職者が注目する項目です。賃金に関する情報が多いほど、求人票の印象も強くなります。

記入例①

〈その他手当の紹介〉
・住宅手当　・家族手当　・役職手当　・夜勤手当
・精勤手当　・資格手当　・資格取得奨励金　など

（例）
・家族手当：配偶者１０，０００円、子３，０００円／人
・資格手当：○○○免許　１０，０００円／月
・××××資格取得奨励金１５，０００円

記入例②

〈賃金に関する補足説明〉
・経験の有無による基本給の目安
・月収、年収の参考例

（例）
・基本給：未経験者２１万円〜、経験者２２万円〜
・（参考）入社○年目　年収○○○万円

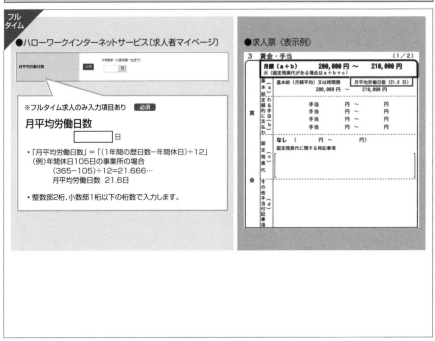

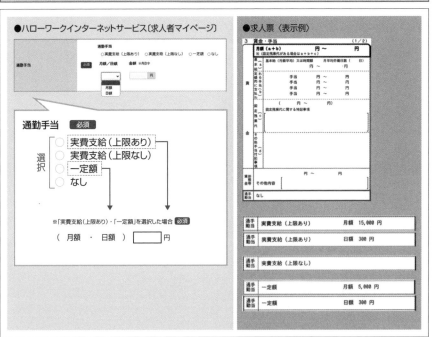

04-09　賃金締切日

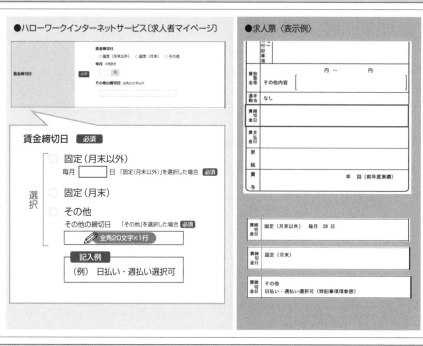

04-10　賃金支払日

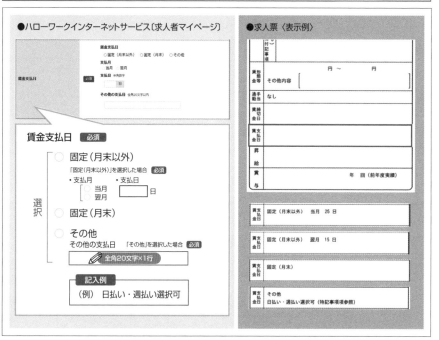

04-11　昇給

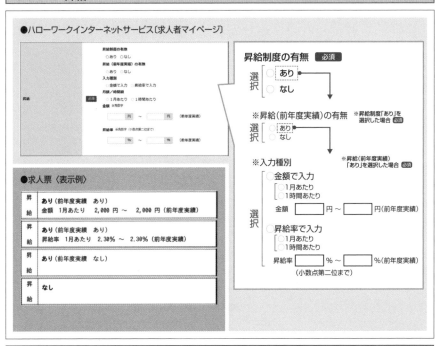

●ハローワークインターネットサービス〔求人者マイページ〕

昇給制度の有無
○あり ○なし
昇給（前年度実績）の有無
○あり ○なし
入力種別
○金額で入力　○昇給率で入力
月額／時間額
○1月あたり　○1時間あたり
金額 半角数字
□ 円 ～ □ 円 （前年度実績）
昇給率 半角数字（小数点第二位まで）
□ ％ ～ □ ％ （前年度実績）

昇給制度の有無 必須

選択 ○あり
　　 ○なし

※昇給（前年度実績）の有無　※昇給制度「あり」を選択した場合 必須

選択 ○あり
　　 ○なし

※入力種別　※昇給（前年度実績）「あり」を選択した場合 必須

選択
　○金額で入力
　　○1月あたり
　　○1時間あたり
　金額 □ 円 ～ □ 円（前年度実績）

　○昇給率で入力
　　○1月あたり
　　○1時間あたり
　昇給率 □ ％ ～ □ ％（前年度実績）
　（小数点第二位まで）

●求人票〈表示例〉

昇給	**あり（前年度実績　あり）** 金額　1月あたり　2,000 円 ～　2,000 円（前年度実績）
昇給	**あり（前年度実績　あり）** 昇給率　1月あたり　2.30% ～　2.30%（前年度実績）
昇給	**あり（前年度実績　なし）**
昇給	**なし**

04-12　賞与

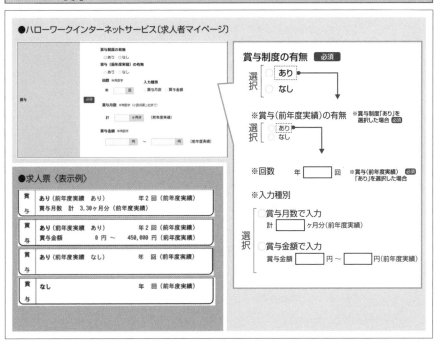

●ハローワークインターネットサービス〔求人者マイページ〕

賞与制度の有無
○あり ○なし
賞与（前年度実績）の有無
○あり ○なし
回数 半角数字　　入力種別
年 □ 回　○賞与月数 ○賞与金額
賞与月数 半角数字（小数点第二位まで）
計 □ ヶ月分　（前年度実績）
賞与金額 半角数字
□ 円 ～ □ 円 （前年度実績）

賞与制度の有無 必須

選択 ○あり
　　 ○なし

※賞与（前年度実績）の有無　※賞与制度「あり」を選択した場合 必須

選択 ○あり
　　 ○なし

※回数　年 □ 回　※賞与（前年度実績）「あり」を選択した場合 必須

※入力種別

選択
　○賞与月数で入力
　　計 □ ヶ月分（前年度実績）

　○賞与金額で入力
　　賞与金額 □ 円 ～ □ 円（前年度実績）

●求人票〈表示例〉

賞与	**あり（前年度実績　あり）**　　　年 2 回（前年度実績） 賞与月数　計　3.30ヶ月分（前年度実績）
賞与	**あり（前年度実績　あり）**　　　年 2 回（前年度実績） 賞与金額　　0 円 ～　450,000 円（前年度実績）
賞与	**あり（前年度実績　なし）**　　　年　　回（前年度実績）
賞与	**なし**　　　　　　　　　　　　　年　　回（前年度実績）

Part 05　労働時間

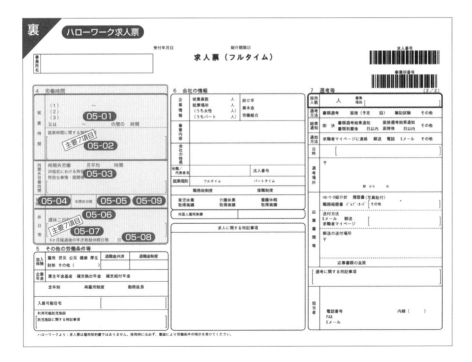

他社と圧倒的な微差を作る主要7項目＋その他86項目の具体的な記載例

135

フルタイム求人とパート求人の表記の違い

フルタイム求人

4 労働時間

就業時間	（1） 08時 30分 ～ 17時 30分
	（2） ～
	（3） ～
	又は ～ の間の 時間
	就業時間に関する特記事項

時間外労働時間	時間外労働 なし 月平均 時間
	36協定における特別条項 なし
	特別な事情・期間等
	05-09

休憩時間	60分	年間休日数	125日

休日等	土 日 祝日 その他
	週休二日制 毎 週
	年末年始休暇（12／28～1／3）GW休暇（4／29～5／5）
	夏季休暇（8／13～8／15）
	6ヶ月経過後の年次有給休暇日数 10 日

フルタイム求人の場合、
【年間休日数】が表記されます。

パート求人

4 労働時間

就業時間	（1） 09時 00分 ～ 15時 00分
	（2） 10時 00分 ～ 16時 00分
	（3） 11時 00分 ～ 17時 00分
	又は 09時 00分 ～ 19時 00分 の間の 5時間 程度
	就業時間に関する特記事項
	（1）～（3）は例示であり、就業時間は休憩時間を含めて9時～21時で応相談。あなたのライフスタイルに合わせて働くことができます。

時間外労働時間	時間外労働 なし 月平均 時間
	36協定における特別条項 なし
	特別な事情・期間等
	05-05

休憩時間	60分	週所定労働日数	週4日 程度	労働日数について相談可

休日等	土 日 祝日 その他
	週休二日制 毎 週
	年末年始休暇（12／26～1／3）GW休暇（4／29～5／5）
	夏季休暇（8／7～15）
	6ヶ月経過後の年次有給休暇日数 7 日

パート求人の場合、
【週所定労働日数】が表記されます。

05-01 就業時間

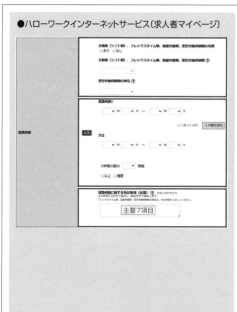

●ハローワークインターネットサービス〔求人者マイページ〕

●求人票〈表示例〉

就業時間	（1） ～
	（2） ～
	（3） ～
	又は ～ の間の 時間
	就業時間に関する特記事項
	主要7項目

主要7項目

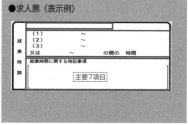

【労働時間】欄は求職者が働き方をイメージするための重要な情報です。できるだけ詳細に説明し、具体的な働き方がイメージできるように作成します。

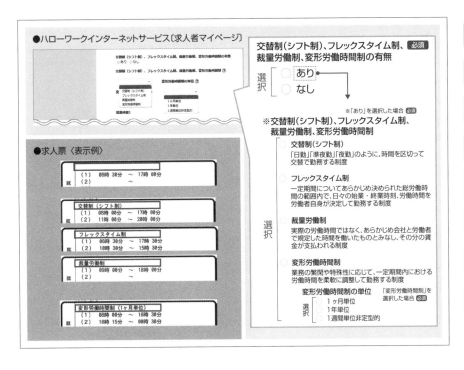

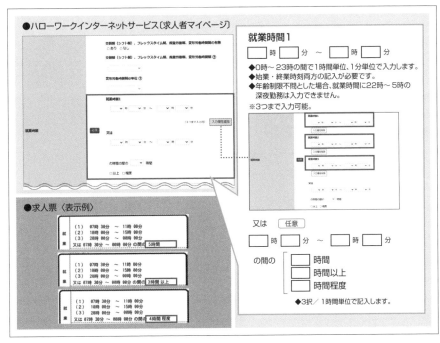

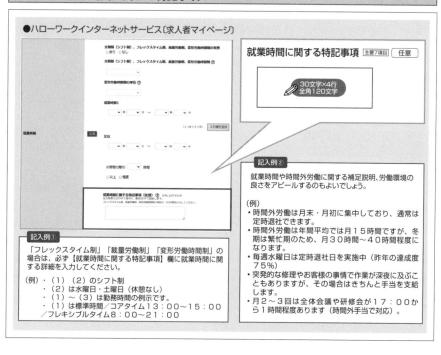

●ハローワークインターネットサービス〔求人者マイページ〕

就業時間に関する特記事項 [主要7項目] [任意]

30文字×4行
全角120文字

記入例①

「フレックスタイム制」「裁量労働制」「変形労働時間制」の場合は、必ず【就業時間に関する特記事項】欄に就業時間に関する詳細を入力してください。

(例)・(1)(2)のシフト制
・(2)は水曜日・土曜日（休憩なし）
・(1)～(3)は勤務地の例示です。
・(1)は標準時間／コアタイム13：00～15：00／フレキシブルタイム8：00～21：00

記入例②

就業時間や時間外労働に関する補足説明、労働環境の良さをアピールするのもよいでしょう。

(例)
・時間外労働は月末・月初に集中しており、通常は定時退社できます。
・時間外労働は年間平均では月15時間ですが、冬期は繁忙期のため、月30時間～40時間程度になります。
・毎週水曜日は定時退社日を実施中（昨年の達成度75％）
・突発的な修理やお客様の事情で作業が深夜に及ぶこともありますが、その場合はきちんと手当を支給します。
・月2～3回は全体会議や研修会が17：00から1時間程度あります（時間外手当で対応）。

就業時間(1)～(3)欄等を有効活用して就業時間を具体的に示し、
【就業時間に関する特記事項】欄で労働時間についての補足説明を行いましょう。

●求人票〈表示例〉

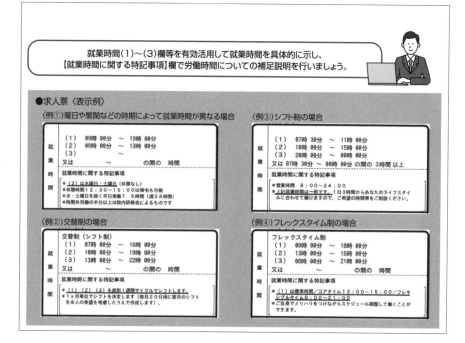

(例①)曜日や繁閑などの時期によって就業時間が異なる場合

就業時間
(1) 09時00分 ～ 19時00分
(2) 09時00分 ～ 13時00分
(3)
又は ～ の間の 時間

就業時間に関する特記事項

＊(2)は水曜日・土曜日（休憩なし）
＊休憩時間12：30～15：00は帰宅も可能
＊水・土曜日を除く平日実働7．5時間（週38時間）
＊時間外労働の半分以上は院内研修会によるものです

(例②)交替制の場合

就業時間
交替制（シフト制）
(1) 07時00分 ～ 16時00分
(2) 10時00分 ～ 19時00分
(3) 13時00分 ～ 22時00分
又は ～ の間の 時間

就業時間に関する特記事項

＊(1)(2)(3)を原則1週間サイクルでシフトします。
＊1ヶ月単位でシフトを決定します（毎月20日頃に翌月のシフトを本人の希望を考慮したうえ作成します）。

(例③)シフト制の場合

就業時間
(1) 07時30分 ～ 11時00分
(2) 10時00分 ～ 15時00分
(3) 20時00分 ～ 00時00分
又は 07時30分 ～ 00時00分の間の 3時間 以上

就業時間に関する特記事項

＊営業時間 8：00～24：00
＊上記就業時間は一例です。1日3時間からあなたのライフスタイルに合わせて働けますので、ご希望の時間帯をご相談ください。

(例④)フレックスタイム制の場合

就業時間
フレックスタイム制
(1) 09時00分 ～ 18時00分
(2) 13時00分 ～ 15時00分
(3) 08時00分 ～ 21時00分
又は ～ の間の 時間

就業時間に関する特記事項

＊(1)は標準時間／コアタイム13：00～15：00／フレキシブルタイム8：00～21：00
＊ご自身でメリハリをつけながらスケジュール調整して働くことができます。

05-03　時間外労働

●ハローワークインターネットサービス〔求人者マイページ〕

時間外労働の有無 ⑦
○あり　○なし

月平均 ※半角数字
時間

時間外労働 必須

36協定における特別条項の有無 ⑦
○あり　○なし

特別な事情・期間等 主等のユず又は
出力幅に会わせて「改行」幅は半角で構成します。

時間外労働の有無 必須

時間外労働を行わせる場合には、過半数労働組合等との労働基準法第36条に基づく時間外及び休日労働に関する労使協定（36協定）の締結、労働基準監督署への届出が必要です。

選択
☐ あり
　　　月平均 ☐ 時間 　※「あり」を選択した場合 必須
☐ なし

36協定における特別条項の有無 必須

◆特別条項付きの36協定を締結している場合は、「あり」にチェックし、【特別な事情・期間等】欄に特別な事情や延長時間等について具体的に記入します。

選択
☐ あり
☐ なし
　　　　　※「あり」を選択した場合

※特別な事情・期間等 必須

🖉 30文字×2行
全角60文字

記入例

（例）納期のひっ迫、突発的な仕様変更などへの対応時は、1ヶ月70時間、年6回、1年で690時間まで延長することができる。

●求人票〈表示例〉

時間外労働時間
時間外労働なし　月平均　　　時間
36協定における特別条項　なし
特別な事情・期間等

時間外労働時間
時間外労働あり　月平均　　10時間
36協定における特別条項　なし
特別な事情・期間等

時間外労働時間
時間外労働あり　月平均　　30時間
36協定における特別条項　あり
納期のひっ迫、突発的な仕様変更などへの対応時は、1ヶ月70時間、年6回、1年で690時間まで延長することができる。

05-04　休憩時間

●ハローワークインターネットサービス〔求人者マイページ〕

休憩時間 ⑦ 必須 ※半角数字
分

休憩時間 必須

☐ 分

1日の労働時間に幅がある場合（パートなど）
…［最短の休憩時間］を記入

休憩時間を分割している場合
…［合計した休憩時間］を記入

👉 【就業時間に関する特記事項】欄や【求人に関する特記事項】欄で補足説明を行うのもよいでしょう。
point!

記入例

（例）・休憩時間は12：00～13：00です。
　　・6時間を超える勤務の場合は60分の休憩があります。
　　・休憩時間は昼60分のほか、午前と午後に各15分あります。

使用者は、労働時間が6時間を超える場合においては少なくとも45分、8時間を超える場合においては少なくとも1時間の休憩時間を労働時間の途中に与えなければならない。
引用元：労働基準法第34条

労働時間6時間まで　……………休憩なし

労働時間6～8時間　…………休憩45分以上

労働時間8時間を超える　……休憩60分以上

●求人票〈表示例〉

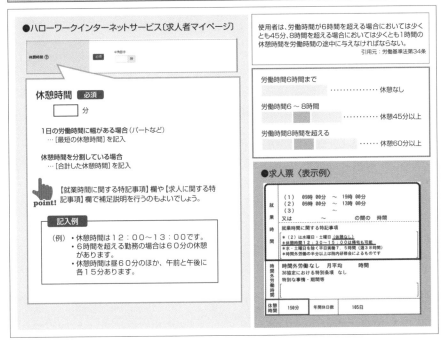

就業時間
（1）　09時00分　～　19時00分
（2）　09時00分　～　13時00分
（3）
又は　　　～　　　の間の　時間

就業時間に関する特記事項
＊（2）は木曜日・土曜日〔休憩なし〕
＊休憩時間は12：30～13：00は休憩も可能
＊水・土曜日を除く平日勤務7.5時間（週38時間）
＊時間外労働の半分以上は院内研修等によるものです

時間外労働時間
時間外労働なし　月平均　　　時間
36協定における特別条項　なし
特別な事情・期間等

休憩時間 150分　年間休日数 105日

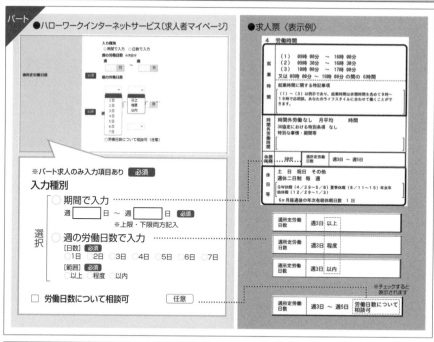

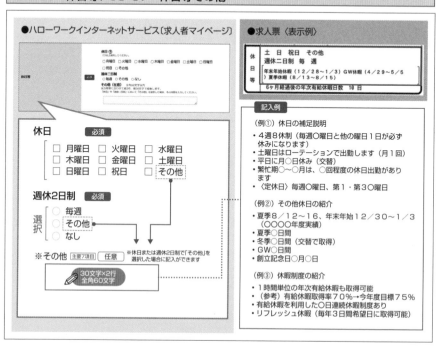

05-08　年次有給休暇

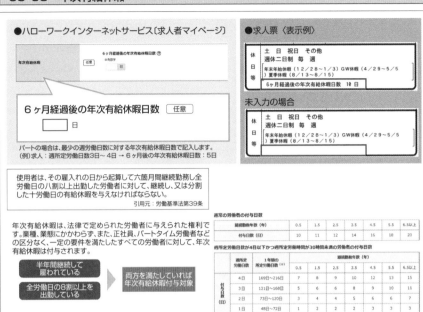

●ハローワークインターネットサービス〔求人者マイページ〕

6ヶ月経過後の年次有給休暇日数 ⑦

年次有給休暇 〔任意〕 半角数字
　　　　　日

6ヶ月経過後の年次有給休暇日数 〔任意〕

□ 日

パートの場合は、最少の週労働日数に対する年次有給休暇日数で記入します。
（例）求人：週所定労働日数3日〜4日 → 6ヶ月後の年次有給休暇日数：5日

●求人票〈表示例〉

休日等	土　日　祝日　その他 週休二日制　毎　週 年末年始休暇（12／28〜1／3）GW休暇（4／29〜5／5） 夏季休暇（8／13〜8／15）
	6ヶ月経過後の年次有給休暇日数　10 日

未入力の場合

休日等	土　日　祝日　その他 週休二日制　毎　週 年末年始休暇（12／28〜1／3）GW休暇（4／29〜5／5） 夏季休暇（8／13〜8／15）

使用者は、その雇入れの日から起算して六箇月間継続勤務し全労働日の八割以上出勤した労働者に対して、継続し、又は分割した十労働日の有給休暇を与えなければならない。
引用元：労働基準法第39条

年次有給休暇は、法律で定められた労働者に与えられた権利です。業種、業態にかかわらず、また、正社員、パートタイム労働者などの区分なく、一定の要件を満たしたすべての労働者に対して、年次有給休暇は付与されます。

半年間継続して雇われている

全労働日の8割以上を出勤している

→ 両方を満たしていれば年次有給休暇付与対象

通常の労働者の付与日数

継続勤務年数（年）	0.5	1.5	2.5	3.5	4.5	5.5	6.5以上
付与日数（日）	10	11	12	14	16	18	20

週所定労働日数が4日以下かつ週所定労働時間が30時間未満の労働者の付与日数

	週所定労働日数（日）	1年間の所定労働日数（日）	継続勤務年数（年）						
			0.5	1.5	2.5	3.5	4.5	5.5	6.5以上
付与日数（日）	4日	169日〜216日	7	8	9	10	12	13	15
	3日	121日〜168日	5	6	6	8	9	10	11
	2日	73日〜120日	3	4	4	5	6	6	7
	1日	48日〜72日	1	2	2	2	3	3	3

出典：厚生労働省_年次有給休暇取得促進特設サイト

05-09　年間休日数（フルタイム求人のみ）

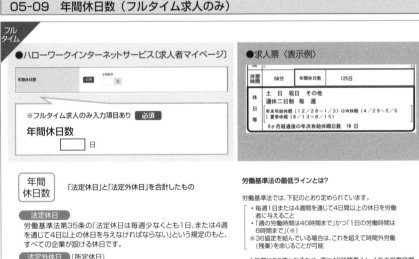

フルタイム

●ハローワークインターネットサービス〔求人者マイページ〕

年間休日数 必須 半角数字
　　　　　日

※フルタイム求人のみ入力項目あり 〔必須〕

年間休日数

□ 日

●求人票〈表示例〉

休憩時間	60分	年間休日数	125日

休日等	土　日　祝日　その他 週休二日制　毎　週 年末年始休暇（12／28〜1／3）GW休暇（4／29〜5／5） 夏季休暇（8／13〜8／15）
	6ヶ月経過後の年次有給休暇日数　10 日

年間休日数　「法定休日」と「法定外休日」を合計したもの

法定休日

労働基準法第35条の「法定休日は毎週少なくとも1日、または4週を通じて4日以上の休日を与えなければならない」という規定のもと、すべての企業が設ける休日です。

法定外休日 （所定休日）

法定休日とは別の日に企業が定めた休日です。年末年始や夏季休暇、祝日や企業の創立記念日などを所定休日とするケースもあり、企業によって異なります。

※年次有給休暇や慶弔休暇など、個人によって取得日数やタイミングが異なるものは含みません。

労働基準法の最低ラインとは？

労働基準法では、下記のとおり定められています。

・毎週1日または4週間を通じて4日間以上の休日を労働者に与えること
・週の労働時間は40時間まで」かつ「1日の労働時間は8時間まで」（※）
※36協定を結んでいる場合は、これを超えて時間外労働（残業）を命じることが可能

1年間は52週となるため、週に40時間働くと、1年の労働時間は約2080時間となります。1日の労働時間は8時間までと決められていますので、2080時間を8時間で割ると260日となります。つまり、260日が労働基準法で定められた最大の労働日数となります。1年は365日なので、260日を引くと105日となります。よって、年間休日の最低ラインは、1日8時間労働の社員なら年間105日です。

年間総労働時間一覧表

週40時間制の場合

所定労働時間／日	年間休日	所定労働日数	所定労働時間
8 時 00 分	105 日	260 日	2080.0 時間
7 時 55 分	105 日	263 日	2082.1 時間
7 時 50 分	99 日	266 日	2083.7 時間
7 時 45 分	96 日	269 日	2084.8 時間
7 時 40 分	93 日	272 日	2085.3 時間
7 時 35 分	90 日	275 日	2085.4 時間
7 時 30 分	87 日	278 日	2085.0 時間
7 時 25 分	84 日	281 日	2084.1 時間
7 時 20 分	81 日	284 日	2082.7 時間
7 時 15 分	78 日	287 日	2080.8 時間
7 時 10 分	74 日	291 日	2085.5 時間
7 時 5 分	71 日	294 日	2082.5 時間
7 時 0 分	67 日	298 日	2086.0 時間
6 時 55 分	64 日	301 日	2081.9 時間
6 時 50 分	60 日	305 日	2084.2 時間
6 時 45 分	56 日	309 日	2085.8 時間
6 時 40 分	53 日	312 日	2080.0 時間

週44時間制の場合

所定労働時間／日	年間休日	所定労働日数	所定労働時間
9 時 00 分	111 日	254 日	2286.0 時間
8 時 55 分	108 日	257 日	2291.6 時間
8 時 50 分	106 日	259 日	2287.8 時間
8 時 45 分	103 日	262 日	2292.5 時間
8 時 40 分	101 日	264 日	2288.0 時間
8 時 35 分	98 日	267 日	2291.8 時間
8 時 30 分	96 日	269 日	2286.5 時間
8 時 25 分	93 日	272 日	2289.3 時間
8 時 20 分	90 日	275 日	2291.7 時間
8 時 15 分	87 日	278 日	2293.5 時間
8 時 10 分	85 日	280 日	2286.7 時間
8 時 5 分	82 日	283 日	2287.6 時間
8 時 0 分	79 日	286 日	2288.0 時間
7 時 55 分	76 日	289 日	2287.9 時間
7 時 50 分	73 日	292 日	2287.3 時間
7 時 45 分	69 日	296 日	2294.0 時間
7 時 40 分	66 日	299 日	2292.3 時間
7 時 35 分	63 日	302 日	2290.2 時間
7 時 30 分	60 日	305 日	2287.5 時間
7 時 25 分	56 日	309 日	2291.8 時間
7 時 20 分	53 日	312 日	2288.0 時間

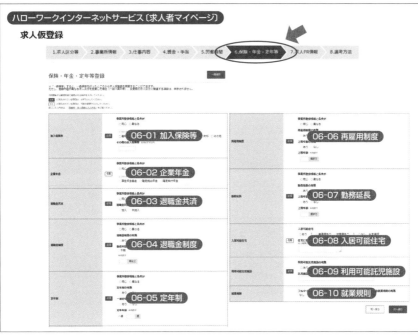

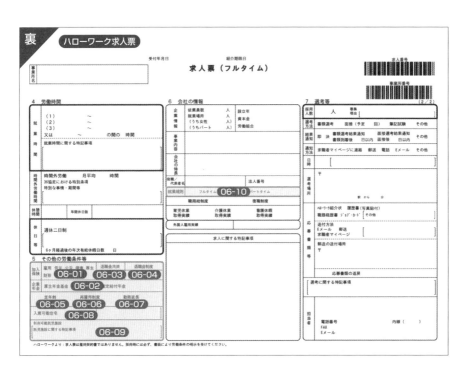

序章

第1章

第2章

第3章

第4章

第5章

第6章

第7章

他社と圧倒的な微差を作る主要7項目＋その他86項目の具体的な記載例

143

●ハローワークインターネットサービス〔求人者マイページ〕

［事業所情報設定］で登録した情報と異なる場合は変更します。

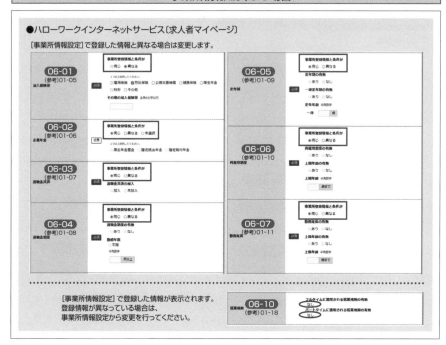

［事業所情報設定］で登録した情報が表示されます。
登録情報が異なっている場合は、
事業所情報設定から変更を行ってください。

06-08　入居可能住宅

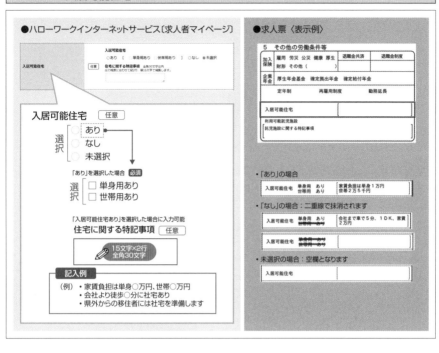

必須項目ではありませんが、関心を持っている求職者にとっては重要な情報です。
特記事項を活用して詳しく説明しておきましょう。

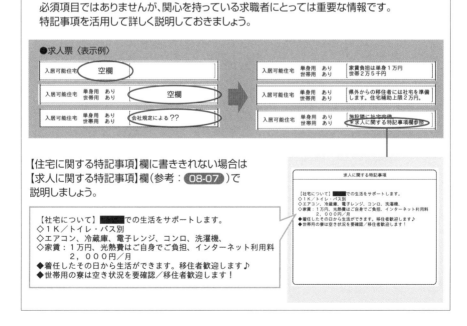

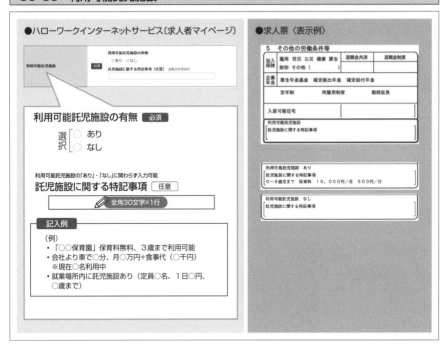

●ハローワークインターネットサービス〔求人者マイページ〕

利用可能託児施設
- 利用可能託児施設の有無
  - ○あり ○なし 必須
- 託児施設に関する特記事項（任意） 全角30文字以内

利用可能託児施設の有無 必須

選 ○ あり
択 ○ なし

利用可能託児施設の「あり」・「なし」に関わらず入力可能

託児施設に関する特記事項 任意

✏ 全角30文字×1行

記入例

（例）
- 「○○保育園」保育料無料、3歳まで利用可能
- 会社より車で○分、月○万円＋食事代（○千円）
  ※現在○名利用中
- 就業場所内に託児施設あり（定員○名、1日○円、
  ○歳まで）

●求人票〈表示例〉

5	その他の労働条件等

加入保険	雇用 労災 公災 健康 厚生	退職金共済	退職金制度
	財形 その他（　　　）		
企業年金	厚生年金基金 確定拠出年金 確定給付年金		
	定年制　　　　　再雇用制度　　　　　勤務延長		
入居可能住宅			

利用可能託児施設
託児施設に関する特記事項

利用可能託児施設　あり
託児施設に関する特記事項
0～6歳児まで　保育　10,000円／月　500円／日

利用可能託児施設　なし
託児施設に関する特記事項

【託児施設に関する特記事項】欄は必須項目ではありませんが、全角30文字まで記入することができますので、有効に活用して子育てと両立しやすい環境があることをアピールしましょう。

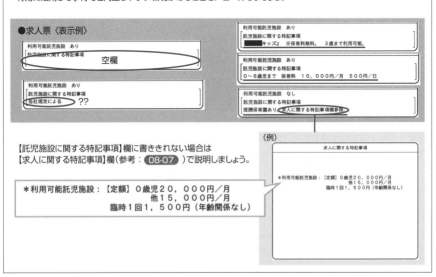

●求人票〈表示例〉

利用可能託児施設　あり
託児施設に関する特記事項　　空欄

利用可能託児施設　あり
託児施設に関する特記事項
当社規定による　　　??

利用可能託児施設　あり
託児施設に関する特記事項
■■■■キッズ』　※保育料無料。　3歳まで利用可能。

利用可能託児施設　あり
託児施設に関する特記事項
0～6歳児まで　保育料　10,000円／月　500円／日

利用可能託児施設　なし
託児施設に関する特記事項
提携保育園あり（求人に関する特記事項欄参照）

【託児施設に関する特記事項】欄に書ききれない場合は
【求人に関する特記事項】欄（参考： 08-07 ）で説明しましょう。

＊利用可能託児施設：【定額】0歳児20,000円／月
　　　　　　　　　　　　他15,000円／月
　　　　　　　　臨時1回1,500円（年齢関係なし）

（例）

求人に関する特記事項

＊利用可能託児施設：【定額】0歳児20,000円／月
　　　　　　　　　　　　　他15,000円／月
　　　　　　　　　　臨時1回1,500円（年齢関係なし）

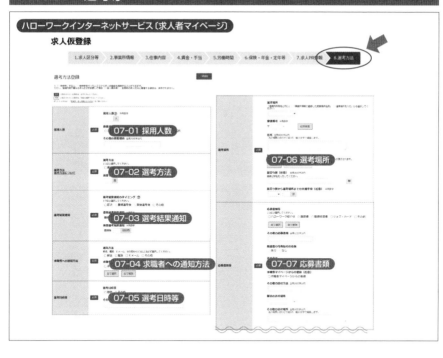

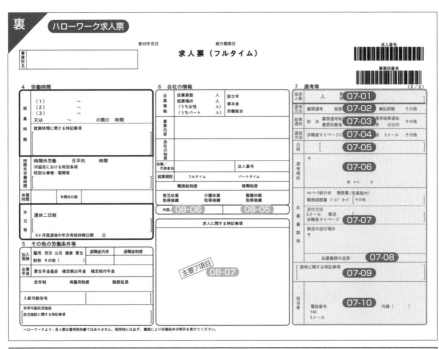

07-01　採用人数

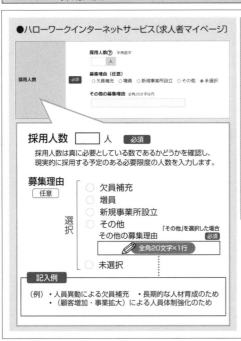

●ハローワークインターネットサービス〔求人者マイページ〕

採用人数　必須

採用人数⑦ 半角数字
　人

募集理由（任意）
○欠員補充 ○増員 ○新規事業所設立 ○その他 ●未選択

その他の募集理由 全角20文字以内

採用人数 [　　] 人　必須

採用人数は真に必要としている数であるかどうかを確認し、
現実的に採用する予定のある必要限度の人数を入力します。

募集理由
任意

選択
　○ 欠員補充
　○ 増員
　○ 新規事業所設立
　○ その他
　　その他の募集理由
　　「その他」を選択した場合 必須
　　全角20文字×1行
　○ 未選択

記入例

（例）・人員異動による欠員補充　・長期的な人材育成のため
　　　・（顧客増加・事業拡大）による人員体制強化のため

●求人票〈表示例〉

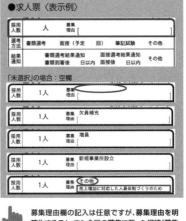

採用人数	人	募集理由	[　　　]
選考方法	書類選考	面接（予定　回）	筆記試験　その他
結果通知	書類選考結果通知	面接後　日以内	面接後　日以内　その他
	書類選考後	日以内	

「未選択」の場合：空欄

採用人数	1人	募集理由	[　～～～]
採用人数	1人	募集理由	欠員補充
採用人数	1人	募集理由	増員
採用人数	1人	募集理由	新規事業所設立
採用人数	1人	募集理由	その他　売上増加に対応した人員体制づくりのため

👉 point!

募集理由欄の記入は任意ですが、**募集理由を明確化**すること、また今回の募集に至った経緯（**募集背景**）の説明を行い、求職者の不安を取り除いていくことで他社と圧倒的な微差がつきます。

募集理由で「その他」を選択した場合のみ、自由記述ができます。募集理由が欠員補充や増員等の場合でも、「その他」を選択して理由を説明しておくのもよいでしょう。

148

07-02 選考方法

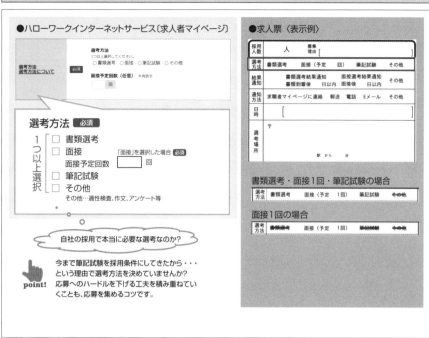

●ハローワークインターネットサービス〔求人者マイページ〕

選考方法
選考方法について 【必須】

選考方法
1つ以上選択してください。
□ 書類選考　□ 面接　□ 筆記試験　□ その他

面接予定回数（任意）　半角数字
　　　　回

選考方法 【必須】

1つ以上選択
- □ 書類選考
- □ 面接
　　「面接」を選択した場合 【必須】
　　面接予定回数 ［　　］回
- □ 筆記試験
- □ その他
　　その他…適性検査、作文、アンケート等

自社の採用で本当に必要な選考なのか？

point! 今まで筆記試験を採用条件にしてきたから・・・
という理由で選考方法を決めていませんか？
応募へのハードルを下げる工夫を積み重ねてい
くことも、応募を集めるコツです。

●求人票〈表示例〉

採用人数	人	募集理由	[　　　　　　　]

選考方法	書類選考　面接（予定　　回）　筆記試験　その他

結果通知	書類選考結果通知　　面接選考結果通知	その他
	書類到着後　　日以内　面接後　　日以内	

通知方法	求職者マイページに連絡　郵送　電話　Eメール　その他

日時	[　　　　　　　　　　]

選考場所	〒　　　　　　　　　　　　駅　から　　　分

書類選考・面接1回・筆記試験の場合

選考方法	書類選考　面接（予定　1回）　筆記試験　~~その他~~

面接1回の場合

選考方法	~~書類選考~~　面接（予定　1回）　~~筆記試験~~　~~その他~~

07-03 選考結果通知

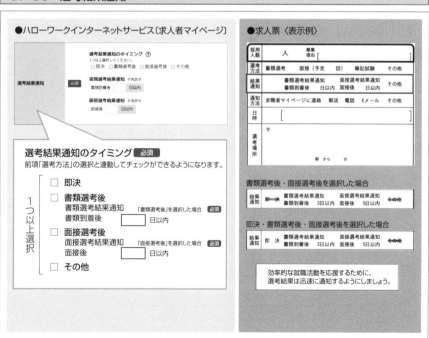

●ハローワークインターネットサービス〔求人者マイページ〕

選考結果通知 【必須】

選考結果通知のタイミング ⑦
1つ以上選択してください。
□ 即決　□ 書類選考後　□ 面接選考後　□ その他

書類選考結果通知　半角数字
書類到着後　　　　日以内

面接選考結果通知　半角数字
面接後　　　　日以内

選考結果通知のタイミング 【必須】

前項「選考方法」の選択と連動してチェックができるようになります。

1つ以上選択
- □ 即決
- □ 書類選考後
　　書類選考結果通知
　　「書類選考後」を選択した場合 【必須】
　　書類到着後 ［　　］日以内
- □ 面接選考後
　　面接選考結果通知
　　「面接選考後」を選択した場合 【必須】
　　面接後 ［　　］日以内
- □ その他

●求人票〈表示例〉

採用人数	人	募集理由	[　　　　　　　]

選考方法	書類選考　面接（予定　　回）　筆記試験　その他

結果通知	書類選考結果通知　　面接選考結果通知	その他
	書類到着後　　日以内　面接後　　日以内	

通知方法	求職者マイページに連絡　郵送　電話　Eメール　その他

日時	[　　　　　　　　　　]

選考場所	〒　　　　　　　　　　　　駅　から　　　分

書類選考後・面接選考後を選択した場合

結果通知	~~即→決~~	書類選考結果通知　　面接選考結果通知	~~その他~~
		書類到着後　3日以内　面接後　5日以内	

即決・書類選考後・面接選考後を選択した場合

結果通知	即決	書類選考結果通知　　面接選考結果通知	~~その他~~
		書類到着後　3日以内　面接後　5日以内	

効率的な就職活動を応援するために、
選考結果は迅速に通知するようにしましょう。

他社と圧倒的な微差を作る主要7項目＋その他86項目の具体的な記載例

149

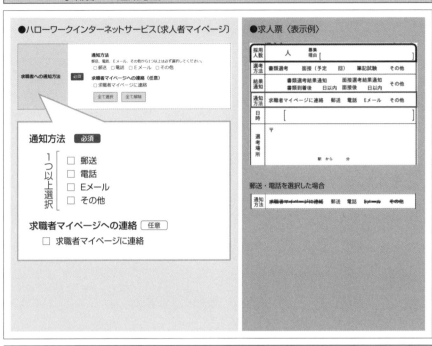

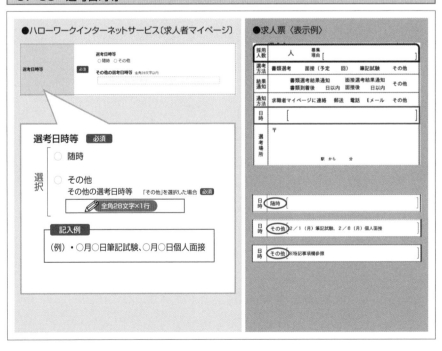

07-06 選考場所

●ハローワークインターネットサービス〔求人者マイページ〕

選考場所
「事業所所在地と同じ」、「事業所情報に登録した就業場所名称」、「選考場所を入力」から選択してください。

郵便番号 半角数字
〒 [住所検索]

住所 全角90文字以内
出力帳票に合わせて縦3行、横30文字で編集します。

選考場所 [必須]

地図
「地図表示」ボタンをクリックすると、入力した住所の周辺地図とピンが表示されます。
[地図表示] [登録済みの地図を表示]

最寄り駅（任意） 全角26文字以内
路線と駅名を入力してください。
[   ] 駅

最寄り駅から選考場所までの交通手段（任意） 半角数字
[▼] [   ] 分

選考場所 [必須]

選択
- □ 事業所所在地と同じ
- □ （事業所情報に登録した就業場所）
- □ 選考場所を入力

・登録済みの住所を選択した場合は自動入力されます
・「選考場所を入力」を選択した場合 [必須]

郵便番号 〒 [   ]-[   ]

住所 ✏ 30文字×3行 全角90文字

地図

この地図は、ハローワークインターネットサービスに表示され、紹介状等にも印刷される

任意
最寄り駅 ✏ 全角26文字×1行 駅
最寄り駅から選考場所までの交通手段
（ 徒歩 ・ 車 ）[   ] 分

●求人票〈表示例〉選考場所を入力した場合

選考場所
〒 509-0207
岐阜県可児市今渡３９４−６ 蘇南ビル２F
ウエルズ社会保険労務士事務所
名鉄広見線 日本ライン今渡駅 から 徒歩1分

＊「事業所所在地と同じ」「事業所情報に登録した就業場所」を選択した場合、住所のみ表示され、事業所名称等は表示されません。

07-07 応募書類等

●ハローワークインターネットサービス〔求人者マイページ〕

応募書類等
1つ以上選択してください。 □ハローワーク紹介 □履歴書 □職務経歴書 □ジョブ・カード □その他
[全て選択] [全て解除]

その他の応募書類 全角12文字以内

履歴書の写真貼付の有無
あり ・ なし

応募書類等 [必須]

送付方法
郵送、Eメール、その他から1つ以上の選択をしてください。
□郵送 □Eメール □その他

求職者マイページからの登録（任意）
□求職者マイページからの登録

その他の送付方法 全角12文字以内

郵送の送付場所

その他の送付場所 全角12文字以内
出力帳票に合わせて縦3行、横30文字で編集します。

応募書類等 [必須]

1つ以上選択
- □ ハローワーク紹介状
- □ 履歴書
  履歴書の写真貼付の有無
  ○ あり ○ なし 「履歴書」を選択した場合 [必須]
- □ 職務経歴書
- □ ジョブ・カード
- □ その他
  その他の応募書類
  ✏ 全角12文字×1行 「その他」を選択した場合 [必須]

記入例
（例）・○○免許の写し

●求人票〈表示例〉

履歴書（写真貼付なし）

応募書類等
ハローワーク紹介状 履歴書
職務経歴書

送付方法
郵送

郵送の送付場所
〒
○○県○○市○○１丁目１番地 ○○○○ビル２F
○○○○株式会社 本社 人事部 採用担当者 宛

応募書類の返戻 選考後は返却

履歴書（写真貼付あり）、その他の応募書類あり

応募書類等
ハローワーク紹介状 履歴書（写真貼付） その他 ○○免許の写し
職務経歴書

送付方法
Eメール 郵送
求職者マイページ FAX可

郵送の送付場所
〒
○○県○○市○○１丁目１番地 ○○○○ビル２F
○○○○株式会社 本社 人事部 採用担当者 宛

応募書類の返戻 選考後は返却

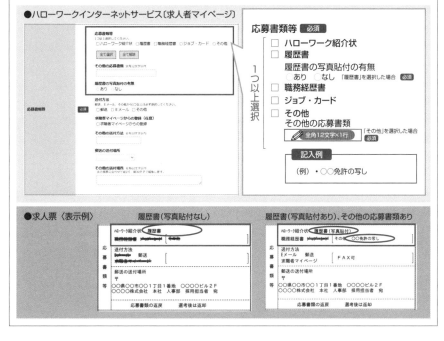

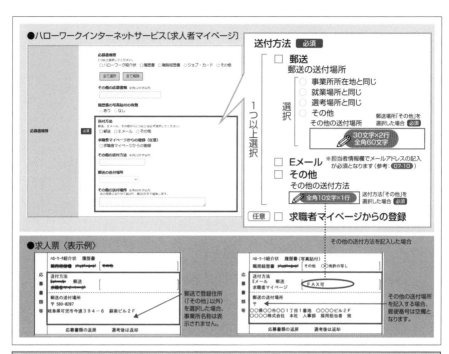

07-08　応募書類の返戻

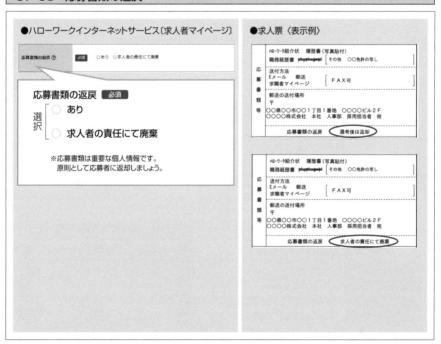

07-09　選考に関する特記事項

●ハローワークインターネットサービス〔求人者マイページ〕

選考に関する特記事項　[任意]

全角60文字以内
出力枠幅に合わせて縦2行、横30文字で編集します。

選考に関する特記事項　[任意]

✎ 30文字×2行
全角60文字

記入例

（例）
- 応募書類は、当社ＨＰからダウンロードしてください。
- 応募書類は面接前日までにご郵送ください。
- ＵＩＪターンや遠方の方はオンラインにより一次面接を実施後、合格者は本社面接を予定しています。
- 面接は○時〜○時の間で調整させていただきます。
- １次面接は人事および配属先の責任者が担当し、合格者は２次の役員面接となります。
- 選考当日は若手社員による会社説明と見学（約６０分）を行ってから面接となります。
- 応募前見学歓迎です。気軽にハローワークへお申し出ください。
- 面接時に簡単な適性検査（○○テスト）を実施します。

●求人票〈表示例〉

07-10　担当者

●ハローワークインターネットサービス〔求人者マイページ〕

●求人票〈表示例〉

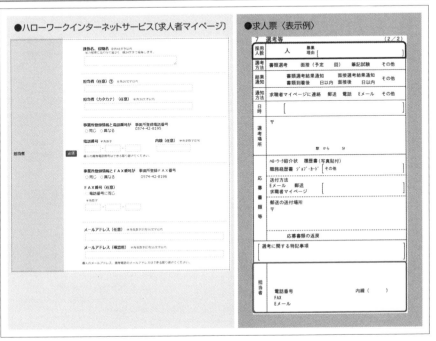

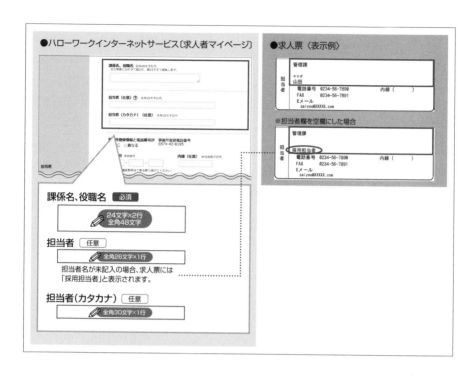

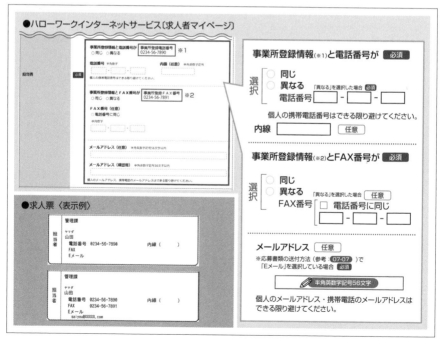

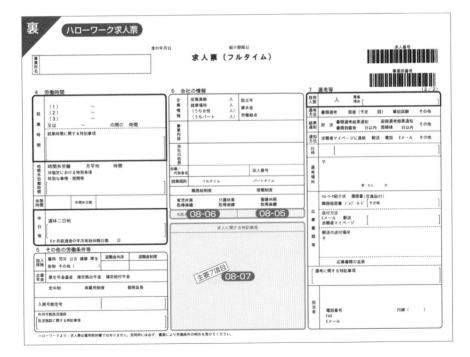

序章

第1章

第2章

第3章

第4章

第5章

第6章

第7章

他社と圧倒的な微差を作る主要7項目＋その他86項目の具体的な記載例

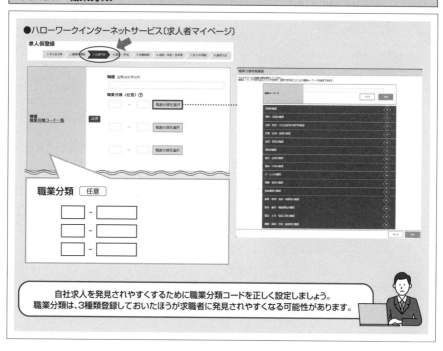

●ハローワークインターネットサービス〔求人者マイページ〕

求人仮登録

職業分類　[任意]

自社求人を発見されやすくするために職業分類コードを正しく設定しましょう。
職業分類は、3種類登録しておいたほうが求職者に発見されやすくなる可能性があります。

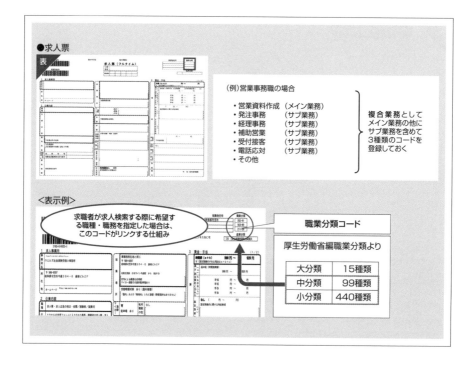

●求人票

（例）営業事務職の場合

・営業資料作成 （メイン業務）
・発注事務 （サブ業務）
・経理事務 （サブ業務）
・補助営業 （サブ業務）
・受付接客 （サブ業務）
・電話応対 （サブ業務）
・その他

複合業務として
メイン業務の他に
サブ業務を含めて
3種類のコードを
登録しておく

＜表示例＞

求職者が求人検索する際に希望する職種・職務を指定した場合は、このコードがリンクする仕組み

職業分類コード

厚生労働省編職業分類より

大分類	15種類
中分類	99種類
小分類	440種類

●ハローワークインターネットサービス〔求人者マイページ〕

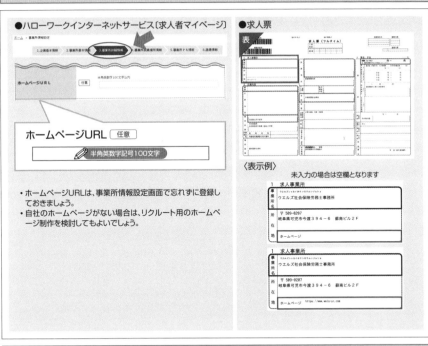

●求人票

〈表示例〉　未入力の場合は空欄となります

- ホームページURLは、事業所情報設定画面で忘れずに登録しておきましょう。
- 自社のホームページがない場合は、リクルート用のホームページ制作を検討してもよいでしょう。

●ハローワークインターネットサービス〔求人者マイページ〕

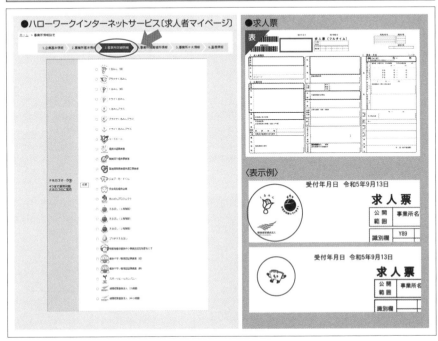

●求人票

〈表示例〉

NO	PRロゴマーク名称	PRロゴマーク	概要
1	くるみん・トライくるみん（2022年4月からの新基準）		次世代育成支援対策推進法に基づき、一般事業主行動計画を策定した企業のうち、計画に定めた目標を達成し、一定の基準を満たした企業は、申請を行うことによって「子育てサポート企業」として、厚生労働大臣の認定（くるみん認定）を受けることができます。この認定を受けた企業の証が、「くるみんマーク」です。 ※2022年4月からくるみん認定基準が改正されました。改正前の基準で取得できる「トライくるみん認定」もあります。
2	くるみん（2022年3月までの旧基準）		次世代育成支援対策推進法に基づき、一般事業主行動計画を策定した企業のうち、計画に定めた目標を達成し、一定の基準を満たした企業は、申請を行うことによって「子育てサポート企業」として、厚生労働大臣の認定（くるみん認定）を受けることができます。この認定を受けた企業の証が、「くるみんマーク」です。 ※2022年4月からくるみん認定基準が改正されました。このPRロゴは改正前の基準で取得したPRロゴです。
3	プラチナくるみん		くるみん認定・トライくるみん認定を受けた企業のうち、より高い水準の取組みを行った企業が、一定の要件を満たした場合は、申請を行うことによって「子育てサポート企業」として、厚生労働大臣の特例認定（プラチナくるみん認定）を受けることができます。この特例認定を受けた企業の証が、「プラチナくるみんマーク」です。
4	プラス認定		「くるみん」等の認定を受けた企業が、不妊治療と仕事との両立にも積極的に取り組み、一定の認定基準を満たした場合に、3種類のくるみんにそれぞれ「プラス」認定を追加するもので、「くるみんプラス」「トライくるみんプラス」「プラチナくるみんプラス」と称します。
5	ユースエール		若者雇用促進法に基づき、若者の採用・育成に積極的で、若者の雇用管理などが優良な中小企業として厚生労働大臣から認定を受けた「ユースエール認定企業」のマークです。
6	優良派遣事業者		労働者派遣事業において、一定の基準を満たす事業者を「優良派遣事業者」として認定することにより優良な事業者を育成し、業界全体の質的向上および労働者や求職者と受入企業の適切なマッチングを促進する制度のマークです。
7	職業紹介優良事業者		職業紹介事業において、一定の基準を満たす事業者を「職業紹介優良事業者」として認定することにより優良な事業者を育成し、業界全体の質的向上および労働者や求職者と受入企業の適切なマッチングを促進する制度のマークです。
8	製造請負優良適正事業者		製造請負事業において、適正な請負体制の推進、雇用管理の改善を実現するための管理体制・実施能力が認められた請負事業者を認定する制度のマークです。
9	ジョブ・カードくん		ジョブ・カードの普及促進のために活動するマスコットです。ジョブ・カードの取組みを対外的にPRするマークです。
10	安全衛生優良企業		労働者の安全や健康を確保するための対策に積極的に取り組み、高い安全衛生水準を維持・改善しているとして、厚生労働省から認定を受けた「安全衛生優良企業」のシンボルマークです。

NO	PRロゴマーク名称	PRロゴマーク	概要
11	あんぜん プロジェクト		労働災害のない日本を目指して、働く方の安全に一生懸命に取り組み、「働く人」、「企業」、「家族」が元気になる職場を創るプロジェクトである「あんぜんプロジェクト」の参加企業が使用できるロゴマークです。
12	えるぼし		女性活躍推進法に基づき、一般事業主行動計画を策定した事業主のうち、女性活躍推進に関する状況が優良な事業主は、厚生労働大臣の認定（「えるぼし」認定）を受けることができます。 えるぼしは認定の評価項目を満たす数に応じて3段階に分かれており、3段階目が最高位です。
13	プラチナえるぼし		女性活躍推進法に基づき、「えるぼし」認定を受けた事業主のうち、一般事業主行動計画の目標達成や女性の活躍推進に関する取組の実施状況が特に優良である等の事業主は、厚生労働大臣の認定（「プラチナえるぼし」認定）を受けることができます。
14	障害者雇用優良中小事業主認定制度 もにす		障害者雇用促進法に基づき、障害者の雇用の促進や安定に関する取組などの優良な中小事業主として、厚生労働大臣から認定を受けた「もにす認定企業」の認定マークです。 企業と障害者が、明るい未来や社会の実現に向けて「ともにすすむ」という思いを込めて、愛称を「もにす」と名づけました。
15	働きやすい 職場認証事業者 （登録証書の有効期間が、2023年6月1日以降から）		自動車運送事業（トラック・バス・タクシー）において、運転者の労働条件や労働環境について一定の基準を満たしている「働きやすい職場」として認証された優良な事業者のマークです。 本PRロゴは、登録証書の有効期間が2023年6月1日以降に開始する事業者の方が対象です。
16	働きやすい 職場認証事業者 （登録証書の有効期間が、2025年3月31日まで）		自動車運送事業（トラック・バス・タクシー）において、運転者の労働条件や労働環境について一定の基準を満たしている「働きやすい職場」として認証された優良な事業者のマークです。 本PRロゴは、登録証書の有効期間が2025年3月31日までの事業者の方が対象です。
17	スポーツエール カンパニー		「働き盛り世代」のスポーツ実施を促進し、スポーツに対する社会的機運の醸成を図ることを目的として、従業員の健康増進のためにスポーツ活動の促進に積極的に取り組む企業を認定する制度のマークです。 なお、本制度に連続して5年以上認定を受ける企業には、認定期間等に応じて認証マークの色にブロンズ、シルバー、ゴールドが付与され、さらにこれらの連続認定企業のうち従業員の週1回以上のスポーツ実施率が65％以上の企業には、ブロンズ＋、シルバー＋、ゴールド＋が付与されます。
18	健康経営優良法人		経営的な視点から従業員の健康保持・増進に積極的に取り組む「健康経営優良法人」として認定された法人が使用できるロゴマークです。 「健康経営」を実践することは、従業員の健康状態の改善を通じた活力や生産性の向上、さらには組織の活性化等につながると期待されます。

出典：「ハローワークインターネットサービス_PRロゴのご案内」をもとに作成

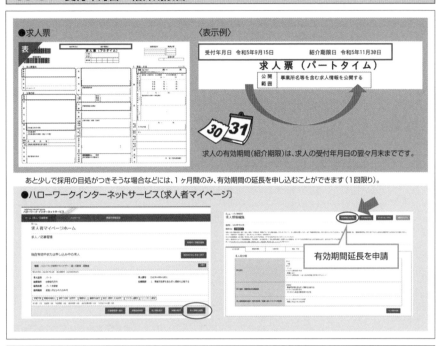

●求人票

〈表示例〉

受付年月日 令和5年9月15日		紹介期限日 令和5年11月30日
求人票（パートタイム）		
公開範囲	事業所名等を含む求人情報を公開する	

求人の有効期間(紹介期限)は、求人の受付年月日の翌々月末までです。

あと少しで採用の目処がつきそうな場合などには、1ヶ月間のみ、有効期間の延長を申し込むことができます（1回限り）。

●ハローワークインターネットサービス〔求人者マイページ〕

有効期間延長を申請

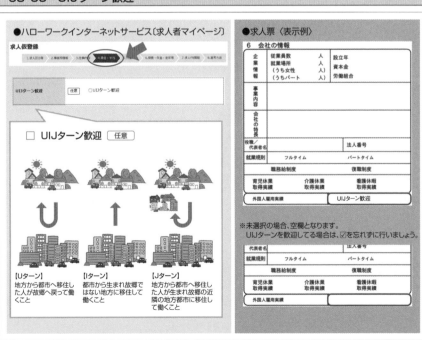

●ハローワークインターネットサービス〔求人者マイページ〕

求人仮登録

UIJターン歓迎　任意　□UIJターン歓迎

□ UIJターン歓迎　任意

【Uターン】
地方から都市へ移住した人が故郷へ戻って働くこと

【Iターン】
都市から生まれ故郷ではない地方に移住して働くこと

【Jターン】
地方から都市へ移住した人が生まれ故郷の近隣の地方都市に移住して働くこと

●求人票 〈表示例〉

6　会社の情報

企業情報	従業員数　　　人 就業場所　　　人 （うち女性　　　人） （うちパート　　人）	設立年 資本金 労働組合
事業内容		
会社の特長		
役職／代表者名		法人番号
就業規則	フルタイム	パートタイム
	職務給制度	復職制度
育児休業取得実績	介護休業取得実績	看護休暇取得実績
外国人雇用実績	UIJターン歓迎	

※未選択の場合、空欄となります。
UIJターンを歓迎してる場合は、☑を忘れずに行いましょう。

代表者名		法人番号
就業規則	フルタイム	パートタイム
	職務給制度	復職制度
育児休業取得実績	介護休業取得実績	看護休暇取得実績
外国人雇用実績		

08-06　外国人雇用実績

08-07　求人に関する特記事項

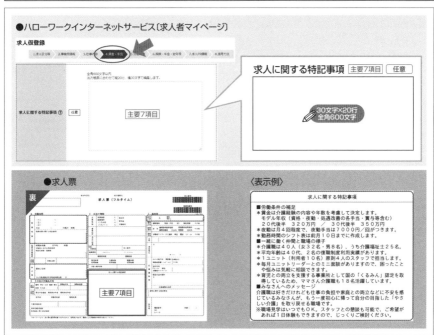

08-08　ハローワークへの連絡事項

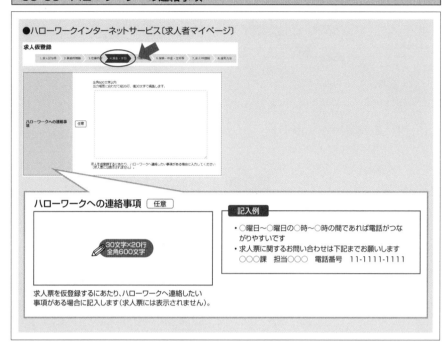

〈PR情報〉

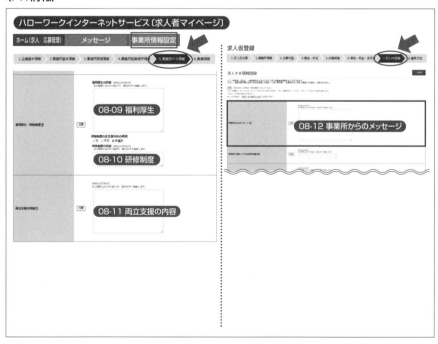

●ハローワークインターネットサービス〔求人者情報検索〕

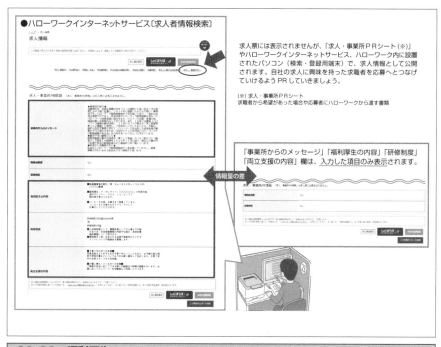

求人票には表示されませんが、「求人・事業所PRシート（※）」やハローワークインターネットサービス、ハローワーク内に設置されたパソコン（検索・登録用端末）で、求人情報として公開されます。自社の求人に興味を持った求職者を応募へとつなげていけるようPRしていきましょう。

（※）求人・事業所PRシート
求職者から希望があった場合や応募者にハローワークから渡す書類

「事業所からのメッセージ」「福利厚生の内容」「研修制度」「両立支援の内容」欄は、入力した項目のみ表示されます。

情報量の差

08-09　福利厚生

●ハローワークインターネットサービス〔求人者マイページ〕

ホーム（求人／応募管理）　メッセージ　事業所情報設定

1.企業基本情報　2.事業所基本情報　3.事業所詳細情報　4.事業所就業情報　5.事業所PR情報　応募情報

福利厚生・研修制度①

●ハローワークインターネットサービス［求人情報検索］〈表示例〉

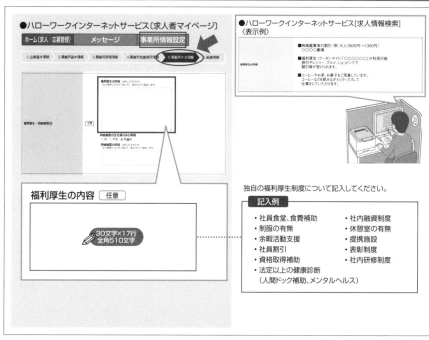

独自の福利厚生制度について記入してください。

福利厚生の内容　任意

30文字×17行
全角510文字

記入例

・社員食堂、食費補助
・制服の有無
・余暇活動支援
・社員割引
・資格取得補助
・法定以上の健康診断
　（人間ドック補助、メンタルヘルス）

・社内融資制度
・休憩室の有無
・提携施設
・表彰制度
・社内研修制度

08-10　研修制度

研修制度の正社員以外の利用　[任意]

選択
- 可
- 不可
- 未選択

研修制度の内容

24文字×6行
全角144文字

社内研修制度や資格取得の補助など、従業員向けの各種研修制度について記入してください。

記入例

- ・採用時研修
- ・OJT研修
- ・キャリアアップ研修
- ・知識技術向上研修（月○回）
- ・フォローアップ研修
- ・資格取得フォロー研修

08-11　両立支援の内容

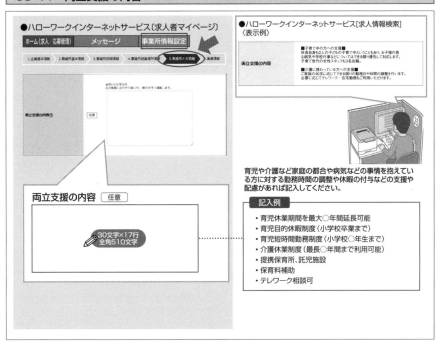

両立支援の内容　[任意]

30文字×17行
全角510文字

育児や介護など家庭の都合や病気などの事情を抱えている方に対する勤務時間の調整や休暇の付与などの支援や配慮があれば記入してください。

記入例

- ・育児休業期間を最大○年間延長可能
- ・育児目的休暇制度（小学校卒業まで）
- ・育児短時間勤務制度（小学校○年生まで）
- ・介護休業制度（最長○年間まで利用可能）
- ・提携保育所、託児施設
- ・保育料補助
- ・テレワーク相談可

08-12　事業所からのメッセージ

記入例

■事務所の紹介
当事務所は、名鉄広見線の日本ライン今渡駅から南へ徒歩１分の商業ビルの２階に位置し、２０１４年に開業したまだまだ新しい事務所です。ハローワーク勤務経験者が３名在籍しており、一般的な社労士業務だけでなく、所長自身のハローワーク勤務経験も活かしたハローワーク採用支援に強みをもち、セミナーの企画・登壇の他、雑誌記事への寄稿も行っております。また、１８年には書籍「ハローワーク採用の絶対法則」２２年には「人が集まる！求人票実例集１６０職種」も発刊し、ご好評をいただいております。今後も一般的な社労士業務と併せて、ハローワークを活用した採用支援の事業をさらに強化するため、今回は２０２０年以降にハローワークの勤務経験のある方にお力添えをいただきたいと考えています。
■働きやすい職場づくり■
岐阜労働局が働き方改革の一環として推進している「新はつらつ職場づくり宣言」の登録を２０１９年１２月に受け、育児と介護の両立支援や年休の取得促進などに積極的に取り組んでいます。
■所長から求職者の方へ
私含めてハローワーク勤務経験者が３名在籍していますし、副業・兼業の方もいるので馴染みやすい環境だと思います。

08-13　障害者に対する配慮

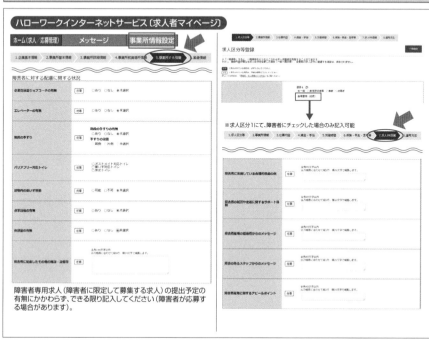

障害者専用求人（障害者に限定して募集する求人）の提出予定の有無にかかわらず、できる限り記入してください（障害者が応募する場合があります）。

165

●ハローワークインターネットサービス〔求人者情報検索〕

求人情報

障害者に対する配慮に関する状況　「障害者に対する配慮に関する状況」は求人票には表示されません。

企業在籍型ジョブコーチの有無	なし
エレベーター	あり
点字設備	なし
階段の手すり	あり　手すりの設置　両側
バリアフリー対応トイレ	車いす対応トイレ
建物内の車いす移動	可
休憩室	あり
障害者の就労や定着に関するサポート体制	必ず職員が付いて指導いたします。
障害者の就労や定着に関するサポート体制	メンタルケア心理士が常駐しております
障害者雇用に関するアピールポイント	障害者雇用のスタッフが3年以上働いてくれている実績があります。

求人票には表示されませんが、「求人・事業所PRシート（※）」やハローワークインターネットサービス、ハローワーク内に設置されたパソコン（検索・登録用端末）で、求人情報として公開されます。自社の求人に興味を持った求職者を応募へとつなげていけるようPRしていきましょう。

（※）求人・事業所PRシート
求職者から希望があった場合や応募者にハローワークから渡す書類

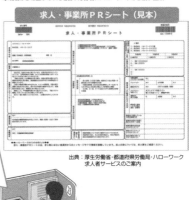

求人・事業所PRシート（見本）

出典：厚生労働省・都道府県労働局・ハローワーク
　　　求人者サービスのご案内

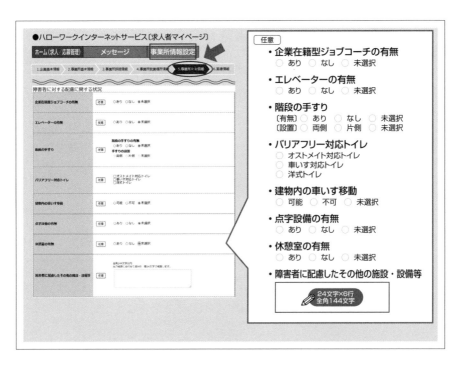

●ハローワークインターネットサービス〔求人者マイページ〕

ホーム（求人／応募管理）　　メッセージ　　事業所情報設定

障害者に対する配慮に関する状況

〔任意〕

・企業在籍型ジョブコーチの有無
　○ あり　○ なし　※未選択

・エレベーターの有無
　○ あり　○ なし　※未選択

・階段の手すり
　〔有無〕○ あり　○ なし　　○ 未選択
　〔設置〕○ 両側　○ 片側　　○ 未選択

・バリアフリー対応トイレ
　○ オストメイト対応トイレ
　○ 車いす対応トイレ
　○ 洋式トイレ

・建物内の車いす移動
　○ 可能　○ 不可　○ 未選択

・点字設備の有無
　○ あり　○ なし　○ 未選択

・休憩室の有無
　○ あり　○ なし　○ 未選択

・障害者に配慮したその他の施設・設備等

　24文字×6行
　全角144文字

●ハローワークインターネットサービス[求人情報検索]＜表示例＞

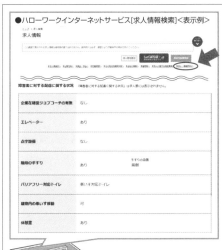

・障害者に配慮したその他の施設・設備等

> 記入例

・視覚障害に対応した拡大読書器、パソコンのスクリーン
リーダー（画面読み上げソフト）及び点字ディスプレイ
を用意しています。

・社員有志による手話講習会を定期的に開催し、手話によ
る意思疎通が可能な社員の育成に努めています。

point!　障害者に対する配慮の状況は、求職者にとって就業
可能であるかを判断する重要な情報です。
【求人に関する特記事項】欄（参考：08-07 ）等
にも記載しておくとよいでしょう。

〈表示例〉

求人に関する特記事項

《就業場所における施設の状況等》
●電話対応：なし　　　　　●エレベーター：あり
●階段手すり：両側　　　　●トイレ：洋式
●出入口段差：なし　　　　●建物内車椅子移動スペース：あり
●職場見学受入：不可（面接時に見学可）
●職場実習受入：不可
●手話のない配慮の必要な方（難病など）受入：応相談

※必要な合理的配慮についてはお申し出ください。
※採用後の配慮事項を確認するため、応募書類に障害の種別・等級
・配慮事項等を可能な範囲でご記入ください。

職場適応援助者（ジョブコーチ）

障害者の職場適応に課題がある場合に、職場に出向いて障害特性を踏まえた専門的な支援を行う人。
・**配置型ジョブコーチ**　　　…　地域障害者職業センターに配置されるジョブコーチ
・**訪問型ジョブコーチ**　　　…　障害者の就労支援を行う社会福祉法人等に雇用されるジョブコーチ
・**企業在籍型ジョブコーチ**　…　障害者を雇用する企業に雇用されるジョブコーチ

事業主

・障害特性に配慮した
　雇用管理に関する助言
・配置、職務内容の設定
　に関する助言

**企業在籍型
ジョブコーチ**

企業に在籍し、同じ
企業に雇用されてい
る障害のある労働者
が職場適応できるよ
う支援する人

障害者

・作業遂行力の向上支援
・職場内コミュニケーション
　能力の向上支援
・健康管理、生活リズムの
　構築支援

上司　同僚

・障害の理解に関する社会啓発
・障害者との関わり方に関する助言
・指導方法に関する助言

家族

・安定した職業生活を送るための
　家族の関わり方に関する助言

●ハローワークインターネットサービス〔求人者マイページ〕

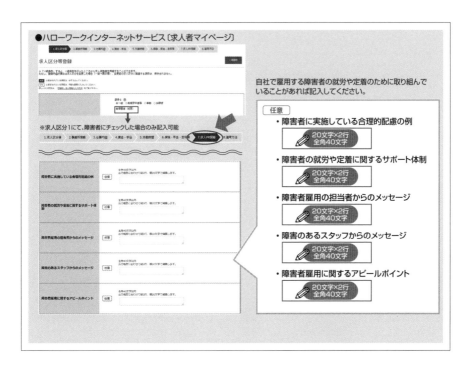

自社で雇用する障害者の就労や定着のために取り組んでいることがあれば記入してください。

任意
- 障害者に実施している合理的配慮の例
  - 20文字×2行 全角40文字
- 障害者の就労や定着に関するサポート体制
  - 20文字×2行 全角40文字
- 障害者雇用の担当者からのメッセージ
  - 20文字×2行 全角40文字
- 障害のあるスタッフからのメッセージ
  - 20文字×2行 全角40文字
- 障害者雇用に関するアピールポイント
  - 20文字×2行 全角40文字

・障害者に実施している合理的配慮の例

記入例

平日に通院が必要な社員について、通院日のみ勤務時間の短縮を行っています。

・障害者の就労や定着に関するサポート体制

記入例

事業所及び部署に障害者職業生活相談員を配置し相談しやすい体制を整えています。

・障害者雇用の担当者からのメッセージ

記入例

障害の有無や性別、年齢などに関わらず活躍できる職場環境作りを目指しています。

・障害のあるスタッフからのメッセージ

記入例

障害者社員のリーダーです。障害特性に合わせた柔軟な働き方が可能な職場です。

・障害者雇用に関するアピールポイント

記入例

「障害者雇用優良事業所等の厚生労働大臣表彰」を受賞しました（〇〇〇〇年）。

【障害者に実施している合理的配慮の例】
募集・採用時や採用後において、障害者に対して合理的配慮を行った例があれば記入してください。
※ 合理的配慮とは、障害者と障害者でない者との均等な機会や待遇の確保、障害者の有する能力の有効な発揮の支障となっている事情を改善するための必要な措置です。

●ハローワークインターネットサービス[求人情報検索]＜表示例＞

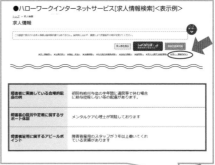

障害者に実施している合理的配慮の例	初回有給付与の半年間に通院等で休む場合に給与控除しない等の配慮があります。
障害者の就労や定着に関するサポート体制	メンタルケア心理士が常駐しております
障害者雇用に関するアピールポイント	障害者雇用のスタッフが3年以上働いてくれている実績があります

168

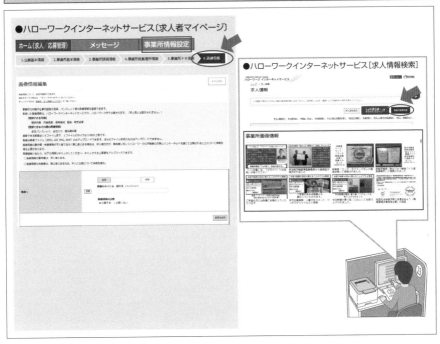

●ハローワークインターネットサービス〔求人者マイページ〕

●ハローワークインターネットサービス［求人情報検索］

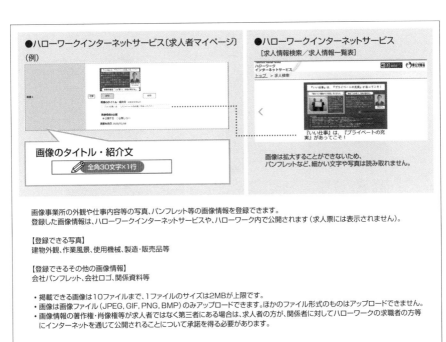

●ハローワークインターネットサービス〔求人者マイページ〕
（例）

画像のタイトル・紹介文
全角30文字×1行

●ハローワークインターネットサービス
［求人情報検索／求人情報一覧表］

画像は拡大することができないため、
パンフレットなど、細かい文字や写真は読み取れません。

画像事業所の外観や仕事内容等の写真、パンフレット等の画像情報を登録できます。
登録した画像情報は、ハローワークインターネットサービスや、ハローワーク内で公開されます（求人票には表示されません）。

【登録できる写真】
建物外観、作業風景、使用機械、製造・販売品等

【登録できるその他の画像情報】
会社パンフレット、会社ロゴ、関係資料等

・掲載できる画像は10ファイルまで、1ファイルのサイズは2MBが上限です。
・画像は画像ファイル（JPEG, GIF, PNG, BMP）のみアップロードできます。ほかのファイル形式のものはアップロードできません。
・画像情報の著作権・肖像権等が求人者ではなく第三者にある場合は、求人者の方が、関係者に対してハローワークの求職者の方等にインターネットを通じて公開されることについて承諾を得る必要があります。

他社と圧倒的な微差を作る主要7項目＋その他86項目の具体的な記載例

序章　第1章　第2章　第3章　第4章　第5章　第6章　第7章

厚生労働省　職業情報総合サイト「しょくばらぼ」とは？

若者・女性・高齢者・障害者等、様々なニーズを有する働き手が、様々な観点から企業の職場情報を横断的に検索・比較できる Web サイトです。このサイトは、厚生労働省の「若者雇用促進総合サイト」「女性の活躍推進企業データベース」「両立支援のひろば」の３サイトに掲載されている職場情報を収集・転載し、併せて国の各種認定・表彰制度の取得情報を掲載しています。

出典：厚生労働省「しょくらぼ」のご紹介

若者雇用促進総合サイト

女性の活躍推進企業データベース

両立支援のひろば

本サイト活用のメリット

データ登録企業のメリット
・職場情報を開示することでの企業のPR！
・職場改善への取組が評価されることによる優秀な人材の獲得！

求職者のメリット
・ライフスタイルや希望条件にあった企業の選択！
・事前に企業の就業実態を把握し、入社後のミスマッチを防止！

共通のメリット
・より良いマッチングの実現！
・雇用管理の良い企業が選ばれる！

出典：厚生労働省「しょくらぼ」のご紹介

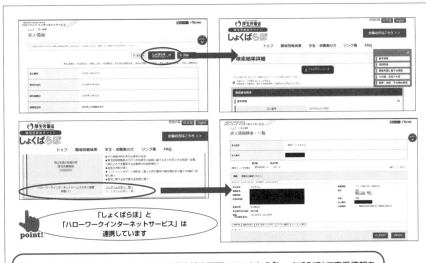

point!

「しょくばらぼ」と
「ハローワークインターネットサービス」は
連携しています

「ハローワークインターネットサービス」の求人検索画面のリンクから「しょくばらぼ」で事業情報を確認できたり、「しょくばらぼ」の企業詳細ページのリンクから「ハローワークインターネットサービス」の求人情報を確認することができるため、幅広い人に自社の情報を知ってもらうことができます。

※この連携は「若者雇用促進総合サイト」「女性の活躍推進企業データベース」「両立支援のひろば」のいずれかに掲載されていることが要件となるため、これらのサイトに未登録の場合は新規登録を行う必要があります。

他社と圧倒的な微差を作る主要7項目＋その他86項目の具体的な記載例

171

MEMO

								10						
			20										30	
							40							
			50									60		
							70							
			80									90		
							100							
			110									120		
							130							
			140									150		
							160							
			170									180		
							190							
			200									210		
							220							
			230									240		
							250							
			260									270		
							280							
			290									300		

第4章

業種別・ハローワーク求人票の書き方と文例集

正社員

「一般求人票」文例の構成と見方

表

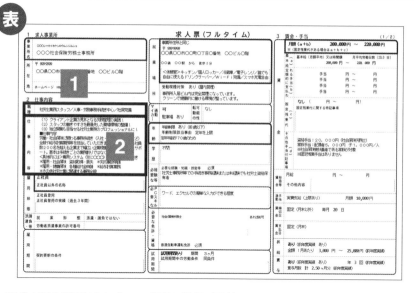

■求人票の表面は主に３つの分野の情報が記載されています。

(1) 募集条件　（職種名・仕事内容・雇用形態および就業場所など）

(2) 応募条件　（年齢・学歴・必要な経験や免許、資格、PCスキルなど）

(3) 労働条件　（賃金や手当の明細・支給日・昇給や賞与など）

■求人票作成にあたって、応募条件や労働条件はあらかじめ決まった項目であり、
内容をアレンジできる情報ではありません。

一方、「職種名」や「仕事内容」は、求人者が自由に創意工夫できる情報であり、
この欄の内容が求人票のイメージを形成するも言えます。そうした意味からも、
同欄作成にあたって本書のサンプルが活用できます。

求職者イメージとは

求人票作成にあたっては応募を期待する求職者像をイメージすることがポイントになります。
文例求人票では、求人に興味関心を持ってくれる求職者や自社が求める人物像をイメージし、そうした求職者の転職背景を踏まえて作成しています。

アピールポイントとは

求人票では求職者に何をアピールするかが重要となります。単に自社目線での自慢話に終始するようなものでは求職者の心に響きません。
文例の求人票は、想定した求職者イメージを前提に、求職者が知りたい情報や自社で働くことの魅力などから主なアピールポイントを整理して作成しています。

主要5項目の記入ポイント（表面）

1　職種名　（28字×1行）

職種名は書籍のタイトルのようなものです。
２８文字まで使用できるため、ひと目で求職者にアピールできるよう、自社がアピールしたいワードを活用して作成します。

2　仕事内容　（30字×12行）

仕事内容の説明では、単に仕事や作業内容を説明するだけではなく、求職者イメージを前提に仕事の特徴ややりがいなど、仕事以外の情報も提供が必要です。
求職者がこの仕事に魅力を感じ、仕事をしている自分の姿がイメージできるような説明や情報提供が必要です。

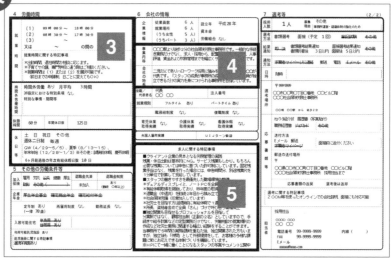

■求人票の裏面は主に４つの分野の情報が記載されています。
（1）労働条件　（就業時間や時間外労働・休日・社会保険・定年制度など）
（2）会社概要　（従業員数・創業や事業内容・会社の特長など）
（3）採用手続き（応募方法・選考方法など）
（4）特記事項　（求人全体に関する追加・補足や特記事項など）

■求職者が求人票の「表面」を見て求人への興味関心が高まると、さらに「裏面」
　も見てみようということになりますので、裏面は応募を左右する重要な情報とな
　ります。
　　特に、就業時間や休日などの労働条件は、求職者が自分の働き方をイメージする
　情報となりますので、単に事務的に紹介するのではなく、勤務のシフトモデルや
　「会社カレンダー」の内容なども含めて、丁寧で具体的な紹介が求職者にも好印
　象を与えます。

3　労働時間

＊就業時間　（就業時間に関する特記事項　30字×4行）
就業時間は求職者が働き方をイメージするために必要な情報です。単に所定就業時間を示すだけではなく、シフト制や夜勤がある場合は1ヶ月間の勤務モデルを、また、時間外労働は発生の特徴などをできるだけ具体的に説明します。

＊休日等　（コメント欄30字×2行）
休日は応募そのものを左右する重要情報です。単に、曜日と週休2日制の有無だけではなく、夏季や年末年始休日の実際の日程や交替制の場合は日数など、年間休日数の内訳を具体的に紹介します。

4　会社の情報　（事業内容／会社の特長　各30字×3行）

「事業内容」は単に業種がわかればよいというものではなく、また「会社の特長」もあくまでも「求職者にとっての特長」が前提です。
求人票では、どのような企業なのか、そしてどのような職場で、どのような働き方になるのかなどをイメージできるように作成します。

5　求人に関する特記事項　（30字×20行）

本欄は600文字まで記述が可能であり、積極的に活用したいスペースです。仕事内容や労働条件などの補足はもちろん、職場の様子、入社後の研修・教育体制やキャリアアップ支援、福利厚生などのほか、自社で働く魅力や他社との違い、経営者からのメッセージなど、求職者が知りたい情報やアピール情報を提供します。
求職者が「この会社で働きたい」と思えるような情報の場として、自社用にアレンジしてください。

［製造業］プレス作業員

求職者イメージ

▼現役プレス作業員からの転職希望者
　＊夜勤や休日などの労働条件や働き方を変えたいと考え、同じ職種で自分に合った職場を探している30代前後
　＊現在の仕事は分業制で、自分はプレス工程だけを担当しているが、同じ作業の繰り返しが今後も続くことを考えると、もう少しプレス加工が総合的に経験でき、技術者としてのキャリアを高められる職場に変わりたいと考えている20～30代
▼異業種からの転職希望者
　現在の仕事は複雑な人間関係が多く、仕事の成果も見えにくいなどから自分に合わないため、機械相手でコツコツと取り組め、スキルも身につけられるモノづくりの仕事への転職を考えている20～30代
▼正社員を目指している人
　現在は製造業の派遣や期間従業員などの非正規雇用として働いているが、雇用が安定し、手に職をつけられる正社員の仕事に就きたいと考えている第二新卒や30代半ばの就職氷河期世代

アピールポイント

▼35歳以下を対象とした「長期勤続によるキャリア形成求人」であり、異業種からの未経験者や非正規雇用からの転職者も積極的に受け入れていく姿勢があること
▼製造業だが夜勤はなく日勤の固定時間勤務で働けること
▼単発型や順送型両方のプレス機や曲げ、絞り、品質検査などの加工工程全体が経験でき、キャリアも形成できること
▼未経験でも約半年後にはプレス作業に関してほぼ独り立ちできる育成体制が整っていること
▼重量物を扱う力仕事はないため、性別は問わないこと
▼国家資格の取得支援に加え、将来はプレス加工全体の専門職としてのキャリアアップや収入アップのチャンスがあること

仕事内容

職種	プレス加工（キッチン用品）／異業種出身者活躍中／～３５歳
仕事内容	１つのモノを分業ではなく、自分で材料加工から製品化まで担えるモノづくりをしたい皆さん。主にキッチン用品や調理器具などのプレスから加工・完成までの一連作業で技術を身につけませんか。 ■概要 ＊製品は計量スプーンやおたま、マグカップなどの金属製品です。 ＊最初は多品種少ロットに対応した手作業が主になる単発型プレス機を担当し、慣れたら曲げや絞りなどの加工作業も担います。 ＊重量は最大１５ｋｇ程度までのため、性別を問わず活躍できます。 ■魅力 コンピューターで操作管理する順送型自動プレス機の経験や各種の加工技術も習得できるため、プレス加工業務の総合技術者としてキャリアアップでき、幅広い活躍と収入アップも可能になります。

「仕事内容」記入のポイント

▼まずは異業種からの転職希望者に注目してもらうためのイメージを考える。「プレス加工」という職種名から連想されやすい重量物や冷たさなどのイメージを和らげ、身近で明るい印象を打ち出す。そのため、本欄の冒頭3行で、身近なキッチン用品などの「モノづくり」であり、プレスだけでなく、製品完成までを担当できる仕事全体の魅力をアピールする。

▼仕事の概要とともに現役者や経験者にも魅力となるキャリアアップや収入アップも可能なことをアピールし、求人への関心を惹きつける。

「職種名」その他例

例：プレス加工／１枚の板材からスプーンやマグカップを作ります
例：キッチン用品等のプレス加工／夜勤無・月の約半分は定時終業
例：金属板材のプレスから製品完成までを担うプレス加工作業員
例：コツコツとモノづくりをやりたい人歓迎／小型品のプレス加工
例：キッチン用品等のプレス加工（曲げ、絞り、検査の完成まで）

会社の情報

事業内容	スチールやアルミ板材からキッチン用品や調理器具を製造しています。家庭用から業務用まで多品種少ロットにも対応できることから個別企業との共同開発によるオリジナル製品も手掛けています。
会社の特長	毎年入社5年以下の製造社員による「プレス加工技術コンテスト」を開催し、また、10年以上社員には「マイスター制度」を設けるなど、若手からベテランまで技術力の向上を支援しています。

労働時間

就業時間	(1)　08時　30分　〜　17時　30分
	(2)　　時　　分　〜　　時　　分
	(3)　　時　　分　〜　　時　　分
	又は　　時　　分　〜　　時　　分の間の　　時間

就業時間	就業時間に関する特記事項
	＊時間外労働は月初の定例会議のほか、納期や仕事量により1日2〜3時間程度不定期に発生することがありますが、原則1ヶ月の半分以上は定時終業です
	＊特に季節的な繁閑はなく、通常受注分は年間を通して一定です

休日等	土　　日　　　　その他
	週休2日制　毎　週
	＊夏季8／12〜8／16、年末年始12／30〜1／3
	＊（参考）工場社員の有給休暇取得率が65％（昨年度）
	6ヶ月経過後の年次有給休暇日数　　　10日

求人に関する特記事項

求人に関する特記事項
■プレス作業独り立ちへのプロセス ＊1ヶ月間は、先輩とペアになって朝の作業準備や材料の確認、終業後の整理作業などから始めます。 ＊2〜3ヶ月目は、プレス機械の仕組みや各所の名称、機能など機械の基本的な知識を学びます。 ＊3〜5ヶ月目では、先輩の下でスプーンのプレスを実践し、機械操作を習得していきます。 ＊6ヶ月目以降からは単独で作業を進め、担当製品も徐々に増やしながら独り立ちとなります。その後、仕事ぶりを見ながら曲げや絞り、製品検査などの加工作業全般を習得していきます。 ■入社3年以内離職ゼロの職場 ＊工場スタッフ35名は、高校新卒者1名をはじめ20代・30代が約4割を占めているほか、60代のベテランも5名活躍しています。 ＊スタッフの約1／3は異業種からの転職者ですが、多品種生産による仕事の変化や自分の成長が実感できるため、過去10年間では入社3年以内の離職者はありません。 ■誰にもある成長のチャンス 入社5年以下を対象としたプレス加工技術コンテストは社内でも注目され、若手の目標になっています。また、まずは「工場鈑金技能士3級」を手始めに、国家資格の取得も支援していきます。

✑「会社の情報」記入のポイント

▼身近なキッチン用品や調理器具などの製造会社を紹介したうえで、多品種少ロット生産にも対応できることから、販売会社とオリジナル商品の共同開発にも取り組んでいることをアピールする。

▼手の平に乗る小型製品も多いことから細かな技術も求められるため、社内コンテストなどを取り入れている話題性をアピールする。

✑「労働時間」記入のポイント

▼固定制の就業時間について特に補足情報がなければ、時間外労働の発生パターンのほか特別な受注がある場合を除き年間を通して一定した働き方であることを紹介する。

▼年間休日の内訳として夏季および年末年始休日の具体的な日程を紹介するとともに、求職者の関心ある年次有給休暇の取得状況も紹介する。

✑「求人に関する特記事項」記入のポイント

▼プレス作業独り立ちへのプロセス
経験不問のキャリア形成求人としての募集のため、特に未経験者の「自分にもできるだろうか」との不安を踏まえて、まずはプレス作業での独り立ちへの流れを具体的に紹介し、応募への心理的な障壁を取り除く。

▼入社3年以内離職ゼロの職場
求職者にとって自分の働く職場は気になるため、工場スタッフの人数、年代、経験のほか、1／3の社員は異業種からの転職者であることなどを紹介する。

併せて、そうした社員がしっかり定着していることもアピールして、求職者が「ここなら安心」と感じられるようにし、応募につなげる。

▼誰にもある成長のチャンス
若手が目標を持って仕事に取り組めるよう、技術コンテストを開催するほか、国家資格の取得も支援していることを紹介し、成長していける環境のある職場をアピールする。

［飲食業］調理人

求職者イメージ

▼現役調理人の転職希望者

調理人として働いているが、勤務時間や休日が変則で家族との生活スタイルも合わないため、思い切って異業種への転職を考えているが、調理仕事は好きなので、続けやすい条件の職場があれば今後も飲食業で働きたい人

▼飲食店のアルバイトから正社員を希望する人

飲食店のアルバイトでホールスタッフとして長く働いてきたが、将来を考えて同じ飲食業の調理人の仕事で身を立てていきたいと思い、働き方も大切にしている職場を探している人

アピールポイント

▼人材の確保や定着が厳しいイメージもある業界の中で、率先してスタッフの働き方を大切に考える姿勢があること

▼飲食業ではあるが、実際に3年計画で年間休日100日を実現していること

▼入社1年後には今後どのような働き方をしていきたいかを話し合い、ゆとりある働き方だけでなく、しっかり収入を得る働き方も可能であること

▼新メニュー開発にも積極的で、毎月試食会を行うなど、調理の仕事に前向きなスタッフが揃っていること

▼将来独立を考えている人には、調理以外の業務経験や経営ノウハウが学べる機会もあること

仕事内容

職種	居酒屋の調理人／ライフスタイルを大切にした年間休100日
仕事内容	調理人は続けたいがライフステージに合った働き方は無理だと諦めていませんか。当店では好きな仕事を続けながら生活や家庭とも両立しやすい働き方を採り入れ、安心して働けるようにしています。 ■お店の特長 テーブル40席とカウンター15席の古民家風の雰囲気で、和食と全国の地酒が売りの居酒屋です。駅に近いため勤め帰りのお客様を中心に1日約120名がご来店、半数近くは女性です。 ■仕事の特長 ＊メニューは約60品目で女性好みの料理や創作一品が好評です。 ＊慣れてきたら、食材の発注や新メニューの開発にも携わります。 ＊日曜定休と年間休み100日の働きやすい仕事です。 ※当店の特徴ある働き方は「特記事項欄」を参照ください。

「職種名」その他例

例：調理人は続けたいが働き方を変えたい方！歓迎／居酒屋調理人

例：居酒屋の調理スタッフ／家族との時間を増やしたい方／要経験

例：日曜日含め年間休100日の居酒屋調理スタッフ／経験者歓迎

例：地酒と創作メニューが好評な居酒屋の調理人／働き方を改善中

例：居酒屋調理人／多彩なメニューで腕も上達／独立も応援します

「仕事内容」記入のポイント

▼人材確保が厳しい業界でもあるため、今回の募集にあたってはメインの求職者イメージを「現役調理人で働き方を変えたい人」に絞り、「ここなら家庭やプライベートとも両立しやすい」ことを前面に出した求人としていく。

▼そうした主旨を冒頭3行でアピールし、働き方さえ改善できれば飲食の仕事を続けていきたいと考える人を呼び込む。

▼現役者を想定するため、基本的な仕事内容は省略する代わりに仕事の特長を紹介して全体のイメージを持てるようにする。

会社の情報

事業内容	和食と全国各地の地酒を取り揃えた居酒屋を3店舗展開中。フランチャイズにはない季節ごとの創作メニューが好評で、若い人からシニアまで幅広いお客様に楽しんでいただいています。
会社の特長	飲食業でも長く働ける職場にしたい！そんな思いもあって3年前から働き方を見直し、特に休日は年間100日を実現しました。スタッフも安心して働け、新規採用もしやすく定着も良くなりました。

労働時間

就業時間	(1)　14時　00分　〜　23時　00分 (2)　　時　　分　〜　　時　　分 (3)　　時　　分　〜　　時　　分 又は　　時　　分　〜　　時　　分の間の　　時間
	就業時間に関する特記事項 ＊時間外労働は月平均15時間とやや少なめですが、1週間の交替制により当番でない日は定時で退店できることによるものです ＊新年会・忘年会シーズンは、時間外労働も25時間程度あります
休日等	日　　その他 週休2日制　　その他 ＊祝日は正月以外に年間5日間／第1月曜日・平日2日休み ＊夏季3日間（交替）　年末年始12／30〜1／3 6ヶ月経過後の年次有給休暇日数　　10日

求人に関する特記事項

求人に関する特記事項
■働き方改善の実績 以前は年間休日も93日でしたが、まずは100日を目標に改善してきました。当初はスタッフにも負担をかけましたが、休日が増えたことで採用もしやすくなり、今では皆が無理なく働けています。 ■労働条件の補足 ＊経験者の賃金は、経験の浅い方が27万円から、ある程度の経験がある方は30万円をスタートに、経験内容により決定します。 ＊年収例は経験者・入社2年目で450万円程度になります。 ■職場の様子 スタッフは、店長（42歳）以下、調理2名、ホール4名の体制です。調理スタッフは、和食店から転職してきた8年目（38歳）のチーフと未経験から始めた2年目（30歳）の男性です。2人とも料理好きなため、毎月新しいメニューの試食会を行っています。 ■当店で働く魅力 ＊入店1年後には、今後自分がどんな働き方をしたいかを話し合います。ゆとりを持って働きたい方、残業もこなして収入を増やしたい方など、目的や自分に合った働き方を大切にしていきます。 ＊将来、独立を考えている方には、入社3年目以降からホール業務の経験や店舗経営などを学べる機会を用意して応援します。 ※見学歓迎！まずはお店やスタッフ間の雰囲気を感じてください！

「会社の情報」記入のポイント

▼フランチャイズにはない創作メニューと全国各地の地酒が人気の居酒屋を3店舗展開していることを紹介し、客層も幅広いことをアピールする。

▼離転職が多いと言われる飲食業において、スタッフに長く働いてもらえる店づくりによる成果をアピールする。

「労働時間」記入のポイント

▼長時間労働が多いといわれる業界の中で、特に閉店後の業務は交替制としているため一般に比べやや少なめで、定時退店の日もあることを紹介してメリハリを持たせていることをアピールする。

▼休日の年間100日については、入社したら話が違っていたということのないよう内訳を紹介して求職者に正しい情報を提供する。

「求人に関する特記事項」記入のポイント

▼働き方改善の実績
求人の一番のアピールポイントである働き方について、具体的に休日日数100日を実現したことや、その結果としてのメリットを簡単に紹介し、会社の姿勢をアピールする。

▼労働条件の補足
転職者の一番の不安は収入であることから、入社時の賃金は経験レベルによっていくらくらいからスタートするのか、年収モデルなども紹介して応募の判断をしやすくする。

▼職場の様子
調理やホールスタッフの人数、年齢、経験などを紹介し、一緒に働いている自分の姿をイメージできるようにする。

▼当店で働く魅力
年齢などのライフステージで変化する生活スタイルに合わせた働き方ができることを紹介して他社との違いを感じてもらい、応募につなげる。

業種別・ハローワーク求人票の書き方と文例集　正社員

［運輸業］物流センター運営管理補助

求職者イメージ

▼同業他社で働く30〜40代の転職希望者
* トラックドライバーや倉庫スタッフとして働いているが、労働条件や働き方に課題を抱え、思い切って経験も活かせる仕事で再スタートしたい人
* 配送センターの管理部門で働いているが、幅広い物流サービスに興味があり、携われる仕事があれば転職したいと考えている人
* 長年、トラックドライバーや倉庫業の非正規雇用者として働いてきたが、安定して働ける正社員で働きたく、多少ハードルが高くても経験が活かせる仕事にチャレンジしたいと考えている人

▼同業関係で働くミドル層の転職希望者
長年、物流関係で働き幅広い経験も積んできたが、現在の職場では所長などに昇進できる見込みもないため、経験を活かして上位職で活躍できる仕事があれば是非挑戦したいと考えている人

アピールポイント

▼モノの輸送だけでなく、幅広い物流サービス業務およびそのマネジメント業務に携われること
▼おおむね5年後には所長候補としてキャリアアップのチャンスがあること
▼30代〜40代の比較的若いスタッフが多く活躍している
▼入社後からの育成体制が整っており、目標を持って仕事に取り組める職場であること
▼ロジスティクス管理検定試験の取得を奨励し、支援制度も設けられていること

仕事内容

職種	物流センター長補佐（物流サービスのマネジメントスタッフ）
仕事内容	運送や倉庫業務の経験を活かして物流サービス全体のマネジメント業務のサポートスタッフとして活躍しませんか。幅広い物流センター業務を総合的に学べ、キャリアアップを図るチャンスです。 ■業務の概要 ＊通常業務としては、ドライバーの点呼から配送状況の確認などの配送フローにおける運行管理を担当します。 ＊マネジメント業務では、商品保管からピッキング、セットアップなどの流通加工や在庫管理などのサービス業務を担います。 ■処遇方針 入社後はセンター長の補助者として各種サービスのマネジメントを実践的に学んでいきますが、おおむね5年後にはセンター長候補として活躍していただく予定です。

✏️ 「仕事内容」記入のポイント

▼モノを運ぶだけではなく、流通加工サービスなどのトータルな物流サービスを展開している物流拠点において、そのマネジメント業務に携われる仕事であり、これまでの経験を活かしてキャリアアップが図れることをアピールし、前向きな転職希望者の気持ちに訴える。

▼業務の概要として、通常の運行管理業務などのほか、物流サービスの一部を紹介する。

▼特に、キャリア志向の求職者を意識して、おおむね5年後からは所長候補として処遇していくことを紹介し、将来の自分の姿を具体的にイメージできるようにアピールする。

「職種名」その他例

例：物流サービス業務の管理スタッフ（食品物流センター長補佐）
例：食品の物流センター管理スタッフ／物流・倉庫業界の経験者
例：物流センタースタッフ／業務経験を活かしたキャリアアップ可
例：物流センター（食品）管理業務補助／年間休110・深夜なし
例：年間60万個出荷の物流センタースタッフ（センター長補佐）

会社の情報

事業内容	モノを運ぶだけでなく、必要な商品を必要な時に必要な量だけお届けするロジスティックサービスを提供する食品の一般貨物自動車運送業です。物流センターでは年間６０万個を出荷しています。
会社の特長	平均年齢が４０代前半と若いことから、技術アップを目的に業務ごとのスキル認定制度を設けています。自分の成長が「見える化」により実感できるため、皆が目標を持って仕事に臨んでいます。

労働時間

就業時間	変形労働時間制（１年単位） （1）　08時　30分　〜　17時　30分 （2）　　時　　分　〜　　時　　分 （3）　　時　　分　〜　　時　　分 又は　　時　　分　〜　　時　　分の間の　　時間
	就業時間に関する特記事項 ＊４〜５月と１０〜１２月は繁忙期のため１年単位の変形労働時間 ＊時間外労働は通常２５時間程度ですが、繁忙期は３５時間程度となります ＊深夜勤務はありません
休日等	日　　その他 週休２日制　　その他 ＊４週８休（原則、月２回の土曜日と平日２日） ＊夏季２日間（交替）、年末年始１２／３１〜１／２ ６ヶ月経過後の年次有給休暇日数　　１０日

求人に関する特記事項

求人に関する特記事項
■仕事の補足 ＊入社後、３ヶ月間は現場作業を一通り経験していただき、当社の業務の流れを理解します。 ＊その後、現場作業も担いながら、センター長の下で各部門やサービス業務のマネジメント業務を補佐していきます。 ＊マネジメント業務では、欠品対策や適正な在庫管理、効率的な物流など、お客様への提案にも関わっていきます。 ■職場の様子 ＊現在のセンター長は倉庫業務から転職した４０代後半男性で、当社で５年間の現場業務を経験しています。また、入社６年目・３０代と４０代スタッフ２名が所長候補として活躍中です。 ＊毎日、センター長を交えた管理部門ミーティングでの情報共有や指示、疑問点の解消により的確な業務運営が行えます。 ■処遇・育成方針 ＊入社２年目の収入例は、月収２５万円、年収３５０万円です。 ＊３年間の育成計画に基づき約３００項目の習得項目をマスターしていきますので、自分の成長が実感できます。 ＊民間資格のロジスティクス管理検定（３級・２級）取得を奨励しており、勉強会や受験料補助のほか資格手当も支給しています。 ※センター長候補者との面談、職場見学はご希望に合わせて調整可

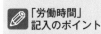

「会社の情報」記入のポイント

▼物流サービスを提供し、年間60万個を出荷する食品物流センターを持つ運送会社としてアピールする。
▼１人ひとりの成長を「見える化」するため、独自のスキル認定制度を導入していることを紹介し、若い人材が目標を持って仕事に取り組んでいることをアピールする。

「労働時間」記入のポイント

▼労働時間や休日は、働き方のイメージにつながる重要な情報のため、できるだけ具体的に紹介する。
▼労働時間については、年２回の繁忙期があるため１年単位の変形労働時間制を採用していること、併せて同時期は時間外労働も多いことを伝えておく。また、休日も年間休日数110日の内訳がわかるよう具体的に紹介する。

「求人に関する特記事項」記入のポイント

▼仕事の補足
現場や配送業務を習得後から当社の物流サービスのマネジメント業務を学び、将来はお客様への提案もできるようになってもらうことを紹介し、今後の仕事への関わり方をイメージできるようにする。

▼職場の様子
直属の上司であるセンター長をはじめ、現在すでにセンター長候補者として活躍している２名を紹介し、一緒に働く仲間や職場をイメージできるようにする。

▼処遇・育成方針
＊転職希望者にとって賃金は転職を判断する重要な情報であるが、求人票の月額賃金だけでは現在の収入と比較できないため、参考としてモデル収入を紹介し、転職にあたっての経済的な不安がネックとならないようにする。
＊３年間の育成計画がしっかり整っていることや、検定試験の支援もあることを紹介し、安心感を持つようにする。

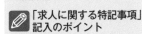

[建設業] 現場監督（見習い）

求職者イメージ

▼現役の建設作業員で転職希望者
- ＊建築現場で働いてきたが、現場では今後も施工作業員としての処遇が長く続きそうなため、経験を活かしてキャリアアップできる仕事に転職したい人
- ＊建築関係で働いてきたが、そろそろ現場を取り仕切る監督者や将来は施工管理技士として活躍したく、現場監督見習いとして育成もしっかりしている求人を探している人
- ＊抱える課題の改善
  現在も建設現場で働いているが、労働条件や人間関係などに課題を抱えているため、自分に合った新しい職場を探している30〜40代

▼建設関係で働く非正規雇用者
  これまで正社員で働く機会に恵まれないまま建設業界で長く働いてきた就職氷河期世代などの非正規雇用者で、充分なキャリアはないが少しでも経験を活かして正社員として活躍できる職場を探している30〜40代

アピールポイント

▼現場監督候補の人材として、しっかりした育成方針が確立していること
▼3年後の独り立ちに向けた長期的視野による具体的な育成計画や体制が整っていること
▼将来は、建築施工管理技士として仕事の幅や収入アップも期待できること
▼すでに現場監督見習い中のスタッフが1名活躍しており、実績があること
▼気軽に意見も言えるフラットな職場で働きやすいこと

仕事内容

職種	建築現場監督見習い（3年後独り立ちへ）／要建築施工経験
仕事内容	建設や土木の現場で日々頑張っている皆さん。これまでの経験を活かして建築現場監督で活躍しませんか。まずは「見習い」として監督業務をイチから学びながら3年後の独り立ちを目指します。 ■業務の概要と特徴 ＊入社後は工事ごとの現役監督とペアを組みます。 ＊監督業務である「工程管理」「品質管理」「安全管理」「原価管理」の4業務の実務を経験していきます。 ＊最初は一般住宅の新築などで基本を学びますが、習得状況を見ながら工場や商業施設などの現場も経験していきます。 ■魅力 ＊経験内容に合わせて段階的に成長が実感できる育成です。 ＊現場監督経験後は2級建築施工管理技士の取得を支援します。

「仕事内容」記入のポイント

▼冒頭で、建設現場で働きながらも何か新しい一歩を踏み出したいと思っている求職者に向け、3年後には現場監督として活躍できるという、具体的な期間も示してリアルなイメージで求人の第一歩をアピールする。

▼求人は建設業務の現役または経験者が対象であり、現場監督の業務を理解していることから、仕事内容としては概要と特徴に留め、求人に関心を持った求職者に対して、この仕事で働く魅力を2点アピールし、応募への気持ちを引き出す。

「職種名」その他例

例：建築現場監督見習い／施工作業員からのキャリアアップを歓迎
例：現場監督候補／3年間で監督業務をイチから指導／要施工経験
例：建築現場監督（見習い3年間）／キャリアアップを支援します
例：現場監督（見習いからスタート）／30代〜50代監督活躍中
例：建築現場監督見習い／繁忙期以外は週休2日／現場は市内中心

会社の情報

事業内容	「安全・快適・省エネ」を追求した住宅や商業施設の設計から施工までをワンストップでご提供する総合建築業です。特に新築住宅は毎年50棟以上を手掛けており、親子2代のお客様もあります。
会社の特長	長期・安定的な人材確保を目的に、社員大工や現場監督など現場専門職の自前育成に力を入れています。また、若い人材が働き続けたくなる工務店をモットーに、働き方の改善にも取り組んでいます。

労働時間

就業時間	変形労働時間制（1年単位）
	(1)　08時　30分　〜　17時　30分
	(2)　　時　　分　〜　　時　　分
	(3)　　時　　分　〜　　時　　分
	又は　　時　　分　〜　　時　　分の間の　　時間
	就業時間に関する特記事項 ＊4〜6月と10〜12月は繁忙期のため1年単位の変形労働時間 ＊昼休憩以外に、午前と午後に各15分の小休憩があります ＊時間外労働の発生は月平均20時間ですが、工事の進捗状況や繁忙期においては変動し、月35時間程度になる場合もあります
休日等	日　祝日　その他 週休2日制　その他 ＊土曜日は休みですが繁忙期6ヶ月間は第2・4のみとなります ＊夏季8／12〜16、年末年始12／30〜1／3 　6ヶ月経過後の年次有給休暇日数　　10日

求人に関する特記事項

求人に関する特記事項

■仕事内容の補足
＊施工現場はすべて会社から車で数分〜1時間以内です。
＊現場では、原則、施工作業に直接従事することはなく、作業員への指示など、現場の指揮をとっていただきます。
＊着工前にはCADソフトによる現場図面の作成もありますが、使用方法は指導しますので、3ヶ月程度で基本は習得できます。
■長期的視野での育成とキャリアアップ
＊入社後は、経験度合いに応じて先輩監督チームが2年〜3年間の育成計画を立てます。併せて、現場監督に必要な業務習得リストを基に段階的な到達レベルも設定し、本人と会社が共有します。
＊3ヶ月毎にキャリア面談を行い、習得状況の確認や指導の進め方などを話し合います。
＊「建築施工管理技士」の取得に向けては、勉強会や費用補助で支援します。取得できれば仕事の幅や収入アップにつながります。
■職場と仲間
＊現在、施工作業員は20代〜60代が30名、また現場監督（施工管理技士含む）は40代〜50代の男性5名ですが、見習い中の2年目1名も活躍しています。現場は、チームリーダー的な監督を中心に、気軽に意見が言えるフラットな雰囲気の職場です。
＊有給休暇はひとつの現場終了後に取得する人が多いです。

 「会社の情報」
記入のポイント

▼「安全・快適・省エネ」を追求し、設計から施工までを一貫して担う総合建築業の会社であることを紹介する。
▼特徴として、新築住宅事業では年間50棟以上を手掛けている実績を紹介するとともに、親子2代にわたるお客様のエピソードを紹介して、創業以来、信頼される家づくりの工務店として地域に根差していることをアピールする。

「労働時間」
記入のポイント

▼具体的な繁忙月も示して1年単位の変形労働時間制を採用していること、併せて同時期の時間外労働も増えることを具体的な時間数を示して紹介する。
▼休日も、繁忙期の土曜日は月2回休みとなることや、夏季と年末年始休暇の具体的な日程を示し、労働時間と休日から年間を通した働き方をイメージできるようにする。

「求人に関する特記事項」
記入のポイント

▼仕事内容の補足
仕事内容で伝えておきたい情報から3点を補足し、日々の仕事や役割をイメージしやすくする。
▼長期的視野での育成とキャリアアップ
今回の求人でアピールしている現場監督への育成方針が、単なる言葉だけではないことを伝えるため、具体的な育成プロセスや支援体制を紹介し、求職者が「これなら安心して転職できる」と思えるようにする。また、将来は建築施工管理技士としての活躍チャンスもあることを伝え、キャリア志向の強い求職者の応募につなげる。
▼職場と仲間
職場の様子は求職者も気になるため、仲間となる社員の年代や人数とともに、職場の雰囲気が想像できる情報も提供する。また、求職者と同じ立場である現場監督見習い中のスタッフも実際に活躍していることを紹介し、親近感や安心感につなげる。

［販売業①（商品販売）］携帯電話ショップ販売員

求職者イメージ

▼働く目的を実現したい人

なんとなく働くのではなく、「いま人気のある仕事がしたい」や「しっかり稼ぎたい」など、働く目的が実現できそうな仕事や職場を探している人

▼現役販売職の転職希望者

＊いくら頑張っても評価や見返りがないため、同じ販売職で職場を変えたい人

＊入社歴に関わらず収入や処遇が何も変わらないことに疑問を感じ、職場を変えたい人

＊日々の仕事にマンネリ感が強くなり、変化のある職場に変わりたい人

▼異業種からの転職希望者

＊現在の仕事にこだわりがなく、良い仕事があれば転職も考えているが、スマホが好きでショップも利用したことがあり、カウンター業務をやってみたいと思っている人

＊現在はアルバイトや派遣などの非正規で働きながら正社員を目指しているが、携帯ショップは未経験から始める人が多いと聞いているので興味を持っている人

アピールポイント

▼販売業の中でも人気の高い携帯ショップでの仕事であること

▼資格手当にリンクした認定制度やインセンティブ手当、ワンランク上の接客・営業スキルの習得など、働く人の目的に合った制度や環境が整っていること

▼非正規からの転職者をはじめ未経験から始める人が多い一方、覚えることも多い仕事であるため、入社後の指導育成体制がしっかり整っていること

▼30代の店長をはじめスタッフの年齢が若いため、昔ながらの上下関係ではないチーム組織の職場であること

▼販売業であるが、月に1回程度は希望休日で日曜日休みも可能であること

仕事内容

職種	携帯ショップ販売スタッフ／あなたの目指すものがあります
仕事内容	あなたが仕事で実現したいことは何ですか？今ホットな仕事がしたい、しっかり収入を得たい、ワンランク上の接客スキル習得やキャリアアップですか。当ショップは皆さんの目的実現を応援します。 ■仕事の概要と特徴 ＊基本業務は、「端末機の販売」「料金プランなどの各種手続き」「季節イベントなどの店舗運営」です。 ＊1人2台以上までに普及した今日では、単に販売数や契約数を増やすことよりも、契約の更新・変更やそれに伴う諸手続き、端末の設定説明や故障・トラブル対応などのカスタマーサポートが主な業務となっています。 ■あなたの働く目的に合った環境 ＊特記事項欄で詳しくご紹介していますのでぜひ参照ください。

「仕事内容」記入のポイント

▼人気職種ではあるが離職も少なくないといわれる職種であることから、求人にあたってのスタンスは「様々な働く目的が実現できる仕事・職場」とする。冒頭3行において、その目的を具体的に挙げ、共感する求職者の興味関心を惹く。

▼多くの求職者は、ショップの利用経験もあることから仕事はイメージできるため、詳細は省いて特徴的なことを紹介する。

▼求人の柱となる「あなたの働く目的に合った環境」をぜひ一読してもらうため、あえて本欄末尾に「特記事項欄参照」のフレーズを入れる。

「職種名」その他例

例：携帯ショップ販売員（キャリア名）／35歳以下・未経験歓迎

例：携帯ショップのスマホ販売＆アドバイザー／〇〇店／転勤なし

例：携帯ショップスタッフ／未経験者も6ヶ月間の育成体制で安心

例：携帯電話の販売スタッフ／資格認定試験でキャリアアップ可能

例：携帯ショップスタッフ／週休2日・希望休日で日曜日休もあり

会社の情報

事業内容	携帯端末やモバイル関連商品の販売および代理店業務を担う会社です。創業時、地元で最初の携帯ショップ開設が話題となって以来、現在では計4店舗を展開中で、5店舗目の出店計画もあります。
会社の特長	未経験入社が多いため、6ヶ月間で独り立ちできる育成計画と体制を整えています。マニュアルと動画教材を活用した研修、接客の見学、模擬接客など段階的な実践により確実に成長できます。

労働時間

就業時間	(1) 10時 00分 ～ 19時 00分
	(2) 　時 　分 ～ 　時 　分
	(3) 　時 　分 ～ 　時 　分
	又は 　時 　分 ～ 　時 　分の間の 　時間
	就業時間に関する特記事項
	＊時間外労働のうち約半分は月2～3回の研修会によるものです
	＊2月～4月は新規加入が多いため、時間外労働も月18時間程度になります
休日等	その他
	週休2日制　　毎　週
	＊第3水曜日定休、シフト制による週休2日（平日）
	＊夏季8／12～8／15、年末年始12／31～1／2
	6ヶ月経過後の年次有給休暇日数　　　10日

求人に関する特記事項

求人に関する特記事項
■あなたが実現したいもの
（1）キャリアアップを図りたい
携帯キャリア主催の資格制度ではカウンター業務からトップマネージャーまで5段階あり、計画的にキャリアアップができます。
（2）頑張りは収入で報われたい
＊賃金とは別に、毎月30万円のインセンティブファンドの個人配分や、認定資格に応じて2万円～5万円が支給されます。
＊モデル年収は、1年目270万円、3年目320万円
（3）スキルを高めたい
資格認定の接客では話し方やお客様への対応力などが幅広く評価されるため、ワンランク上のスキルを身につけることができます。
■入社後の育成体制
＊4ヶ月間の研修期間では、接客の基本、端末機、料金プラン、各種契約手続きなどをテキストや動画を活用して学びます。
＊先輩の接客への同席、模擬接客での繰り返し練習を経て初歩的な接客から徐々に経験を積み、6ヶ月後には独り立ちです。
■職場の様子と働き方
＊スタッフは40代の店長・副店長のほか平均年齢32歳の男女4名で、うち2名は異業種からのキャリアチェンジです。
＊休日には希望休日があり、月に1回は日曜日休みも可能です。

「会社の情報」記入のポイント

▼携帯電話ショップとしては地元で最初の出店が話題となった会社であり、新店舗も予定していることを紹介することで、成長企業であることを印象づける。

▼携帯ショップスタッフは最近の人気職種の1つで未経験入社が多い一方、多様で複雑な契約プランなどを扱うため、常にスタッフの育成には力を入れていることをアピールする。

「労働時間」記入のポイント

▼実際の働き方ができるだけリアルにイメージできるよう、特に時間外労働と休日は単に時間数や日数だけでなく、内容も紹介する。

▼具体的には、時間外労働には営業時間後の研修時間が含まれることや、休日はシフト制であるが定休日があることを強調しておく。

「求人に関する特記事項」記入のポイント

▼あなたが実現したいもの
仕事内容欄の末尾から、当社の各種制度や取り組みを具体的に説明する。（1）（2）（3）の3つの目的が実現できる制度や実績、可能性などを紹介することにより、求職者が自分の実現したい目的に向かって働く姿をイメージできるようにする。

▼入社後の育成体制
未経験から始める人が多い仕事のため、入社後の指導育成は求職者も関心が高いことから、4ヶ月間の研修の流れを紹介するとともに、6ヶ月間でほぼ独り立ちできることもアピールして応募への不安を和らげる。

▼職場の様子と働き方
一緒に働く仲間の属性を簡単に紹介して親近感を持てるようにする。また、販売職であるが希望休日制により少しでも働きやすい職場づくりに取り組んでいる姿勢をアピールする。

序章
第1章
第2章
第3章
第4章
第5章
第6章
第7章

業種別・ハローワーク求人票の書き方と文例集

正社員

［販売業②（営業）］ ルート営業

求職者イメージ

▼現役の電気工事士で現場以外の仕事に転職したい人

＊電気工事士として現場で活躍してきたが、仕事の幅を広げてキャリアを充実させたいため、同業界の中で新しい仕事に転職したい人

＊労働条件を変えたい人

電気工事士として頑張っているが、現在の職場での賃金や頑張りへの見返りなどに疑問を感じ、資格や経験が活かせて労働条件が改善する仕事を探している人

＊働き方を変えたい人

現在の現場仕事は労働時間や休日などの労働環境が厳しいため、資格と経験を活かしながら現場以外の仕事で働き方を改善したい人

アピールポイント

▼電気工事の現場仕事ではないが、資格や経験を充分活かせる仕事であること

▼基本は得意先回りのルート営業で、お客様との会話を通しての情報収集がメインの営業であること

▼不規則な現場に比べ、時間外労働や休日も比較的安定した働き方ができること

▼ルート営業であっても、営業は未経験という人のために、4ヶ月間で独り立ちできる指導・育成体制が整っていること

▼営業職としての評価は、単に成果の数字だけでなく仕事への姿勢なども含めて総合的に評価され、結果は賞与に反映されるなど、頑張った分には見返りがあること

仕事内容

職種	ルート営業／電気技術者経験を活かしたキャリアチェンジ歓迎
仕事内容	電気技術者の資格や施工経験を活かし、次は「仕事の開拓」という新しい業務でキャリアの幅を広げませんか。仕事の特長は「ルート営業／信頼関係づくり／情報の収集」の3本柱です。 ■お任せする主な業務 ＊官公庁や工事発注元企業のルート訪問で、案件情報を収集 ＊施工見込み案件に対する現場調査や技術見積りの提案 ＊施工中現場の状況確認やお客様の要望・満足度の確認 ■仕事の特徴 ＊当社のルート営業のメインは、お客様との信頼関係づくりと情報収集です。収集した情報からの成約営業や見積り、現場調査などは経験に応じて上司や先輩がフォローしますので安心です。 ＊変動が多い現場業務に比べて安定した働き方ができます。

「職種名」その他例

例：ルート営業（1都3県内）／基本はお客様との信頼関係づくり

例：電気設備のルート営業（隣接県・都内）／東京駅施工実績あり

例：電気工事経験者のキャリアアップ応援／ルート営業・未経験可

例：電気工事士資格が眠っている方求む！／電気設備のルート営業

例：電気工事のルート営業／週休2・年間114／頑張りも見返り

「仕事内容」記入のポイント

▼冒頭において、現場経験を活かしながら新しい仕事に向けたチャレンジの動機づけとなるようなフレーズで注目を狙う。さらに、職種名の「ルート営業」をイメージできるよう、3本柱をキーワードで紹介して営業に対する抵抗感を和らげる。

▼主な業務内容を簡単に紹介するとともに、売り込みイメージが強い営業職に対して、お客様のお話をじっくりお聞きし（情報収集）、まずは信頼関係を築いていくことが役割であることを説明し、未経験の求職者でも「これなら自分にもできそうな仕事」と思えるようにする。

会社の情報

事業内容	電気工事の設計・施工を担う技術集団で、地元の公共工事が約3割のほか、近隣県のマンションなどの民間工事を手掛けています。最近の代表施工例には、東京駅や○○サッカー場があります。
会社の特長	小規模の会社ならではの利点を活かして、先輩社員が後輩をじっくり指導する風土があり、若手の間ではいつしか「先輩塾」と呼ばれています。技術力は資格が証明するため、取得も奨励しています。

労働時間

就業時間	変形労働時間制（1年単位） （1）08時　00分　〜　17時　00分 （2）　　時　　分　〜　　時　　分 （3）　　時　　分　〜　　時　　分 又は　　時　　分　〜　　時　　分の間の　　　時間
	就業時間に関する特記事項 ＊公共工事の多い1〜3月は繁忙のため変形労働時間となります ＊時間外労働のうち約5時間は月初の定例会議と月中の定例研修会によるものです
休日等	土　　日　　その他 週休2日制　　毎週 ＊夏季8／12〜8／16、年末年始12／30〜1／3 ＊工事により休日出勤になる場合があります（昨年度実績5日間） 6ヶ月経過後の年次有給休暇日数　　　10日

求人に関する特記事項

求 人 に 関 す る 特 記 事 項
■仕事内容の補足 ＊営業エリアは東京都内ほか埼玉・神奈川・千葉県です。 ＊訪問先は官公庁や長年お取引のある中小建設会社などです。 ＊1施工の期間は3ヶ月から1週間程度の長・短期があります。 ＊昨年は、東京駅構内の照明修理を請け負いました。 ■営業未経験者へのフォロー ＊3ヶ月間は複数の営業職先輩に同行して、話の進め方や情報の引き出し方など、営業の基本を学びます。その後、1ヶ月程度は先輩の下で実践を繰り返して、OKが出れば独り立ちです。 ＊1年間は毎月上司のフォロー面談があり、困っていることの相談や成長ぶりを確認していきます。 ■一緒に働く仲間 ＊ルート営業職は30〜40代の男性5名で、うち1名は入社6ヶ月目ですが、成約につながる案件でも成果を挙げています。 ＊多忙な日もありますが、週休2日制を活かしてメリハリのある働き方ができています。 ■頑張りの評価 単に数字だけではない仕事への姿勢や他のメンバーへの協力などを毎月上司と確認しながら、半期ごとの総合評価を賞与に反映させ、1人ひとりの頑張りが報われるようにしています。

「会社の情報」記入のポイント

▼地元の公共工事が約3割を占めるほか、近隣都県のマンションなどの電気工事の設計から施工を担う電気工事会社であることを紹介したうえで、最近の施工例も紹介し、イメージアップを狙う。

▼専門技術の腕が会社の評価を左右するため、小規模の会社ではあるが人材育成に対する風土が根づいていることを具体的な事例も交えてアピールする。

「労働時間」記入のポイント

▼公共工事や年度末納期による繁忙期対応のため、1年単位の変形労働時間制であることを説明する。また、時間外労働の約3分の1は定例会議や研修会によることも紹介しておく。

▼週休2日制のほか、夏季と年末年始休暇の具体的日程も示し、労働時間と併せて働き方がイメージできるようにする。なお、休日出勤についても、単に「あり」ではなく、昨年度の実績を紹介し、心積りしてもらう。

「求人に関する特記事項」記入のポイント

▼仕事内容の補足
営業活動エリアや訪問先などを補足し、求職者が働く姿をイメージできるようにする。

▼営業未経験者へのフォロー
長年、現場で仕事をしてきた求職者にとって、営業の仕事は畑違いであり不安も大きいことから、入社後4ヶ月間で独り立ちできるフォロー体制を紹介し、安心できるようにする。

▼一緒に働く仲間
どのような人と一緒に働くのかという求職者の関心に対して、年代や新人の成長ぶりなどを紹介し、親近感をアピールする。

▼頑張りの評価
営業職にとって頑張りがどう評価されるかは関心事であるため、評価方針や見返りを紹介し、仕事の魅力につなげる。

［警備業］機動（機械）警備員

求職者イメージ

▼同業からの転職希望者
同業の交通警備やイベント警備などで働いているが、収入アップと体力的な負担軽減を考えて機動警備への転職を検討している人

▼夜型の働き方が合っている人
夜勤の多い製造業や運送業で働いてきたため夜型の仕事は慣れているが、もう少し負担の少ない仕事を探している人

▼非正規雇用を抜け出したい人
＊非正規雇用で働きながら正社員を目指しているが、職歴や年齢不問でも始められ、安定して働ける仕事を探している人
＊これまで正社員で働く機会に恵まれなかった35〜54歳までの就職氷河期世代で夜勤もOKな人

▼ミドル世代
年齢的に再就職が厳しいミドル世代で、職歴や年齢不問で正社員として働ける仕事を探している人

アピールポイント

▼非正規雇用からの転職やミドル世代での再就職など、職歴や年齢条件の応募ハードルがなく、正社員として安定して働ける仕事であること

▼不審者との対峙や火災の消火活動などは行わず、危険な仕事ではないこと

▼夜勤はあるが、立ちっぱなし仕事ではないことなど、警備業の中でも比較的負担が少なく、収入面も日勤だけよりも多少良い仕事であること

▼緊急事態や機械トラブルなどがない時間は、詰所または車中で待機していられること

▼これまで充分なキャリア形成の機会に恵まれなかった人でも、資格取得や管理職などへのキャリアアップのチャンスがあること

仕事内容

職種	正社員／機動警備スタッフ（緊急時駆けつけ・機械障害対応）
仕事内容	職業経験や年代を問わず始められ、正社員で安定して働ける仕事をお探しの皆さん。夜勤はありますが警備業界の中でも体力的負担が少なくて待遇も良い機動警備スタッフとして活躍しませんか。 ■2大業務 ＊緊急時駆けつけ業務／個人宅や店舗などの防犯や火災センサーの異常を感知したら現場へ急行し確認・対処します。 ＊機械障害対応業務／金融機関のATM機やコインパーク精算機などのジャーナル（記録紙）詰まりなどの障害に対応します。 ■特徴 ＊犯罪や火災の危険がある場合は、あらかじめ監視センターから警察や消防署などに連絡しますので危険はありません。 ＊賃金の支給総額は夜勤10回、単身で22万円〜30万円です。

「仕事内容」記入のポイント

▼敬遠されがちな警備員の仕事を踏まえ、まずは冒頭において特に正社員を目指している求職者に向けて応募のハードルが低く、警備員の中でも比較的負担が少なく待遇も良い機動警備の仕事であることをアピールし、注目を狙う。

▼2大業務を紹介し、日頃よく目にする交通警備やイベント警備などとは違うイメージをアピールし、「これならやってみようか」という気持ちを引き出す。

▼さらに、危険を伴うのではないかとの不安解消と単身者の場合の賃金例も紹介し、魅力を強調する。

「職種名」その他例

例：緊急時駆けつけ等の警備員／12名全員が未経験からスタート
例：機動警備員／正社員で働くチャンス（職歴は一切問いません）
例：緊急時駆けつけの機動警備／夜勤月8〜10回・公休110
例：【正社員・再就職を目指す方歓迎】緊急時駆けつけ等の警備員
例：住宅・店舗・事務所などの防犯・火災警報時での駆けつけ警備

会社の情報

事業内容	交通・工事警備を中心にスタートし、現在は１０００件を超える警備先を有する地元の警備会社です。最近は、機動警備の充実により個人宅のお客様が増え、安心な地域社会づくりに貢献しています。
会社の特長	屋外において日々緊張の中で仕事に臨むスタッフのため、外部専門機関と提携した身体と心の健康相談窓口を設置するなど、福利厚生を充実させ、皆が安心して働ける職場づくりに取り組んでいます。

労働時間

就業時間	変形労働時間制（１ヶ月単位） （1）09時　30分　～　18時　00分 （2）09時　00分　～　00時　00分 （3）18時　00分　～　09時　00分 又は　　時　　分　～　　時　　分の間の　　　時間 就業時間に関する特記事項 ＊休憩時間（1）６０分、（2）（3）１８０分 ＊夜勤は月８～１０回程度お願いします ＊１ヶ月単位変形労働時間制に基づくシフト制のため休日の自由度が高まります
休日等	その他 週休２日制　　その他 ＊夜勤明け休みは年間休日数には含みません ＊夏季３日間と年末年始３日間は交替ですが希望は配慮します ６ヶ月経過後の年次有給休暇日数　　　１０日

求人に関する特記事項

求人に関する特記事項
■仕事内容の補足 ＊警備エリアは○○市と△△市が中心です。 ＊通常は、当社の詰所（空調、仮眠ベッド、家電あり）または指定された場所での車内待機となります。 ＊常に監視センターと連絡を取り合いながら動き、イレギュラーにも的確な指示が受けられますので初心者でも安心です。 ■入社時研修と将来のキャリアアップ ＊入社時には、法定研修として、基本教育と業務別（機動警備）研修を３０時間（４日間）受講します。 ＊更に、当社独自の実践研修として最低１ヶ月間は先輩とペアを組み様々なケースの対処法を実践して学びます。ほとんどの新人は３ヶ月以内で独り立ちします。 ＊入社５年後には「機械警備業務管理者」資格の取得支援や将来のキャリア計画を話し合い、現場の専門職あるいは管理職などでの活躍を目指していきます。 ■仲間の紹介 現在、機動警備員は２０～５０代、経験１年～１０年以上の１２名が従事しており、全員未経験からのスタートです。夜型の仕事が合っている人や希望休日を活用してプライベートが充実している人など、皆がこの仕事の働き方をうまく活かして活躍しています。 ※まずはどんな仕事か話を聞いてみませんか。見学歓迎します。

「会社の情報」記入のポイント

▼１０００件を超えるお客様から支持されている地元の警備会社であることを紹介したうえで、需要が高まる個人住宅の防犯や高齢者の見守りなど、質の高い「安全と安心」を提供する警備会社として社会に貢献していることをアピールする。

▼日々緊張の中で頑張るスタッフの心身の健康管理には力を入れ、安心して長く働ける職場づくりを実践している姿勢をアピールする。

「労働時間」記入のポイント

▼３交替制の勤務で、特に夜勤は月８～１０回お願いしていることを伝えておく。また、年間休日には、夜勤明け休みは含まないで実質的な休日が多いことや、１ヶ月単位の変形労働時間制に基づく交替制勤務から休日の自由度があり、プライベートも充実させやすいメリットをアピールする。

「求人に関する特記事項」記入のポイント

▼仕事内容の補足

機動警備は馴染みが薄く求職者もイメージしにくい場合も多いため、仕事内容欄の２大業務について補足をする。特に、待機の方法や常に監視センターと連絡を取りながら現場に対処していくことを紹介し、不安感を軽減する。

▼入社時研修と将来のキャリアアップ

＊在職者のほとんどが未経験入社のため、入社時の法定研修に加え、独自の実践研修も入れながら、スタッフに合わせた新人教育が整っていることを紹介し、安心感につなげる。

＊５年後からはキャリアアップへの支援もあることを紹介し、これまでチャンスに恵まれなかった求職者が希望を持てるようにする。

▼仲間の紹介

入社後に一緒に働く仲間を簡単に紹介し、自分と同じようなタイプの人が活躍していることで親近感につなげる。

[医療業] 歯科助手＆受付

求職者イメージ

▼現役の歯科助手兼受付で転職希望者
　＊少人数の職場での人間関係がうまくいかずストレスも大きいため、職場環境の良い歯科医院に変わりたい人
　＊現在は契約社員の歯科助手として働いているため、正社員で働ける職場を探している人
▼異業種からの転職希望者
　＊異業種で働いているが、以前から医療関係で働きたいと思っており、資格や経験不問で働ける求人を探している人
　＊接客や販売の仕事で働いているが、あまり得意ではないため、静かで落ち着いた仕事に転職したい人
▼第二新卒
　学校卒業後の就職先での仕事が合わず離職し、今度はもともと興味があった医療関係の仕事を探している20代

アピールポイント

▼現役または経験のある求職者に対しては、転職理由となっている職場の人間関係や雰囲気が改善でき、安心して働けること
▼未経験者に対しては、「自分にもできるだろうか」という新しい仕事への不安を踏まえ、約６ヶ月後の独り立ちに向けて成長していく姿がイメージできる独特の指導が用意されていること
▼職場には新人の指導者として、未経験から始めた２年目の先輩が活躍していること

仕事内容

職種	歯科助手＆受付／チームワークを大切にしています／未経験可
仕事内容	資格はないが医療の仕事で活躍したい方や現役・経験者で自分に合った職場を探している皆さん。立場による上下ではなく、良い仕事のためのチームワークを大切にする当院で再スタートしませんか。 ■補助業務と受付 ＊患者さんの誘導・治療前の準備 ＊治療に際しての医療器具の準備やバキューム操作などの補助業務や使用済み器具の洗浄、消毒、片づけ ＊患者さんの受付や予約対応、会計、カルテ整理などの受付業務 ■仕事が楽しく感じられる職場 当院独特の指導で初めての方も安心です。また、女性中心の少人数職場ならではの工夫も採り入れています（特記事項参照）。 ■応募前見学を歓迎しています。職場の雰囲気を感じてください。

「仕事内容」記入のポイント

▼異業種からの未経験者や現役・経験者で職場の人間関係に課題を抱え転職を考えている人を求職者としてイメージして、仕事内容を記載する。前者には成長がイメージできる指導プロセスを、また、後者にはチームワーク（人間関係）を大切にしている職場をアピールポイントとし、冒頭3行でその主旨をコンパクトにまとめる。

▼仕事内容を一部列挙するほか、再度、職場の魅力をアピールして求人に興味・関心を惹きつける。

「職種名」その他例

例：資格・経験がなくても始められる医療の仕事＝歯科助手＆受付
例：歯科助手＆受付／半年後の独り立ちに向けて２年目先輩が指導
例：歯科助手＆受付／年間休１２５日でワークライフバランスＯＫ
例：歯科助手兼受付／スタッフ皆で働きやすい職場を作っています
例：歯科アシスタント＆受付／小さな職場ならではのチームワーク

会社の情報

事業内容	一般歯科を軸とした小児歯科、矯正歯科医院です。ほとんどの患者さんは痛くなってから来院されますが、当院の勧めで約半数の方はその後の定期健診やクリーニングの予防歯科につながっています。
会社の特長	少人数ならではの自由な職場が特長です。スタッフ全員で自分たちの働きやすい職場を考え、小さなことでも良いと思ったことは採り入れることでチームワークにつなげています。院長も一緒です。

労働時間

就業時間	（1） 08時 30分 ～ 18時 30分 （2） 08時 00分 ～ 12時 00分 （3） 時 分 ～ 時 分 又は 時 分 ～ 時 分の間の 時間
	就業時間に関する特記事項 ＊（2）は土曜日です ＊診療受付時間は平日17：45、土曜日11：30までです ＊完全予約制のためほぼ定時で終了しますが、救急患者さんなどへの対応で時間外労働となる場合があります
休日等	木 日 祝日 その他 週休2日制 毎 週 ＊夏季8／13～15、年末年始12／31～1／3（令○年度） ＊（参考）昨年度の有給休暇取得率は75％ 6ヶ月経過後の年次有給休暇日数 10日

求人に関する特記事項

求人に関する特記事項
■あなたをサポートする先輩 現在、歯科助手は未経験から始めた経験2年目が1名で、あなたの指導者および何でも相談できる先輩として頼りになります。 ■チームワークづくりに向けた取り組み ＊ありがとうの気持ちを見える化するサンクスカードを採り入れ、1人ひとりを尊重し認め合うことを大切にしています。 ＊第2水曜日は院長も交えたランチミーティングで誕生会やサンクスカードの発表、フリートークなどを楽しんでいます。 ■半年後からは仕事も楽しくなります ＊いきなり医療行為の補助は行いません。取り組みやすい業務から順番に約6ヶ月間で習得していきます。 ＊まずは受付業務補助から始め、来院される患者さんとのコミュニケーションの取り方に慣れていきます。 ＊4ヶ月目からは、医療器材の名称を覚えながら、使用後の洗浄や消毒などの後方業務を経験します。 ＊5ヶ月目からは、先輩が行う補助業務を側で見学し、医師や歯科衛生士の指示内容を理解していきます。 ＊6ヶ月目からは少しずつ補助業務を一人で行い、半年間で自信もつき、スタッフの一員として独り立ちできるようになると仕事も楽しくなってきます。

✎ **「会社の情報」記入のポイント**

▼治療後は半数以上の患者が定期健診やクリーニングの予防歯科受診につながっていることを紹介し、スタッフの患者に対する丁寧かつ親身な対応がリピートや信頼を生んでいることをアピールする。

▼職場の人間関係が離職・転職の理由に多いことを踏まえ、自院におけるスタッフの手による職場づくりを他院にない特長としてアピールする。

✎ **「労働時間」記入のポイント**

▼完全予約制のため診察も計画的に進められることから、通常、時間外労働は発生しないが、救急患者は最後の時間帯に組み入れるため若干発生する場合もあることを紹介する。

▼夏季と年末年始休日は有無や日数だけでなく、具体的日程を紹介する。また、参考までに年次有給休暇の取得実績も紹介し、先輩スタッフが取得している状況をアピールする。

✎ **「求人に関する特記事項」記入のポイント**

▼**あなたをサポートする先輩**
新人の指導者は未経験から始めた2年目の先輩であることを紹介し、求職者が自分と同じような立場の人がサポートしてくれることで親近感を持てるようにする。

▼**チームワークづくりに向けた取り組み**
職場の人間関係が理由で転職を希望している現役・経験者が、「こんな職場なら安心」と思える具体的な情報を提供する。人間関係をチームワークという言葉で表し、スタッフ皆で職場づくりに取り組んでいることを紹介して、リアル感を打ち出す。

▼**半年後からは仕事も楽しくなります**
未経験者が一番不安に感じる指導・育成について、単に「丁寧に指導します」だけでは不安解消にはならないため、約6ヶ月後の独り立ちに向けた成長プロセスがイメージできる具体的な説明を行うことにより、応募への気持ちを引き出す。

［清掃業］ハウスクリーニング作業員

求職者イメージ

▼清掃業で働く現役の転職希望者
ビル清掃などで働いているが、休日が少ないことなどの労働条件や仕事範囲が固定・限定的で将来への希望が持てない現状を改善したく、同じ清掃関係で新しい職場を探している人

▼非正規雇用で働く若者やミドル世代
＊製造業などの派遣社員や契約社員として働きながら正社員を目指しているが、将来に向けて何かスキルが身につけられる仕事を探している20～30代
＊ミドル世代からでも始められ、将来起業できるような仕事を探している人

▼異業種からの転職希望者
サービス業などで働いているが、接客や人間関係が得意でないため1人で黙々とできるような仕事に変わりたい人

▼シングルマザー
現在はパートの清掃員でW（ダブル）ワークしているが、同じ仕事で安定して働ける正社員の求人を探している人

アピールポイント

▼資格や職歴を問わず、ミドル世代でも始められる仕事であること
▼空き室専門で、個々の作業は原則単独で行うため、複雑な人間関係はほとんどないこと
▼休日は日曜日を含め年間100日以上あること
▼力仕事はなく、性別を問わずできる仕事であること
▼毎日変わる現場の新鮮さや自分の仕事の成果がその場で見られ、達成感も味わえる魅力があること
▼軽微な修繕スキル習得や国家資格もあることから、将来へのキャリアアップや転職、独立のチャンスもあること

仕事内容

職種	ハウスクリーニング（新築・マンションの空き室）／経験不要
仕事内容	自分のやった仕事の成果が見えずモヤモヤしている皆さん。その場で成果が見え、日々達成感が味わえる仕事があります。新築や使用済みの部屋を元通りにキレイに仕上げるハウスクリーニングです。 ■全体イメージ ＊新築住宅や入居者退去後のアパートなどを原則1日1現場、1～2名で担当します。全て空室のため気兼ねなく作業ができます。 ＊新築住宅では、建築時の接着剤や様々な汚れを除去します。 ＊退去後の部屋では、エアコンや換気扇の分解清掃、水漏れする水栓のパッキン交換、網戸の張替えなど軽微な修繕もあります。 ■仕事の魅力 ＊毎日現場が変わり、作業も自分のペースで黙々と行えます。 ＊キレイに仕上がった部屋を見ると明日への元気につながります。

「職種名」その他例

例：新築住宅や退去後アパート等のハウスクリーニング／経験不要
例：ハウスクリーニング（市内及び近郊）／3ヶ月で独り立ち可能
例：ハウスクリーニング（エアコン清掃、水廻り修繕などもあり）
例：ハウスクリーニング／全員異業種出身／性別・世代・経験不問
例：空き室のハウスクリーニング／綺麗に仕上がった部屋に達成感

✎「仕事内容」記入のポイント

▼「家や部屋の清掃の仕事か」と簡単にスルーされないようにするため、冒頭3行では現在の仕事に意味や成果も見えないことからなんとなくモヤモヤを感じている求職者に向け、ハウスクリーニングの魅力を紹介し、求人への関心を惹きつける。

▼仕事の全体イメージを紹介したうえで、狙った求職者に現実的な魅力を2点アピールし、「やってみようか」という気持ちを引き出す。

会社の情報

事業内容	新築住宅やアパートなどの空き室専門のハウスクリーニング会社で。地元建築会社や不動産会社１５社から委託を受けており、社歴は１０年とまだ浅いですが、丁寧な仕事振りで信頼を得ています。
会社の特長	清掃業ではありますが、仕事の出来栄えが一目でわかることからスタッフはワンランク上の品質にこだわるプロ意識を持って取り組んでいます。全員異業種出身ですが、起業・独立した者もいます。

労働時間

就業時間	変形労働時間制（１年単位） （１）08時　30分　〜　17時　30分 （2） （3）　　時　　分　〜　　時　　　分 又は　　時　　分　〜　　時　　　分の間の　　　時間
	就業時間に関する特記事項 ＊３〜５月および１２月はアパートなどの退去が多く繁忙となるため、１年単位の変形労働時間制を採っています。 ＊また、同時期は業務量も増えるため、時間外労働も年間時間の約７割がこの時期に集中します。
休日等	日　　その他 週休２日制　その他 ＊繁忙期は月平均７日、それ以外は月８日休み（土曜・平日あり） ＊夏季８／１２〜１６、年末年始１２／３０〜１／３（令○年度） ６ヶ月経過後の年次有給休暇日数　　　１０日

求人に関する特記事項

求 人 に 関 す る 特 記 事 項
■仕事内容の補足 ＊現場は市内および近郊で移動１時間程度までが中心です。 ＊３〜５月と１２月は繁忙期で通常の１．５倍程度あります。 ＊現場へは原則社用車で移動しますが、直行直帰も可能です。 ■独り立ちへの流れ ＊入社後１ヶ月間は先輩チームに同行して、補助作業をしながら作業全体の内容や進め方を習得していきます。 ＊２ヶ月目からは部屋清掃を担当し、慣れてきたら軽微な修繕なども行います。３ヶ月間でほぼ独り立ちでき単独現場も任せます。 ■多彩な仲間 スタッフは、２０〜５０代の男４名、女２名、経験１年から１０年以上までの計６名です。全員異業種からの転職で、ＤＩＹ好きな４０代やシングルマザーも活躍しています。自分の腕次第で良い仕事ができることに誇りをもっています。 ■メッセージ「将来に向けて」 社長の私も４０代で独立しました。エアコンや換気扇の分解洗浄や水廻りの修繕など、家の維持管理に関する細かなスキルが身に付くほか、国家資格のハウスクリーニング技能士を取得すれば幅広い職業へキャリアアップや独立を目指すことも可能です。 ※応募前見学歓迎です。近くの現場で仕事の様子を見てください。

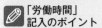 **「会社の情報」記入のポイント**

▼空き室専門のハウスクリーニング事業を営んでいる会社であることを紹介したうえで、社歴は浅いが地元の建築会社や不動産会社からはその仕事振りで信頼を得ていることを紹介することで事業の安定性をアピールする。

▼出来栄えがすぐにわかる仕事柄、スタッフは清掃業といえども高い品質を追求するプロ意識を持っていることを紹介する。

「労働時間」記入のポイント

▼職種柄、繁忙期がはっきりしているため、１年単位の変形労働時間制を採用していることを紹介する。

▼併せて、時間外労働も年間全体の約７割がこの時期に集中していることや休日も通常期の月８日から繁忙期は月７日となることも紹介し、年間を通した働き方をイメージできるようにする。

 「求人に関する特記事項」記入のポイント

▼仕事内容の補足
仕事内容欄の補足として、現場の範囲や繁忙期の仕事量などを紹介し、求職者が自分の働く姿をイメージしやすくする。

▼独り立ちへの流れ
求職者の関心事である指導方針について、３ヶ月間でほぼ独り立ちしていく流れを紹介して求職者が入社後の成長をイメージできるようにする。

▼多彩な仲間
現スタッフの基本情報のほか、全員異業種からの転職者でDIY好きな40代やシングルマザーなど、多彩な人が活躍していることを紹介し、ミドル世代や女性求職者の応募につなげる。

▼メッセージ「将来に向けて」
社長も40代で独立したことや、仕事では家に関する小さなメンテナンス技術も幅広く習得でき、将来の転職や独立にもつなげられるチャンスがあることを訴え、応募への背中を押す。

業種別・ハローワーク求人票の書き方と文例集　正社員

[保育業] 保育士

求職者イメージ

▼現在の職場（園）からの転職希望者
現在働いている保育園での業務量や人間関係などに課題を抱え、もっと働きやすい職場に転職したい人

▼保育士からまったく別な職種に転職を考えている人
今の保育士の仕事は辛い思いが続き、このまま続けていく自信と意欲がなくなったため、まったく別の仕事にキャリアチェンジを考えている人

▼ブランクはあるが再度保育士として働きたい人
保育士を一旦離れたが、働ける条件も整ったため再度保育の現場に戻りたく、職場環境の良いところを探している人

▼正職員を目指している人
現在は非正規職員の保育士として働いているが、今後は正職員として働きたく、自分に合った求人を探している人

アピールポイント

▼転職者の気持ちを踏まえたアピール
＊一般的な求人とは異なる切り口として、あえて転職や離職といったマイナスなワードを使い、求職者に「こんな園なら期待できるかも」という共感を狙う
＊保育士の転職理由に目をつむり、園の良いところだけをアピールするのではなく、人材不足の原因と向き合い、あえて転職者を積極的に受け入れることで、より良い園にしていこうとする姿勢があること
＊園はどこも同じと思っているかもしれない求職者に対し、求人票全体を通して「この園ならばもう一度やり直せるかも」と思えるようなイメージを強く打ち出していること

仕事内容

職種	保育士／新しい職場で再スタートしたい・ブランクある方歓迎
仕事内容	当園では保育士さんに多くある離職理由と向き合い、全員で話し合いながら改善を進めています。やむなく前職を離れた保育士さんが、もう一度安心して保育に携われる職場を一緒につくりませんか。 ■仕事の特徴 ＊未満児４０名と以上児各学年６０名で、１人担任制ですが、補助スタッフとフリー保育士５名のフォロー体制も整えています。 ＊「遊びは学び」の理念のもと、遊びを多く取り入れた生活を通して、子供たちの成長に寄り添える保育を目指しています。 ＊経験の浅い方やブランクある方は１年間先輩がフォローします。 ■皆で話し合っている課題 大きなテーマとしては、業務負担の軽減や園内のコミュニケーション、保護者対応です。概要と成果は特記事項欄をご覧ください。

「職種名」その他例

例：保育士／全員で仕事の改善や働きやすい職場づくりを推進中！
例：保育士／ＩＣＴ導入・補助保育士・チームでの保護者対応あり
例：保育士／定員120名／一人担任制＋補助・フリー保育士あり
例：保育士／「問題や悩みを一人で抱え込まない」安心な職場です
例：保育士／目指す保育に再チャレンジしている先輩が明るく活躍

✏️「仕事内容」記入のポイント

▼人材確保が厳しい業界にあって、保育士そのものを辞めようとする求職者も想定される中、あえて自園では転職者の転職理由と向き合い、安心して働ける職場づくりに取り組んでいる姿勢を冒頭3行で紹介し、求職者に「この保育求人は何か他と違うな」という注目を狙う。

▼求職者は、仕事内容の違いで応募を判断することはないと考えられることから、今回は最低限の特徴紹介とし、その代わりに職場改善への取り組み実績を見てもらうために特記事項欄への誘導文を盛り込む。

会社の情報

事業内容	保育園と放課後デイサービスを運営する社会福祉法人です。保育園は遊びを通して生活習慣や好奇心・探求心を身につけ、デイサービスでは子どもが安心して過ごせる居場所づくりを行っています。
会社の特長	保育園では希望を胸に保育士を目指した初心をもう一度取り戻す再チャレンジを応援しています。転職経験を糧に、安心して働ける職場づくりを園とスタッフ全員で話し合いながら進めています。

労働時間

就業時間	変形労働時間制（1年単位） （1）08時00分 ～ 17時00分 （2）07時00分 ～ 16時00分 （3）10時00分 ～ 19時00分 又は 時 分 ～ 時 分の間の 時間 就業時間に関する特記事項 ＊平日7：45～18：45、土曜日7：30～18：00 ＊（1）が基本で（2）早番と（3）遅番は1週間交替で各時間帯が毎月1～2回あります
休日等	日 祝日 その他 週休2日制 その他 ＊土曜出勤は交替で原則月1回 ＊GW2日、夏季8／12～15、年末年始12／29～1／3 6ヶ月経過後の年次有給休暇日数 10日

求人に関する特記事項

求人に関する特記事項
■話し合いの事例と成果 ＊保育記録や保護者への「お便り」作成などは、ICTシステムを試行中で、事務作業の負担は40％軽減できる見込みです。 ＊全体行事や壁面装飾は、年度初めに分担を決め、職員全員で行うようにしたため、肌感覚では20％程度軽減できました。 ＊意見は提案カードで提出し毎月の全体会議で検討します。また、話し合いでは「発言を否定しない」ことを共有したため、経験年数に関わらず若手も自由に発言できる雰囲気になりました。 ＊保護者対応では、担任任せにせず、必ず事前に編成しているペア制で初期対応し、内容によって上司や園長もサポートする仕組みとしました。「絶対に1人で抱え込むことにはしない」ため、精神的な負担は軽減できるようになりました。 ■一緒に働く仲間 ＊今年の新卒者2名をはじめ経験2年から10年以上のベテランまで幅広い年代が活躍しています。 ＊20～40代の8割が転職者ですが、離職経験を糧に働きやすい職場づくりの中心となって活躍しています。 ■園長メッセージ 待遇などの労働条件では希望に沿えないかもしれませんが、離職を経験した皆さんだからこそできる園づくりを目指しましょう。

「会社の情報」記入のポイント

▼福祉の仕事では、運営理念や基本方針が職員の働き方や仕事の規範に影響することから、求職者も注目する情報のため、まずは保育園と放課後デイサービスの考え方を紹介する。
▼保育園では、他園には少ない実際の離職経験者の意見などを活かして、職員が定着できる職場づくりに取り組んでいる姿勢をアピールする。

「労働時間」記入のポイント

▼就業時間は働き方が具体的にイメージできるよう基本時間のほか、早番と遅番も紹介するとともに、交替制のルールも示す。
▼土曜日出勤は原則月1回であることのほか、GWや夏季、年末年始の休園も紹介し、年間105日の休日をイメージできるようにする。

「求人に関する特記事項」記入のポイント

▼話し合いの事例と成果
求職者も心当たりがある転職理由から、業務量の負担や経験・年齢によるコミュニケーションの壁、保護者対応などに関して、実際にどう改善されたかを4つの事例で紹介し、園と職員が一緒になって取り組んでいる姿勢をアピールする。
▼一緒に働く仲間
現在の保育スタッフの年代や経験度合いなどを紹介し、特に20～40代の8割が転職者であることを紹介し、そうした人が活躍できる職場であることをアピールする。
▼園長メッセージ
まだまだ充分ではないが、転職の経験をプラスに捉え、一緒になってより良い園づくりをしていきたい気持ちをメッセージとして発信し、求職者の心をとらえる。

MEMO

									10					
				20										30
									40					
				50										60
									70					
				80										90
									100					
				110										120
									130					
				140										150
									160					
				170										180
									190					
				200										210
									220					
				230										240
									250					
				260										270
									280					
				290										300

第5章

業種別・
ハローワーク求人票の
書き方と文例集
パート

［販売業］ホームセンターのレジ係

求職者イメージ

▼空いた時間で少しだけ働きたい人
子育てや家事などの空いた時間で働きたいが、あまり負担が大きい仕事ではなく未経験でもすぐに始められる軽い仕事を希望している人
▼体力的負担の少ない仕事で働きたいシニア層
子育ても終わり自分のペースで生活できるようになったが、健康のためにも社会に出て色々な人たちと交流したく、体力的にも負担のない仕事を探している60代
▼夕方から夜間で働きたい人
現在は日中の短時間で働いているため、夕方から夜間の時間帯で働ける仕事を探しているフリーターやWワーカー

アピールポイント

▼求職者の希望する時間や日数で柔軟な働き方ができること
▼子育てやプライベートな事情には配慮があり、自分の生活スタイルと両立しやすいこと
▼レジ内の現金点検や商品補充などの関連業務はなくてレジ業務に専念できるなど、仕事そのものに大きな負担がなく、パートで働くには適していること
▼トータルとして、パートで働きたい人の希望条件である「軽い仕事」「家庭との両立」などの基本条件が整っていること

仕事内容

職種	ホームセンターレジ係／午前のみ・午後の短時間などでもOK
仕事内容	「午前中のみ」や「短時間だけ」などの希望時間で働ける仕事をお探しの皆さん。当店のレジ業務ならシフトの調整を細かく行っていますので、家庭やプライベートとも無理なく両立して働けます。 ■初めての方でも負担のない仕事です ＊精算はバーコードやタッチパネルのレジ機で行います。 ＊支払いは現金のほかクレジットカードや電子マネーもあります。 ＊レジ内の現金点検は管理職が行うため負担がありません。 ＊お客様が途絶える時間帯はほとんどありませんので、原則レジ業務に専念していただきます。（レジ周りの清掃はあります） ■安心して独り立ちできます 入社後1週間はレジ機の操作練習と先輩の側で精算業務と接客を学びます。独り立ち後も困ったら先輩がすぐにフォローします。

「職種名」その他例

例：ホームセンターのレジスタッフ（○○店）／時間・日数応相談
例：1日3hからOKのホームセンターレジ係（レジ業務に専任）
例：子育てと両立して働けるホームセンターのレジ係／平日のみ可
例：バーコード・タッチパネルのレジ業務／すぐに始められる仕事
例：レジスタッフ（ホームセンター）固定の時間と曜日勤務もOK

「仕事内容」記入のポイント

▼パートで働きたい求職者が希望する条件は、一般的に「自宅に近い」「軽い仕事」「自分に合った働き方ができる」「職場環境が良い」の4点であることから、求人全体は「自宅に近い」以外を重点的にアピールしたものにする。

▼具体的には、初めてでも負担が少ない（軽い）仕事であることや、1週間のマンツーマン指導や独り立ち後の先輩フォローなど、求職者に多い不安や疑問を解消することで、「これならやってみよう」という気持ちに誘導する。

会社の情報

事業内容	スーパーマーケット○○○系のホームセンターで7店舗を展開しています。家庭用日用品やＤＩＹ用品のほか、特に園芸用品は品揃えが豊富なため業者様を含め市外からのお客様も多くあります。
会社の特長	取扱商品が多いことから、分野毎の専門性を備えたスタッフ育成に向け正社員とパート別のマイスター制を導入しています。1店舗平均5名が在籍し、各部門のアドバイザーとして活躍しています。

労働時間

就業時間	(1) 10時 00分 ～ 13時 00分 (2) 16時 00分 ～ 19時 00分 (3) 17時 00分 ～ 20時 00分 又は 10時 00分 ～ 20時 00分の間の 3時間以上
	就業時間に関する特記事項 ＊(1)～(3)は3時間勤務の場合の一例です。現在在籍中のパートスタッフの皆さんも多様な働き方をしています。希望を踏まえて柔軟に対応しますので気軽にご相談ください
休日等	その他 週休2日制 その他 ＊年始は1／1が休み ＊平日のみ勤務も可能ですので、ご相談ください（特記事項参照） 6ヶ月経過後の年次有給休暇日数 3日

求人に関する特記事項

求人に関する特記事項
■労働条件の補足 ＊当店としては1日3h・週2日以上、また土・日曜日は月2回以上勤務いただけるとありがたいですが、相談のうえ決定します。 ＊勤務曜日や時間は原則固定ですが、シフトの編成から一部変更をお願いする場合があります。 ＊働く条件により加入保険や有給休暇の付与日数は異なります。 ■家庭などへの配慮 ＊シフトは前月10日までに作成しますので、希望があれば5日までに申し出ください。 ＊お子様の夏季・冬季休暇中の勤務変更も気軽に相談ください。 ＊家族の急な病気などにおける勤務は配慮します。 ■学生からシニアまでが元気に活躍している職場 ＊レジ業務スタッフは、学生アルバイト3名と経験6ヶ月から10年超までの40～60代パートスタッフ12名が活躍しています。 ＊スタッフへの業務連絡は担当業務別掲示板に毎日掲示されるため出勤時に確認できるほか、必要に応じて主任から口頭で説明するなど、情報はしっかり共有できるようにしています。 ■うれしい福利厚生 ＊年1回の健康診断が受診できます（自己負担なし）。 ＊社員割引制度がありますので家計も助かります。

「会社の情報」記入のポイント

▼求人検索している求職者は当店を利用したことのある人であることから、本欄では特に園芸分野を得意とした店であることをアピールする。
▼商品アイテムの多い業態であることから、独自に展開しているマイスター制度では正社員のみならずパートスタッフも認定者として活躍している状況をアピールし、当社で働くことに付加価値を付ける。

「労働時間」記入のポイント

▼会社として希望する3時間勤務の場合のモデルを示しながらも、柔軟に対応する方針はコメントする。現在在籍のパートスタッフも多様な働き方をしていることを紹介し、働きやすさや安心感をアピールする。
▼休日は、平日のみの勤務も可能としながらも「特記事項参照」により、できれば土・日曜日も一部は勤務してほしい意向は表明する。

「求人に関する特記事項」記入のポイント

▼労働条件の補足
労働条件は求職者の希望を配慮するが、会社としての希望は紹介しておく。そのほか、シフト編成での配慮や加入保険、有給休暇の付与についても説明する。

▼家庭などへの配慮
パートで働く主婦（夫）層が心配する急な事情などに対する配慮もあることを説明し、「ここなら安心」と思えるようにする。

▼学生からシニアまでが元気に活躍している職場
パート希望者にとって関心が高い「働きやすい職場」に関して、一緒に働く仲間の紹介や仕事上のコミュニケーションの取り組み状況などを紹介し、安心感と親近感をアピールする。

▼うれしい福利厚生
健康診断が受けられることや社員割引制度により、ちょっとしたメリットもあることをアピールする。

［専門サービス業］会計データ入力【在宅勤務】

求職者イメージ

▼在宅勤務で働きたい人
子育てや家事の空いた時間の短時間だけ働きたいが、事業所まで出勤することはできないため、在宅勤務が可能な仕事に絞って仕事を探している人
▼フリーターで働いている人
定職は持たずアルバイトで働きながらプライベートも楽しんでいるが、最近注目の在宅勤務に関心があり、自分にもできそうな仕事を探している人
▼Wワークで働きたい人
現在も短時間のパートで働いているが、まだ3時間程度の余裕はあるため、無理のない範囲でできる仕事があればWワークで働きたい人
▼失業中で就職活動に取り組んでいる人
新しい仕事を探しているが希望の就職が決まらないため、当面は就職活動に支障のない範囲でできる仕事と両立させていこうと考えている人

アピールポイント

▼年に3～4回の本部出勤はあるが、基本は完全な在宅勤務であること
▼職場での複雑な人間関係などがなく、自分のスタイルとペースでできる仕事であること
▼仕事の質問や相談などのバックアップ体制が整っており、初めてでも安心して働けること
▼自由参加のランチ会などがあり、孤独になりがちな在宅勤務でもスタッフ同士のコミュニケーションの機会があること

仕事内容

職種	【在宅勤務】会計データの入力／1日3h・週3日からOK
仕事内容	家やプライベートの空き時間を有効に活用できる在宅勤務でのデータ入力です。勤務は1日3時間・週3日以上を基本に、あなたのライフスタイルに合わせて柔軟に設定でき、Wワークも OK です。 ■仕事の概要 ＊経理事務の経験や知識がなくてもできる仕事です。 ＊定型業務は会計事務における仕訳帳の入力が中心ですが、決算時期には事務所スタッフが遠隔でサポートします。 ■仕事の進め方 ＊2日間の本部研修後から在宅勤務となります。 ＊勤務計画は前月25日までに提出しますが、変更も可能です。 ＊パソコンは本部から貸与します。マニュアルもありますが、質問はチャットでいつでも相談できますので安心です。

「仕事内容」記入のポイント

▼冒頭で勤務時間や日数などの柔軟な働き方を強調し、まずは求人への興味関心を惹きつける。次に、仕事の概要や進め方のポイントを説明したうえで、在宅勤務ならではのバックアップ体制も紹介し、求職者の不安を和らげる。
▼仕事の概要と進め方によって、求職者が自分の働く姿をイメージできるようにするとともに、未経験でも始められる安心感を持てるようにする。

「職種名」その他例

例：〈在宅ワーク〉自分のペースで働ける会計データ入力のお仕事
例：在宅勤務で空いた時間を有効活用しませんか／会計データ入力
例：会計データの入力／フォロー体制完備で安心／Wワークも OK
例：【テレワーク】会計データ入力／ライフスタイル優先の働き方
例：在宅勤務で会計データを入力／自由参加のランチ会で交流あり

会社の情報

事業内容	事務代行業務をメインに企業の業務効率化につながる各種サービスを展開しています。コロナ禍を契機に在宅勤務が普及したことにより、官公庁はじめ多くの企業のニーズに対応しています。
会社の特長	在宅勤務者が多いことから帰属意識や仲間意識が薄くなりがちなため、スタッフ同士のコミュニケーションには配慮しています。本部ミーティングや任意参加の食事会などはいつも賑やかです。

労働時間

就業時間	(1)　　　時　　　分　〜　　　時　　　分 (2)　　　時　　　分　〜　　　時　　　分 (3)　　　時　　　分　〜　　　時　　　分 又は　09時　00分　〜　17時　00分の間の　　3時間以上
	就業時間に関する特記事項 ＊1日のうちインターバルを入れた勤務も可能です ＊時間と日数はご希望を伺いながら決めますのでご相談ください ＊本部への出勤日は9〜12時の勤務となります
休日等	土　日　祝日　その他 週休2日制　毎　週 ＊夏季（盆）8／12〜8／16、年末年始12／30〜1／3 ＊有給休暇を活用した連続休暇も可能です 6ヶ月経過後の年次有給休暇日数　　　3日

求人に関する特記事項

求人に関する特記事項
■確認事項 本部からは、ノートパソコンとモニターをお渡しします。なお、インターネット接続環境とプリンターは各自で用意してください。 ■労働条件の補足 ＊今回の募集は週20時間未満の勤務です。 ＊有給休暇は勤務内容に応じて法定通り取得できます。 ＊毎日の始業から終業までの勤務時間や有給休暇の取得は専用の勤怠管理システムで申請・管理しますので、メールなどによる報告の手間はありません。 ＊必要に応じて年に3〜4回の本部ミーティングがあります。 ■活躍している仲間 現在、在宅ワークで働くスタッフは20代〜40代の女性8名で、うち5名が子育て世代、3名はWワークです。経理事務の未経験者は3名いましたが、6ヶ月程度で仕事にも慣れ、今では経験者と同じように活躍しています。 ■スタッフとのコミュニケーション スタッフ同士が顔を合わせる機会はほとんどありませんが、孤独を感じないようバーチャルオフィスツールを導入しています。また、自由参加のランチ会やティータイムを開いていますので、在宅勤務でも一緒に働く仲間と交流でき、スタッフにも好評です。

「会社の情報」記入のポイント

▼企業の各種事務を代行し、業務の効率化に寄与している会社であることを紹介したうえで、先のコロナ禍による在宅勤務の普及により多くの事業所から依頼を受けていることをアピールする。

▼在宅勤務者が多いことから、孤独になりがちなスタッフ同士のコミュニケーションには工夫を凝らしていることをアピールする。

「労働時間」記入のポイント

▼勤務時間は一定の時間帯内と時間数で設定できることをアピールする。なお、日々の勤怠は、特記事項欄で専用の勤怠管理システムがあることを紹介しておく。

▼休日は所定の「土・日・祝日」のほか、年次有給休暇を活用して連続休暇も可能であることを紹介し、さらに柔軟な働き方ができることをアピールする。

「求人に関する特記事項」記入のポイント

▼確認事項
パソコンの貸出やネット環境の確保など、基本的な条件を一応確認しておく。

▼労働条件の補足
今回の募集条件の確認とともに、在宅勤務という一般的な働き方と異なることによる勤怠管理などの疑問についても解消する。また、本部への出勤もあることも伝えておく。

▼活躍している仲間
同じ職場で仕事をするわけではないが、この仕事ではどんな人が働いているかを紹介し、求職者と同じような年代や状況で活躍していることを知ってもらい、親近感を持つようにする。

▼スタッフとのコミュニケーション
在宅勤務という孤独な働き方を少しでも和らげるため、自社では自由参加の食事会などを開催していることを紹介し、スタッフ同士のコミュニケーションを大切にしている姿勢をアピールする。

［運搬業］建築資材運搬ドライバー

求職者イメージ

▼同業他社で働く人で転職希望者
建築や土木現場のパート作業員として働いているが、体力的負担や働き方などに不安を抱えており、柔軟に働ける仕事があれば転職したいと考えているミドル層やシニア層

▼定年や再雇用を終了した人
建設や運送関係の仕事を定年あるいは再雇用終了となったが、今後も無理のない程度で少しは働きたいと考えている人

▼つなぎで短期間働きたい人
諸事情ですぐに正社員として働けないなどの理由により、当面は短期的な仕事をしながら今後のことを考えていきたい人

▼Ｗワークで働きたい人
非正規雇用での働き方が続いたり、自分に合った働き方を優先しているなどから、当面はＷワークで働きたい人

アピールポイント

▼自分のライフステージやライフスタイルに合わせた働き方ができること
▼シニア層の応募も歓迎していること
▼建築資材の運搬だが、力仕事は周囲のサポートもあるため負担が少なく、シニア層でも充分働けること
▼使用トラックは1.5t車で、普通免許で対応でき運転もしやすいこと
▼仕事は単独が多く、複雑な人間関係をあまり気にすることなく自分のペースで取り組めること

仕事内容

職種	１．５ｔトラックでの建築資材運搬／力仕事負担少／週３日〜
仕事内容	工場や倉庫から建築現場へ木材や家具・建具などの資材を運転しやすい１．５トン車で運搬します。１日６時間、週３日からＯＫ、力仕事は皆で助け合うため、シニアにも安心で働きやすい仕事です。 ■仕事の特徴 ＊出発前の資材積込みと現場での荷降ろしは、フォークリフトや現場スタッフが手伝いますので大きな負担はありません。 ＊通常は午前と午後の１日２回の運搬です。 ＊遠方の建築現場は、社員ドライバーが担当しますので、今回の運搬は片道１時間程度以内のエリアです。 ＊車両には、ナビ、バックカメラ、ドラレコを装備しています。 ■６０歳以上の方も応募歓迎 工場や現場ではシニアの方も元気に活躍しています。

「仕事内容」記入のポイント

▼応募を期待するシニア層を念頭に、冒頭の３行では力仕事の負担度合いなどの求職者が不安に思うことを解消できるような情報を盛り込んで求人への関心を惹きつける。

▼仕事内容では特徴を４点紹介し、「これなら自分にもできそう」と思ってもらえるようにする。最後に改めて６０歳以上も歓迎の姿勢を示し、応募につなげる。

「職種名」その他例

例：建築資材運搬ドライバー（１．５ｔ車）／近隣・１日２回運搬
例：１．５ｔ車ドライバー（建築資材や建具など）／シニアもＯＫ
例：建築資材や建具などの運搬ドライバー／時間・日数は相談可
例：運転しやすい１．５ｔ車での建築資材運搬／未経験・Ｗワーク可
例：建築資材運搬ドライバー／１．５ｔ車／チカラ作業は社員担当

会社の情報

事業内容	住宅や商業建築などの設計から施工までを担う建設会社。住宅ではオーダーメイドを得意とし、お客様のご要望を期待以上のカタチにする技術に好評をいただき、口コミでの新規案件が多いです。
会社の特長	5年前から地域の子供や大人を対象に毎月木工教室とDIY教室を開催しています。若手を中心にベテランスタッフも交えて運営しています。県外から参加もあり、社内の明るい話題になっています。

労働時間

就業時間	(1)　08時　30分　～　16時　00分 (2)　　時　　分　～　　時　　分 (3)　　時　　分　～　　時　　分 又は　08時　00分　～　17時　00分の間の　　6時間程度
	就業時間に関する特記事項 ＊（1）は一例ですので気軽にご相談ください ＊昼休憩は現場により時間帯も変動しますが60分は必ず休めます
休日等	日　　その他 週休2日制　　その他 ＊休日は工事カレンダーと本人の希望を調整して前月に決定します ＊夏季8／12～8／16、年末年始12／30～1／3 6ヶ月経過後の年次有給休暇日数　　5日

求人に関する特記事項

求　人　に　関　す　る　特　記　事　項
■仕事内容などの補足 ＊運搬業務はパート1名（60代）と兼務の正社員1名です。 ＊ご希望があればフォークリフト運転技能も取得可（費用不要）。 ＊現場からの帰りには木材のゴミ袋（巾着袋）回収があります。 ＊夕方の帰社後は回収ゴミ袋を処理後、資材部門スタッフから翌日の資材内容や現場の説明を受けて16時には退社となりますが、まれに交通事情などにより遅れる場合があります。 ■労働条件の補足 ＊勤務日数はご相談ください。現在、社内のシニアスタッフ5名は3日と4日勤務の方が半々です。 ＊働き方により加入保険や有給休暇の付与日数は異なります。 ＊出勤曜日は工事カレンダーにより一定ではありませんが、前月に勤務日を調整しますので、休日希望は遠慮なく申し出ください。 ■自分に合った働き方を希望する皆さんを歓迎 ＊ドライバー経験や好きな車の運転を活かして無理なく働きたい方 ＊定年後の空いた時間に体を動かす仕事で少しだけ働きたい方 ＊Wワークで週3日程度だけ働きたい方 ＊当面は働きながら今後のことを考えていきたい方 ※トラック試乗や資材工場などの応募前見学も歓迎です。年代の近いパート社員と気軽に話していただける機会もご用意可能です。

「会社の情報」記入のポイント

▼住宅や商業施設などの設計から施工までを一貫して行う建設会社であることを紹介したうえで、特にオーダーメイド住宅ではお客様の期待以上の施工で好評を得て、口コミでも広がっている強みをアピールする。

▼地域の子供や大人向けの教室を開催し、会社のアピールにもつながっていることや若手からベテラン社員までが楽しんでいる様子から職場の雰囲気を感じてもらう。

「労働時間」記入のポイント

▼基本的な勤務時間を一例で紹介したうえで、求職者の希望にも柔軟に対応する姿勢を示し、応募しやすくする。

▼働き方を左右する休日についても、工事カレンダーはあるが今回のドライバー増員により希望も叶えやすくなるイメージを伝える。なお、夏季（盆）と年末年始休日の具体的な日程も実績数値で紹介しておく。

「求人に関する特記事項」記入のポイント

▼仕事内容などの補足

仕事内容に関して、フォークリフト運転技能や資材のゴミ回収、帰社後のルーチンワークなどの周辺情報も提供し、求職者がリアルに働く姿をイメージできるようにする。

▼労働条件の補足

勤務日数は相談OKの姿勢や社内のシニアスタッフ5名の勤務状況を紹介するほか、休日の決め方も紹介して応募しやすくする。

▼自分に合った働き方を希望する皆さんを歓迎

募集する仕事の求職者イメージを具体例として紹介し、基本的に誰でも応募できるが、特に例示の当てはまるような求職者に対しては、「自分のために用意された求人」と感じてもらいながら応募への決断につなげる。

［飲食業］洗い場＆調理補助

求職者イメージ

▼ミドル・シニア世代
接客やパソコンスキルなどが必要な仕事ではなく、今の自分でもすぐに始められる簡単で体力的な負担も少ない仕事を探している50〜60代前半

▼40代前後の主婦（夫）
家事の空いた時間で少し働きたいが、職業経験はあまりなく人間関係も得意ではないので、多少体も動かしながら黙々とできる裏方的な仕事を探している人

▼飲食業の裏方で働きたい人
料理や家事は好きな方なので飲食業で働きたいが、接客は苦手なため調理補助などの仕事を探している40〜60代

アピールポイント

▼特別なスキルは必要としないため、誰でもすぐに始められる仕事であること
▼仕事内容は、日頃行っている家事の延長として考えればよいこと
▼接客はなく、スタッフとの人間関係も最小限で済むことから、黙々と1人で取り組むことが得意な人には向いている仕事であること
▼店内では常にかけ声が飛び交うなど、元気なスタッフが活躍している活気のあるお店であること

仕事内容

職種	洗い場＆調理補助／家事の延長でできるお仕事／1日4時間
仕事内容	普段から料理や掃除が苦にならない方なら、家事の延長としてできるお仕事です。お客様と直接接することはありませんので、洗い場では自分のスタイルとペースで黙々と取り組むことができます。 ■お店の特徴 ＊和洋折衷のお店で、席数は60席と30人収容の宴会室です。 ＊平日のランチタイムは女性や仕事関係の方が多いですが、土日は家族連れが7割のほか、若いカップルもいます。 ■仕事の概要 ＊ホールスタッフ4名が下げ台に持ってくる食器を、まずは簡単に汚れを落として食洗器に入れますが、一部グラスなどは手洗いとなります。洗い終わったら所定の食器棚に収納します。 ＊空いた時間では料理の盛り付け、配膳なども補助します。

「職種名」その他例

例：洗い場（食洗器有）と調理補助（盛り付け）／〇〇公園東隣り
例：洗い場＆調理補助スタッフ／1日4h（昼・夜・両方選択可）
例：洗い場担当／土日は家族連れで賑わう和洋折衷の店（60席）
例：家事の合間に4時間だけ働きませんか／洗い場＆調理の補助係
例：洗い場と調理補助の軽いお仕事／30〜60代が元気に活躍中

✎「仕事内容」記入のポイント

▼通常、「洗い場の仕事」のワンフレーズで終わり、特別な説明もない求人票になりがちであるが、あえて今回は求職者がリアルに仕事をイメージできるよう仕事の特性をはじめ、幅広い情報を具体的に紹介した求人票とする。

▼冒頭で「家事の延長」仕事と表現して親近感をアピールしながら、店の特徴や仕事の概要も細かく紹介して、求職者自身が自分の働いている姿を想像できるようにする。

会社の情報

事業内容	和洋折衷の食事処です。お昼のランチから夜の本格的な創作料理まで、お値打ちで多彩なメニューのほか、誕生日などの記念日にはプレゼントもあり、幅広いお客様にご利用いただいています。
会社の特長	お客様が何度利用しても飽きないお店づくりをモットーにスタッフでチームをつくり、毎月イベントやキャンペーンなどを企画・運営しています。お陰でスタッフ同士の協力体制は１２０％です。

労働時間

<table>
<tr><td rowspan="4">就業時間</td><td>（1）　11時　00分　〜　15時　00分</td></tr>
<tr><td>（2）　18時　00分　〜　22時　00分</td></tr>
<tr><td>（3）　　時　　分　〜　　時　　分</td></tr>
<tr><td>又は　11時　00分　〜　22時　00分の間の　　6時間程度</td></tr>
<tr><td></td><td>就業時間に関する特記事項
＊お店の営業時間は１１：００〜２２：００
　（２１：３０オーダーストップ）
＊（1）または（2）もしくは両方で選択できます
＊時間と日数は希望を伺いますので気軽に相談ください</td></tr>
<tr><td>休日等</td><td>木　　その他
週休2日制　　その他
＊毎週木曜日は定休日
＊夏季は交替で休みを調整、年末年始１２／３１〜１／２
　6ヶ月経過後の年次有給休暇日数　　　5日</td></tr>
</table>

求人に関する特記事項

求人に関する特記事項
■仕事の補足 ＊厨房用制服は貸与します。また、手荒れ防止にゴム手袋も支給しますので使用してください。 ＊夏季（盆）や冬季（年末年始）などの繁忙期は学生アルバイトを増員しますので大きな負担はかかりません。 ■労働条件の補足 ＊平日のみの勤務もＯＫですが、月に２〜３回でも日曜日・祝日に勤務できる方は歓迎です。（日・祝日の時給は１００円加算） ＊有給休暇は１００％取得していただきますが、繁忙期などはシフト計画にもご協力いただけるとありがたいです。 ■職場の様子 ＊現在、洗い場はパートさん４人で回しています。４０代と５０代の女性ですが、うち１名は入店２ヶ月目の新人です。 ＊ホールや厨房では常に「お願いします」「喜んで！」の声が飛び交う活気のある職場です。 ■洗い場仕事のコツ ＊洗う食器は、大きなものから済ませていくと作業スペースが確保でき、スムーズで効率的な仕事ができます。 ＊手順や自分の動線を考えて作業ができるようになると、多忙な時間帯でもテキパキと処理ができ、楽になります。

「会社の情報」記入のポイント

▼和洋折衷のお店という基本的な特性を紹介したうえで、お店の人気の背景やメニューだけでなく独自のサービスが好評を得ていることをアピールする。

▼お客様が毎月来ても飽きることがないよう、スタッフがチームを作ってイベントなどを展開していることを紹介し、人間関係が良く助け合いの気持ちも強い職場イメージをアピールする。

「労働時間」記入のポイント

▼職種の特性上、仕事の発生と多忙となる時間帯はほぼ決まっているため、会社として勤務してほしい時間を(1)(2)の例で紹介しながら、コメントにおいては「選択可」そして「応相談」も盛り込んで応募しやすくする。

▼休日については、特に家庭の都合もある求職者は気になるため、交替で調整する旨を説明、そのほか年末年始の休業日を紹介する。

「求人に関する特記事項」記入のポイント

▼仕事の補足
水仕事で気になる手荒れや繁忙期の人員体制について、現状の対応を紹介し、疑問を解消する。

▼労働条件の補足
飲食業という仕事柄、可能な範囲で日・祝日も勤務を依頼するとともに、時給条件も明示する。また、年次有給休暇も取得できることをアピールして、少しでも働く条件の印象を良くする。

▼職場の様子
人数や年代、経験歴などを簡単に紹介し、自分と同じような人が働いていることで安心感を持てるようにする。

▼洗い場仕事のコツ
募集条件とは直接関係ないが、「仕事のコツ」と称した２点を紹介することで、「いつも自分がやっていること」としての安心感と仕事への親近感をアピールする。

［介護業］デイサービス介護職

求職者イメージ

▼介護職経験者で再就職を希望している人
　介護施設の仕事を一旦離職したが、空いた時間で少し働けるようになったため、経験が活かせる短時間の仕事を探している人
▼主婦（夫）で少し働きたい人
　事情があって14時頃には帰宅できる1日3～4時間程度の仕事を近所で探している人
▼介護の仕事に少し興味がある人
　介護の仕事はやってみたいが、排せつ介助などは苦手なため、それ以外で特定の仕事があれば働きたい人
▼家事の空いた時間で少し働きたい人
　デスクワークや接客などは向いていないので、少し体を動かす仕事を自宅近くで探している人

アピールポイント

▼入浴介助という多少体力を使う仕事であるが、利用者の楽しみであり、入浴後の笑顔を見るとやりがいも感じられる仕事であること
▼就業時間は13時までのため、午後は家事やプライベートの時間として活用できること
▼利用者は要介護度3程度までで比較的自由度の高い人が多く、介助がしやすいこと
▼入浴介助に特化した専門の仕事のため、食事や排せつ介助などの業務はなく、習得もしやすいこと
▼将来、仕事に慣れて時間的な余裕もでき、もう少し幅広く介護の仕事をしたくなったら働き方の変更も可能であること
▼子供の学校行事や家庭の都合などには勤務を配慮してもらえること

仕事内容

職種	入浴介助専門スタッフ（リフト浴あり体力負担少）／～13時
仕事内容	利用者さまが楽しみにしている入浴をお手伝いする仕事です。湯上りのおじいちゃんやおばあちゃんの顔はとても穏やかです。介護経験は不要です。週の何日間かを半日だけ働いてみませんか。 ■仕事の概要 ＊1日平均7～8人を1人30分程度で介助していきます。 ＊介助は2～3名のチームで行いますので初めてでも安心です。 ＊介護度が軽度の方は一般家庭の浴槽を使った個浴で、また自力で入浴が困難な方には機械浴（チェアー浴やリフト浴）で対応しますので、体力的な負担は少ないです。 ■仕事の特徴 ＊利用者さまは要介護3までの比較的自由度の高い方が多いです。 ＊入浴介助に特化した仕事のため、未経験でも早く習得できます。

「職種名」その他例

例：入浴介助スタッフ（個浴・機械浴）／2～3人のチームで安心
例：入浴介助（食事・排泄などの介護はありません）／未経験歓迎
例：1日7人程度の入浴介助（複数チームで対応）／湯上りは笑顔
例：利用者さまが楽しみな入浴の介助／自分でできることは見守り
例：入浴介助スタッフ（要介護3程度）／13時まで・週2日以上

「仕事内容」記入のポイント

▼「介護」と聞くと、求職者によっては重労働で排せつ介助などを連想して敬遠されることも考えられる。そのため、まずは冒頭3行で入浴専門の介助スタッフであることを前面に出し、「利用者が楽しみにしている入浴」や「湯上り後の顔は穏やかで……」などのフレーズで明るいイメージをアピールし、求人に関心を惹きつける。
▼仕事の概要について具体的な数字を交えて紹介するとともに、特徴を2点に整理し、「求人を詳しく見てみよう」という気持ちへ誘導する。

会社の情報

事業内容	市内および近郊でデイサービス（利用者定員２５名）とグループホームを計３施設運営しています。利用者さまの「笑顔が増えたような気がする」とのご家族の声がスタッフの大きなエネルギーです。
会社の特長	スタッフは皆それぞれの家庭やプライベートな事情を抱えながら働いており、急な休みなどが必要な場合もあります。そんな時もお互いが相手の事情を理解し、助け合っていることが自慢の職場です。

労働時間

就業時間	(1)　09時　00分　～　13時　00分 (2)　　時　　分　～　　時　　分 (3)　　時　　分　～　　時　　分 又は　09時　00分　～　14時　00分の間の　　3時間以上
	就業時間に関する特記事項 ＊（1）を希望しますが時間と曜日・日数はご相談ください ＊最初は無理せず２～３日程度から始め、慣れたら４～５日へ変更もOKです ＊（参考）現在のパートスタッフ３名は週４日で活躍しています
休日等	日　　その他 週休２日制　　毎　週 ＊夏季８／１３～８／１６、年末年始１２／３０～１／３ ＊有給休暇は１００％取得できます ６ヶ月経過後の年次有給休暇日数　　３日

求人に関する特記事項

求人に関する特記事項
■入浴の流れと仕事の補足 ＊浴槽へのお湯はりなどの受け入れ準備 ＊入浴者を浴室に誘導し、血圧などのバイタルチェックと水分補給 ＊衣類を脱ぎ浴室への移動を介助 ＊洗体・洗髪、入浴を利用者さまの状況に応じて介助 ＊着衣後、髪の毛を乾かし、化粧水等持参の方は側で見守り ＊最後には浴槽・浴室の清掃 【役割】すべてのことを介助するわけではなく、自分でできることは見守り、できないことを優しく介助します。 ■入浴介助チームと指導のステップ ＊現パートスタッフは経験１年以上の４０～５０代が３名です。 ＊入所後２週間は入浴介助の基本と注意点をテキストや模擬体験および現場見学でしっかり学びます。３週目からは入浴室までの誘導や衣類の着脱を、２ヶ月目からは先輩の入浴補助も行い、３ヶ月目で独り立ちの予定です。 ■自分に合った働き方ができます ＊急なお休みを取る必要がある場合は、遠慮なく申し出てください。 ＊勤務は週２０時間未満ですが、将来介護全般の仕事もやってみたくなったら働き方の変更もOKです。 ※まずは浴室や利用者さまの様子を見学にお越しください。

▼デイサービスとグループホームを複数運営していることを紹介することで経営状態の安定性を示す。

▼利用者の家族からいただいた実際の声を紹介することで、仕事のやりがいや施設の雰囲気を感じ取ってもらう。

▼働く人にとって家庭やプライベートな事情で急に休むことは気が引けるが、仲間の理解や職場の配慮により安心して働けることをアピールする。

（✎）「労働時間」記入のポイント

▼勤務時間の希望を表明したうえで、働き方は柔軟に対応する旨を示すとともに、まずは２～３日から始め、慣れたら変更も可能なことで応募しやすくする。なお、参考までに先輩の例を紹介する。

▼年次有給休暇は１００％取得できることを伝え、家庭などとの両立がしやすいことをアピールする。

（✎）「求人に関する特記事項」記入のポイント

▼入浴の流れと仕事の補足
仕事は単に「入浴の介助」と説明するだけではなく、大まかな流れを紹介するとともに、スタッフは入浴のすべてに関わるのではなく、利用者が自分でできることは見守ることが役割であることを強調して求職者が働いている自分の姿をイメージできるようにする。

▼入浴介助チームと指導のステップ
一緒に働く仲間の年代や経験を紹介したうえで、入所後の指導の流れを段階的に紹介し、約３ヶ月目からは独り立ちしていく自分の姿をイメージできるようにする。

▼自分に合った働き方ができます
急な休みが必要となった場合などには配慮があるというひと言を伝え、安心感につなげる。また将来、フルタイムなどへの働き方の変更も可能であることを紹介し、長く勤められる職場であることをアピールする。

［物流業］軽作業（配送センター）

求職者イメージ

▼空いた時間で仕事を始めたい人
　子どもが就学し自由時間も増えたため、家庭に支障のない程度の時間でフレキシブルに働ける仕事を探している人

▼現職からの転職希望者
　＊現在もパートで働いているが、家庭との両立がしにくいため働きやすい職場を探している人
　＊現在はパート事務職や接客業などで働いているが、デスクワークや接客はあまり得意ではないため、もう少し身体を動かす仕事やコツコツと作業ができる仕事に変わりたい人
　＊現在の職場での人間関係や職場環境に馴染めず転職を考えている人

アピールポイント

▼コツコツ作業が得意な人には適職であること
▼作業場所は衛生的で空調完備の快適な環境であること
▼自分に合った勤務時間や日数でフレキシブルな働き方ができること
▼年次有給休暇が取りやすく、急な休みなどにも皆で助け合っていく職場風土があり、家庭やプライベートと両立しながら安心して働けること
▼食堂や休憩スペースが充実していること

仕事内容

職種	食品配送センター内軽作業／家庭重視で短時間からフルまで可
仕事内容	食品を扱う清潔で快適な配送センターでのお仕事です。ご依頼企業様の仕様に合わせた一連の発送処理を行いますが、重い荷物を運ぶような力仕事はなく、コツコツ作業が得意な方にはピッタリです。 ■仕事は軽作業です ＊果物、和洋菓子、ハムなどの常温・冷凍・冷蔵食品を指示書に基づいて詰合せ、包装、梱包して発送する軽作業です。 ＊原則、ライン作業の立ち仕事ですが、キツイと感じたらいつでも社員に声をかけてくださればサポートします。 ■家庭との両立も安心です ＊あなたに合った時間や日数でフレキシブルに働けます。 ＊なんと言っても有給休暇が取りやすく家庭も安心です。

「職種名」その他例

例：軽作業スタッフ（食品配送センター）／１日４ｈ・週３日以上
例：配送センターでの食品箱詰めや梱包作業等／時間・日数応相談
例：コツコツ作業や流れ作業が好きな方歓迎／食品の箱詰め作業等
例：箱詰め等軽作業／Ｗワークやフルタイムも OK・正社員登用有
例：お昼はカフェ風休憩室で楽しい時間／食品配送センター軽作業

「仕事内容」記入のポイント

▼パート希望求職者の一般的な選択条件である自宅近くで自分に合った時間や日数で働ける（＝家庭との両立）ことを前提に、さらに仕事内容や職場環境など、ひと言で言えば「働きやすさ」が重要な条件となるため、求人全体はそのイメージが伝わる内容とします。

▼「配送や物流」と聞くだけで重い荷物を扱う大変そうな仕事とのイメージから求人票を見過ごされかねないため、冒頭３行でそうした先入観を払拭する。

▼作業の概要と共に、家庭と両立できることをしっかりアピールして「この仕事ならやってもいいかな」という気持ちへ誘導する。

会社の情報

事業内容	食品卸売、配送および通販事業を展開。食品メーカーや生産者様との仕入れネットワークを強みに、従来の配送事業中心から食品通販をメイン事業にしていくための5ヶ年計画をスタートしています。
会社の特長	平均年齢「○○歳」の若手・中堅を中心とした元気な会社です。スタッフの7割が女性で、きめ細かい発想による業務改善提案やチームワークと助け合いの風土は、当社が自慢できる大きな魅力です。

労働時間

就業時間	(1) 09時　00分　～　12時　00分 (2) 10時　00分　～　15時　00分 (3) 09時　00分　～　16時　00分 又は 09時　00分　～　17時　00分の間の　　3時間以上
	就業時間に関する特記事項 ＊(1)(2)(3)は一例ですが、先輩の皆さんは(2)と(3)が多いです ＊午前と午後に各10分間の小休憩があります ＊時間、日数、曜日は気軽にご相談ください
休日等	日　　その他 週休2日制　毎　週 ＊年末年始12／30～1／2 ＊夏季(盆)8／12～8／16 6ヶ月経過後の年次有給休暇日数　　3日

求人に関する特記事項

求 人 に 関 す る 特 記 事 項

■仕事や勤務に関する補足
＊新人さんでも1ヶ月程度で慣れています。
＊作業内容にもよりますが、包装作業の場合では1時間に200個程度を処理します(慣れればどなたでも可能です)。
＊困っているとすぐに「どうしたの？」と声をかけてもらえるため未経験でも安心して働ける職場です。
＊働き方により必要な社会保険に加入します。
＊ユニフォームはありませんので服装は自由です。
■職場の様子
＊男性社員5名の他、パートスタッフ15名(女13・男2)と派遣スタッフが数名で、年代も30～60代と幅広いです。
＊最初は短時間で始めた方でも、子供さんの成長に合わせて長い時間に変更するなど、ライフステージに合わせて働けます。
＊子育ての大変さはパートの皆さんも理解しているため、急なお休みも気兼ねなく申し出ることができます。
■自慢の休憩スペース
＊昨年、食堂と休憩室をリニューアルしました。キッチンや飲み物の自動販売機、冷蔵庫を設置したほか、食事後はカフェ風スペースでコーヒーを飲みながら歓談もできるため、とても好評です。
※見学OKです。職場環境やスタッフの働く姿を見てください。

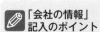

「会社の情報」記入のポイント

▼食品の卸しおよび配送事業を中心に成長してきた会社であることを紹介したうえで、食品メーカーや各地の生産者とのつながりを活かして、最近は食品の通販事業に力を入れ、現在5ヶ年計画を展開していることをアピールする。

▼女性スタッフの多い職場であることを活かし、新鮮な発想による業務改善や伝統的ともいえるチームワークの良い職場づくりに取り組んでいることをアピールする。

「労働時間」記入のポイント

▼現在のパートさんは(2)と(3)が多いことを紹介することで、まずは会社として希望する時間帯で勤務してもらえるように誘導するが、各個人に合った時間や日数で相談に応じることも伝え、働きやすさをアピールする。

「求人に関する特記事項」記入のポイント

▼仕事や勤務に関する補足
仕事は軽作業のため詳細な説明は省略し、立ち仕事ではあるが「安心してできる仕事」と感じてもらえるような紹介をして明るいイメージをアピールする。

▼職場の様子
どんな人たちと一緒に仕事をするのか、人間関係はどうかなどの疑問に対してスタッフの男女別人数や年代などを具体的に紹介する。
また、子供の関係などで急な休みが必要な場合には気兼ねすることが多い中、この職場では皆の理解もあり安心して申し出ができることを伝え、求職者の不安を解消する。

▼自慢の休憩スペース
昨年リニューアルし、充実した設備もあることを強調することで、「こんな職場なら是非働きたい」と思ってもらえるようにする。

								10					
			20										30
							40						
			50										60
							70						
			80										90
							100						
			110										120
							130						
			140										150
							160						
			170										180
							190						
			200										210
							220						
			230										240
							250						
			260										270
							280						
			290										300

募集シーン・ターゲット別・ハローワーク求人票の書き方と文例集

中途採用

［障がい者【専用求人】］ 一般事務

求職者イメージ

▼就労移行支援事業所からの就職希望者
　同事業所で事務職を目指してパソコンスキルやマナー習得などの就労準備をしながら就職活動に取り組んでいる人

▼一般企業からの転職希望者
　製造業での軽作業やサービス業などの間接部門で就労してきたが、職場環境や仕事内容が合わないため、環境がある程度整備された職場で得意なパソコンスキルが活かせる仕事を探している人

▼特別支援学校卒業後の初職を離職した人
　同学校高等部卒業後には一旦就職したが、様々な事情により離職したため、ハローワークの相談窓口を利用しながら自分に合った仕事で再就職を目指している人

アピールポイント

▼35歳以下を対象とした募集であること

▼障がい者の雇用は今回が初めてであることを公表し、謙虚な姿勢で受け入れようとしていること

▼障がい者の採用に向けた方針が明確なこと

▼約３年間かけて施設整備やジョブコーチの養成など、受け入れ体制を整えてきたうえでの募集であること

▼単に定型業務の補助者として固定化するのではなく、将来的には障がいがあっても自社の大切な社員として適性や得意な能力を活かしてステップアップしてもらう方針であること

仕事内容

職種	（障）食品会社の一般事務職／ジョブコーチ在籍／職歴不問
仕事内容	３年前に障がいのある学生さんを実習に受け入れたことを機に、今後は障がいのある方も活躍できる会社づくりの方針を立て、準備を進めてきました。今回の一般事務職が初めての募集となります。 ◆当面の仕事と方針 ＊経費や出張精算などの経理や勤怠データの処理、社会保険事務などの補助事務から始めます。 ＊ＰＣが得意な方は資料作成やＨＰの更新業務もお願いします。 ＊仕事は障がいの特性に応じて設定しますが、将来は適性や得意を活かしてステップアップできるようにしていきます。 ◆企業在籍型ジョブコーチによるフォロー 受け入れ体制として中堅クラスの社員男女２名をコーチとして養成してきました。手探りですが協力して皆さんをフォローします。

「職種名」その他例

例：（障）事務職（ＰＣ使用）／３５歳以下・職歴不問・初職歓迎

例：（障）総務や経理の事務スタッフ／ＰＣ得意な方歓迎／正社員

例：（障）一般事務職（総務・経理・庶務のＰＣ業務）／週休２日

例：（障）適性や得意を活かして活躍してください／一般事務職

例：（障）初めての募集ですが準備も整えてきました／一般事務職

✎「仕事内容」記入のポイント

▼障がい者求人は、一般求人以上に配慮が求められます。障がいのある求職者が働くにあたっての大きな不安は「受け入れる事業所の姿勢」と「具体的な配慮」がどうなっているかです。単に障がい者の法定雇用を満たすために募集するような姿勢が感じられると求職者や関係者は安心できません。求人票では、事業所としての受け入れ姿勢が伝わり、「ここなら安心」と思えるような情報を提供していくことが一番のポイントになります。

▼なお、サンプル求人の前提は、社員数42名の会社で２～３年後には障がい者の法定雇用事業所となることから今回の募集に至ったものとして作成してあります。

会社の情報

事業内容	即席ラーメンの乾麺やホットケーキの素などの小麦粉製品の製造販売業。「○○うどん」は創業以来のブランドとして地元スーパーでも好評をいただいています。新商品の開発にも力を入れています。
会社の特長	食生活の変化に対応するため5年前から開発部門を強化して若い研究員も増員しています。性別や年齢、障がいのある方など、多様な人材が活躍できる会社を目指して社内の改革に取り組んでいます。

労働時間

就業時間	(1) 08時 30分 ～ 17時 30分
	(2) 時 分 ～ 時 分
	(3) 時 分 ～ 時 分
	又は 時 分 ～ 時 分の間の 時間
	就業時間に関する特記事項
	＊障がいの内容により必要な場合は就業時間の相談に応じます
	＊時間外労働は現在障がい者社員がいないため見込みですが、仕事に慣れるまでは予定していません

休日等	土 日 その他
	週休2日制 毎 週
	＊夏季8／12～8／15、年末年始12／31～1／3
	＊（参考）会社全体の有給休暇取得率は60％です
	6ヶ月経過後の年次有給休暇日数 10日

求人に関する特記事項

求 人 に 関 す る 特 記 事 項
◆施設状況
＊玄関スロープと自動ドア：有 ＊就業場所：1F・食堂：3F
＊エレベーター ：有 ＊階段手摺：片側有
＊フロアーバリアフリー ：有 ＊トイレ ：洋式・手摺有
◆仕事の進め方
＊1年間は先輩とペアで業務を覚えていきますが、今回は独自の「仕事シート」を準備しました。業務の目的や事務のフロー、注意点などをまとめてありますので理解しやすいと思います。
＊1ヶ月間は毎日、その後は1週間ごとにジョブコーチとの面談を設け、仕事内容や配慮などの要望を話し合っていきます。
＊障がいによる定期通院が必要な場合は配慮します。
◆応募にあたり
＊業務遂行上の合理的配慮のため、障がいの状況（種別や程度）や配慮事項等を可能な範囲で応募書類にご記入ください。
＊見学歓迎です。1週間程度の職場実習も相談に応じます。
＊支援機関をご利用の方は支援員の面接同行も可能です。
◆ジョブコーチからのメッセージ
私たちコーチも初めてですが、一番大切なことはコミュニケーションだと思いますので、何でも気軽にご相談ください。障がいのある方もイキイキと働ける職場を一緒につくっていきましょう。

「会社の情報」記入のポイント

▼麺を中心とした小麦粉製品の製造販売会社であることを紹介したうえで、「○○うどん」は地元で知られたメイン商品であることも付け加える。

▼新商品の開発に力を入れ、若い人材はもとより、多様な人材が活躍できる会社づくりに取り組んでいることを紹介する。

「労働時間」記入のポイント

▼時間外労働は見込みで1時間としているが、当面は障がい者の時間外労働は考えていないことを伝える。

▼休日については、会社カレンダーによる場合は標準モデル程度を紹介し、どのような休み方になるのかをイメージできるようにする。

「求人に関する特記事項」記入のポイント

※ハード面に留まらずソフト面での具体的な配慮の充実度がポイントとなります。

▼施設状況
ハード面の配慮として、特に身体に障がいのある求職者の移動に関わる階段やエレベーター、また衛生設備のトイレなどの配慮状況を紹介する。なお、今後の改修計画などもあれば紹介しておく。

▼仕事の進め方
入社後の指導方法は求職者の不安の1つです。単に「丁寧に指導します」ではなく求職者が具体的に指導を受けている自分の姿がイメージできるような紹介が必要です。本例では、1年間は先輩とペアを組み指導を受けていく仕組みに加え、独自の「仕事シート」の準備やジョブコーチとの面談制度も準備していることを紹介します。

▼応募にあたり
応募書類への記載事項の他、見学、職場実習も相談に応じる姿勢や面接での支援員同伴も可能なことも丁寧に紹介する。

［高齢者【専用求人】］食品スーパー商品出し

求職者イメージ

▼定年退職した人
＊60歳定年を迎えたが勤務先での再雇用は辞退し、今後は自分の時間も楽しみながら短時間だけ働きたい人
＊定年を機に自分のやりたいことを優先しながら、短時間だけ働きたい人
＊日中は家事や用事もあるため、早朝や午前の時間だけ働きたい人
＊年金受給年齢までは家計の足しに少し働きたい人
▼前職での再雇用を終えた人
＊元気なうちは働きたいが、年齢を考えて負荷が少なく短時間の仕事で働きたい人
＊一人でコツコツとできる比較的単純な仕事で働きたい人
＊自分の趣味や孫のおもちゃでも買える程度の小遣い稼ぎのために働きたい人

アピールポイント

▼身体的な負荷も少なく、シニア世代には適職であること
▼勤務は午前中に終了のため家事やプライベートの時間もしっかり確保できること
▼レジ業務や接客はなく、黙々と取り組むことが好きなシニアには向いている仕事であること
▼同世代のシニアスタッフが6名活躍しており、安心して続けられる仕事・職場であること
▼家庭の都合などには配慮のある働きやすい職場であること
▼日曜日と祝日の時給加算や一定時間以上勤務者には寸志程度の賞与もあるなど、小さな楽しみもあること

仕事内容

職種	スーパーの商品出し／早朝4h勤務／【60歳以上専用求人】
仕事内容	スーパーマーケットで毎日入荷する商品の品出しや陳列、補充のお仕事です。ご自分の健康や趣味、お孫さんにおもちゃの1つも買ってあげられるポケットマネーにはちょうど良いお仕事です。 ■仕事の特徴 ＊商品は、調味料や乾物、お菓子、缶詰などのグロッサリー商品で生鮮品は扱いません。接客やレジ応援業務もありません。 ＊お酒やペット飲料、お米など少し力を要する作業もあります。 ＊スーパーの中でも商品点数が多い部門ですので、まずは商品の種類と売り場の配置を覚えることからスタートします。 ■楽しみ ＊現在6名のシニア世代が活躍中のため新しい友人もできます。 ＊身体が活動的になり、気持ちも若返ったような気がします。

「仕事内容」記入のポイント

▼60歳以上の求職者においては、働く目的も現役時代と異なり、社会とのつながりや健康維持などの精神的な充実や少しは自由になるお金も持ちたいなど多様な理由が想定されるため、冒頭で「そうだな、ちょっと働いてみようか」と思えるようなメッセージを発信し、求人への興味・関心を惹きつける。
▼具体的な仕事内容として、負荷の少ないシニア向けの仕事イメージを意識するとともに、職場では同世代が活躍していることなども紹介し、親近感をアピールする。

「職種名」その他例

例：スーパーの商品出し・陳列／レジ業務や接客なし／60歳以上
例：シニア活躍中／スーパー品出し・陳列（お菓子やカップ麺等）
例：スーパーのグロッサリー部門（お菓子等）商品出し／60歳〜
例：定年後も社会とつながりを／スーパー商品出し／60歳以上
例：健康や趣味のために少しだけ働きたい方／スーパーの商品出し

会社の情報

事業内容	○○市・△△市にスーパーマーケットとホームセンターを8店舗チェーン展開する小売業です。スーパーは「地産地消」の営業コンセプトによる地元農産物がとても好評な地域密着型のお店です。
会社の特長	正月元旦以外は無休で営業する業種柄、社員の労をねぎらうためにアニバーサリー休暇を導入しています。自分や家族の誕生日などの記念日を自由に年3回有給休暇で取得できるようにしています。

労働時間

就業時間	(1)　07時　00分　～　11時　00分 (2)　　時　　分　～　　時　　分 (3)　　時　　分　～　　時　　分 又は　07時　00分　～　12時　00分の間の　　4時間程度
	就業時間に関する特記事項 ＊週20時間未満での勤務です ＊基本は（1）ですが柔軟に対応しますので気軽にご相談ください ＊休憩時間はありません
休日等	その他 週休2日制　　その他 ＊店舗休業日　1月1日 ＊（参考）誕生日などのアニバーサリー休暇3日間（有給）あり 6ヶ月経過後の年次有給休暇日数　　5日

求人に関する特記事項

<table>
<tr><th colspan="1">求 人 に 関 す る 特 記 事 項</th></tr>
<tr><td>

■仕事内容の補足
＊入荷の商品量は日によって変動します。
＊当日の担当商品の割り振りは社員から指示があります。
■労働条件の補足
＊平日又は土日祝のみ勤務やWワークの方も歓迎です。
＊日・祝日の勤務は時給100円加算です。
＊週15時間以上勤務の方には寸志程度の賞与があります。
＊契約更新は最初3月末ですがその後は6ヶ月毎となります。
＊雇止め規程があります。（満70歳の誕生日上限）
■働き方の補足
＊入荷商品が多い時は、可能な方には1時間程度の残業をお願いすることがあります。
＊家庭の都合は配慮しますので遠慮なく申し出てください。
■入社後の流れ
新任研修と5日間の先輩指導を受けた後は単独作業となりますが、2週間程度は担当商品数も少なめにしますので安心です。
■職場の仲間
商品出しスタッフは学生アルバイトも含め15名ですが、早朝時間帯は5名体制で、うち2名（男女各1名）がシニアスタッフです。現在67歳の方も元気に活躍しています。
</td></tr>
</table>

「会社の情報」記入のポイント

▼スーパーマーケットとホームセンターを展開する会社であることを紹介したうえで、特にスーパーは大型チェーン店にはない「地産地消」を営業コンセプトに地元の農産物を豊富に取り揃えた地域型スーパーとして消費者に好評を得ていることをアピールし、求職者に特色のある身近な企業イメージを持ってもらう。

「労働時間」記入のポイント

▼パート勤務希望者は自分の都合に合った時間で働きたいことが多いため、基本的な勤務時間に加え時間帯に幅を設けるなど、個別の要望や相談に応じる姿勢を示しておく。
▼また、週20時間未満勤務であることも伝え、そうした条件内で自分が希望する働き方をイメージできるようにする。

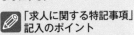

「求人に関する特記事項」記入のポイント

▼仕事内容の補足
求職者に伝えておきたい仕事に関する情報を補足し、理解を得ておく。
▼労働条件の補足
労働条件に関して、勤務時間や時給、寸志程度の賞与などの他、雇用契約に関する情報を補足説明しておく。
▼働き方の補足
特別な事情や仕事量により可能な人には多少の時間外労働をお願いすることもあるが、逆に家庭の都合などには配慮することも伝え、全体としては柔軟な働き方を目指している姿勢に理解を求める。
▼入社後の流れ
入社後は研修や業務量の調整があることを紹介し、求職者の不安を和らげる。
▼職場の仲間
早朝時間帯の人員体制と、うち2名がシニアスタッフで、67歳の人も活躍していることを紹介することで親近感や安心感をアピールし、求職者に「よし、自分もやってみよう」という決断を引き出す。

［女性【専用求人】］ 施工管理

求職者イメージ

▼新しい世界を求めている人
- ＊現在の仕事には意欲が持てず、何か新しい世界で自分を活かせる仕事はないかと模索している女性
- ＊デスクワークや定型業務ではなく、屋外で体を動かす仕事や自分のやった仕事が形として見える仕事がしたい女性
- ＊実家が建築関係の仕事をしているため、高校や大学で建築関係を学び一旦就職もしたが、仕事内容や職場が自分に合わず新天地を求めている女性
- ＊建設会社の事務職や営業職で働いてきたが、テレビや雑誌において工事現場で活躍する「建築女子」や「けんせつ小町」の話題を知り、自分も挑戦してみたいと考えている女性
- ＊公的職業訓練で建築関係を修了または修了予定の女性

アピールポイント

▼ポジティブアクションによる女性専用求人であること
▼35歳以下を対象とした募集であること
▼建築関係の仕事はまったくの未経験でもチャレンジできること
▼女性採用の会社方針が明確であること
▼入社後の定着を図るため、あえて2名の採用であること
▼建築現場の女性採用に向け、ハード面とソフト面において具体的な受入れ体制の整備に取り組んでいること
▼5年後を目標に施工管理スタッフとして独り立ちできる明確な育成計画があること

仕事内容

職種	【女性専用求人】住宅等の施工管理アシスタント／経験ゼロ可
仕事内容	女性の受入れ体制を女性社員が考えました。建築＝男性仕事のイメージは昔の話で、今は女性も活躍しています。建築の仕事なんて考えたこともない方を含め、当社で「建築女子」を目指しませんか。 ■当面の仕事 ＊現場監督に同行して職人さんや業者さんとのやり取りから、どのようなコミュニケーションが行われているかを観察します。 ＊新築住宅やリフォーム工事現場を細かく写真撮影し、記録を通して工事への理解や現場に潜む危険とは何かを考え、学びます。 ＊建築の基礎知識を映像やマニュアルを使って日々勉強します。 ■将来の仕事 2年目からは施工管理アシスタントとして先輩から指示される業務を順次経験し、5年後には施工管理職として独り立ちします。

「職種名」その他例

例：施工管理職（候補）／5年後には独り立ちへ【女性専用求人】
例：住宅の施工管理（当面アシスタント）／女性専用・未経験OK
例：女性の新しい活躍フィールド／住宅の施工管理／女性専用求人
例：ポジティブアクション女性専用／施工管理／～35歳・未経験
例：今注目の「建築女子」／施工管理アシスタント／女性専用求人

 「仕事内容」記入のポイント

▼まずは求人に関心を持ってもらうため、冒頭3行では事務職や接客販売などから転職を考えている女性で、正直、建築関係の仕事などは考えていないが屋外で体を動かす仕事を希望している人に向けて、「施工管理」という仕事があることをアピールする。最近は活躍する女性も多いことを紹介する。

▼仕事内容は、通常であれば施工計画や予算管理業務などを紹介するところであるが、仕事に親近感を持ってもらうため平易な言葉で、女性が「これなら私にもできそう」と感じられる説明とし、併せて5年後には施工管理職として活躍するビジョンも示す。

会社の情報

事業内容	住宅建築やリフォームを営む工務店です。新築住宅は年間平均６０棟の実績があり、６割はオーダーメイド住宅です。徹底したアフターフォローに信頼をいただき、ご紹介によるお客様が多いです。
会社の特長	人材確保と社員の高齢化に対応するため、３年前から「平均年齢３９歳」目標を掲げ、女性や若者から選ばれる会社づくりを推進中。改善チームをつくり、職場環境の見直しにも取り組んでいます。

労働時間

就業時間	変形労働時間制（１年単位） (1) 08時 00分 ～ 17時 00分 (2) 　時 　分 ～ 　時 　分 (3) 　時 　分 ～ 　時 　分 又は 　時 　分 ～ 　時 　分の間の 　時間
	就業時間に関する特記事項 ＊１～３月および７～９月は住宅メーカーの繁忙期のため１年単位の変形労働時間制勤務となりますが、週平均労働時間は４０時間以下で調整します ＊現場によっては就業時間を調整することがあります
休日等	土　日　その他 週休２日制　毎週 ＊夏季８／１２～８／１６、年末年始１２／３１～１／３ ＊（参考）昨年度の年次有給休暇の取得率は７０％です ６ヶ月経過後の年次有給休暇日数　　　１０日

求人に関する特記事項

求人に関する特記事項
■ポジティブアクション適用求人（均等法第８条） 女性を優先して募集することは今回初めてですが、多様な背景や価値観を持つ人たちが、建設現場でも十分に力を発揮することで、会社全体の成長力をさらに高めたいと本気で考えています。 ■受入れ態勢の整備 女性社員２名を交えた「環境改善チーム」を立ち上げています。 ＊ハード面では男女洗面所のリニューアルとシャワー室を新設。今回の採用後は工事現場に女性専用トイレも設置します。 ＊ソフト面では方針の社内共有、指導方法の見直し、セクハラ・パワハラ対策、上司との面談制度などを既に進めています。 ＊今後の計画では、有給休暇の取得推進、育休から復職後の短時間勤務などの制度づくりにも取り組んでいきます。 ■私たちの思い ＊今回は２名の採用を計画しています。お互いに悩みを相談したり励まし合うこともできるメリットを考えました。 ＊今回採用の人材が施工管理職として活躍する姿をモデルに、建築現場で働くカッコいい女性を増やしていきます。 ※まずは見学にお越しください。現場を見て、話を聞いて、すべての疑問や不安を解消してから応募をお決めください。

 「会社の情報」記入のポイント

▼徹底したアフターフォローでお客様の信頼を得ていることをアピールすることにより働く社員の丁寧できめ細かな仕事振りを連想してもらい、誠実で堅実な会社イメージを打ち出す。

▼思いきった社内改革に取り組み、若手や女性が活躍できる職場づくりを目指していることを紹介し、明るい会社イメージもアピールする。

 「労働時間」記入のポイント

▼仕事柄、繁忙期と閑散期があるため１年単位の変形労働時間制を採用しているが、年間を通した週平均労働時間は40時間以下で調整していることを説明する。

▼また、休日では年間休日の内訳として夏季および年末年始の具体的な日程も紹介し、勤務時間と合わせて働き方全体をイメージできるようにする。

「求人に関する特記事項」記入のポイント

▼ポジティブアクション適用求人
今回、女性の施工管理スタッフを募集するに至った背景や会社の考え方などを丁寧に説明することで、女性採用に対する会社の本気度を伝え、求職者の心を惹きつける。

▼受入れ態勢の整備
男性の採用が厳しいため数合わせで女性を採用するなどの場当たり的な募集ではなく、しっかりとした会社方針の下、女性社員も交えたチームを立ち上げて受入れ態勢の整備に取り組んでいる姿勢をアピールする。

▼私たちの思い
募集人数も１名ではなく２名とした理由を説明し、なんとしても定着してもらいたい気持ちを訴える。また、今回採用の人材がモデルとなって、次に続く女性人材を増やしていきたい思いも伝える。

※是非見学に来てもらい、疑問や不安を解消したうえで応募を考えてほしい気持ちを伝え、オープンな会社で、求職者の立場に立った募集であることをアピールする。

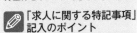

6-4 中途採用

［就職氷河期世代【限定求人】］LPガス配達員

求職者イメージ

▼就職氷河期世代（35〜54歳）
- ＊新卒時に正社員で就職できず、これまで10年以上同じ会社の非正規雇用で働いている人や転職を繰り返してきた30〜40代
- ＊非正規雇用で働きながら正社員を目指してきたが、充分なキャリアのないことがハンデとなり、なかなか採用に至らない30〜40代
- ＊就職氷河期世代に理解があり、単なる人員確保としてではなく、育成やキャリア形成、処遇にも積極的な方針・姿勢がある会社を探している30〜40代

アピールポイント

▼就職氷河期世代に対する理解があり、積極的な採用姿勢があること
▼入社後のキャリアビジョンの話し合いをはじめ、資格取得やキャリア形成に向けた支援があること
▼一緒に働く配送ドライバーも全員が未経験からスタートし活躍していること
▼仕事も重労働は少ないことや閑散期は定時退社も多いことなど、一般的なイメージより働きやすいこと
▼就職氷河期世代限定求人に設けられている応募前職場実習・体験（インターン）の受け入れがあり、求職者の立場を考えた求人であること

仕事内容

職種	LPガスの配送＆営業【就職氷河期世代限定求人】実習OK
仕事内容	正社員で働く機会に恵まれなかった30〜50代の皆さんの再スタートを応援します。LPガスという生活や事業に欠かせないエネルギーのルート配送＆営業職で新しいキャリアを目指しませんか。 ■仕事の概要と特徴 ＊配送リストに基づいて個人宅や事業所のガスボンベ交換と検針、バルブの点検などを行い、結果をハンディ端末に入力します。 ＊車両はパワーゲート、バックカメラ装備の2t車です。 ＊配送エリアは市内90％を中心に1時間程度の範囲です。 ＊お客様には、器具の取り換えなどの簡単な営業も行います。 ■働く魅力 安定した仕事で長く働きながら、ガス関連の資格取得や責任あるポストへのキャリアアップも支援します。

「仕事内容」記入のポイント

▼就職氷河期世代限定求人であることから、職種名に加え冒頭3行においてLPガスの配送という仕事で再スタートする求職者を応援するメッセージを発信する。LPガスの配送という社会インフラを支える仕事で、これまで充分な機会がなかったキャリアの形成も可能なことをアピールし、求人への関心を惹きつける。

▼仕事の概要と主な特徴を紹介し全体像をイメージしてもらうとともに、該当求職者に多い安定して長く働けることやキャリア志向のニーズも叶えられるチャンスのあることを伝える。

「職種名」その他例

例：安定して長く働けるプロパンガスの配送／就職氷河期世代限定
例：2t車でのLPガス配送（市内）／就職氷河期世代限定
例：LPガス配送／就職氷河期限定求人／キャリアアップ支援
例：【就職氷河期世代限定求人】LPガス配送（1日平均50軒）
例：就職氷河期世代限定求人／2t車でのLPガス配送／職歴不問

会社の情報

事業内容	大手総合エネルギー会社○○の特約店として○○市を地盤としたＬＰガスやガス器具などの卸・小売販売業。創業以来６０年、地域の約○○○○世帯と事業所のエネルギーインフラを支えています。
会社の特長	屋外業務が多いため、社員が安心して働ける職場づくりに取り組んでいます。業務や働き方改善の提案制度は１０年以上続いており、毎年１０件以上を採用し社長賞には特別休暇を付与しています。

労働時間

就業時間	変形労働時間制（１年単位） （1）08時00分 ～ 17時00分 （2）　時　分 ～ 　時　分 （3）　時　分 ～ 　時　分 又は　時　分 ～ 　時　分の間の　　時間 就業時間に関する特記事項 ＊12～3月は繁忙期のため1年間の変形労働時間制です ＊5～10月の閑散期は7割程度が定時退社となります ＊年間の月平均時間外労働は10時間ですが、繁忙期は20～30時間程度となります
休日等	日　祝日　その他 週休2日制　その他 ＊土曜日は閑散期全休、繁忙期は月1回休みとなります ＊盆8／12～16、年末年始12／31～1／3（令和○年度） 6ヶ月経過後の年次有給休暇日数　　10日

求人に関する特記事項

求 人 に 関 す る 特 記 事 項
■仕事内容の補足 ＊ボンベは20kg・高さ80cmと50kg・140cmです。 ＊1日の配送は、通常期で40軒程度、冬の繁忙期は需要が多いため60軒程度になります。 ＊ボンベの積み下ろしはパワーゲートで、運搬はボンベカートを使いますので、チカラ仕事の連続にはなりません。 ＊配送終了後は帰社してボンベの本数やハンディデータの入力、集金分の精算、翌日のルート確認、車両点検を行い業務終了です。 ＊適宜、給湯器やガスコンロなどの紹介も行います。 ■職場と仲間 配送員は30～50代の5名で、未経験から再スタートした人ばかりであり、新しいメンバーの加入を楽しみにしています。 ■指導とキャリアアップ ＊入社後3週間は先輩の車に同乗して仕事を覚え、その後は先輩同乗のもと自分で作業をこなし「OK！」が出れば独り立ちです。 ＊入社時には将来目指す姿を話し合い会社と共有したうえで、半年間は毎月上司との面談も行います。併せて、第二種販売主任者をはじめ、将来の姿に必要な資格の取得も支援します。 ※就職氷河期世代のための職場実習（2日）・体験を受け入れますので、希望者は応募前にハローワーク窓口にご連絡ください。

「会社の情報」記入のポイント

▼大手総合エネルギー会社の特約店として、創業以来60年以上地域のエネルギーインフラを支えている安定した会社であることを紹介する。

▼屋外での仕事が中心のため、社員が安心して長く働ける職場づくりに取り組み、一例として提案制度では社員の要望や改善案を積極的に採り入れている特長をアピールする。

「労働時間」記入のポイント

▼繁忙期と閑散期があるため1年単位の変形労働時間制を採用していることや、特に繁忙期の時間外労働については具体的な時間数を紹介し、働き方をイメージしやすくする。

▼休日は、閑散期と繁忙期では土曜日休みが異なることのほか、盆（夏季）休日と年末年始休日の具体的な日程についても紹介する。

「求人に関する特記事項」記入のポイント

▼仕事内容の補足
求職者が知りたいと思う仕事内容の情報を何点か補足し、自分の働く姿をできるだけリアルにイメージできるようにする。

▼職場と仲間
現在、配送の仕事はどのような人が担っているのか、言い換えれば入社後はどのような仲間と一緒に働くかが少しイメージできる情報を提供し、安心感を持てるようにする。

▼指導とキャリアアップ
求職者が不安に思う入社後の指導プロセスを紹介するとともに、これまで就職氷河期世代求職者には恵まれなかったキャリア形成へのチャンスと支援があることをアピールし、応募への強いインセンティブとする。
※職場実習
就職氷河期世代限定求人に設けられている職場実習・体験（インターン）を受け入れていることを伝え、応募しやすくする。

募集シーン・ターゲット別・ハローワーク求人票の書き方と文例集

中途採用

［既卒・第二新卒］福祉用具営業

求職者イメージ

▼既卒者（卒業後3年以内で正社員就労経験なし）
やりたいことが定まらず卒業後はフリーターとして働いてきたが、福祉関係の仕事に興味を持ち仕事を探している人
▼第二新卒（正社員就労経験あり）
学校卒業後の就職先での仕事が自分に合わず離職したため、今度こそは自分に合った仕事で就職したい人
▼福祉業界で働く転職希望者
介護職で働いているが、夜勤や身体負担から経験が活かせる仕事に転職したい人
▼現役営業職の転職希望者
異業種の営業職として働いているが、営業方針や職場環境などに疑問を感じ、新しい職場に変わりたいと考えている人
▼正社員を目指している非正規雇用者
非正規雇用で働きながら正社員を目指しており、職歴やキャリアが充分でなくても応募できる仕事を探している人

アピールポイント

▼既卒者は新卒扱いで募集・採用すること
▼過去の就職活動や就職先での仕事がうまくいかなかった既卒者や第二新卒、非正規雇用者を積極的に受け入れ、そうした人の再チャレンジ・再スタートを応援する姿勢があること
▼営業職ではあるが、単に商品を販売するのではなく、指定されたお客様を訪問し、じっくり話を伺いながら困っている状況の改善や問題解決をサポートする仕事であること
▼新入社員には独自の育成体制を整えており、未経験でも着実に独り立ちできる安心感があること
▼平日は時間外労働もあるが、土・日曜日は完全休養でき、メリハリのある働き方ができること

仕事内容

職種	介護・福祉用具の相談員&ルート営業／既卒・第二新卒歓迎
仕事内容	ケアプランに基づいて介護・福祉用具を提供する相談対応型の営業です。次は自分に合った仕事で長く働きたい皆さんのポテンシャルと短期間でも就労した経験が活かせる新天地で再出発しませんか。 ◆仕事の特徴 ＊指定された利用者さまの身体の状況や住環境、ニーズを丁寧にお伺いして最適な用具類を提供します。 ＊取扱品は車椅子、介護ベッド、移動用リフトなどの用具から住居のリフォーム相談まで幅広くあります。 ＊納品後はアフターフォローやメンテナンス業務もあります。 ◆再出発をフォロー 未就職での卒業や前職を離職した思いを話し合い、今後の仕事への向き合い方や目標を共有したうえで再スタートします。

「職種名」その他例

例：ルート営業（介護・福祉用具など）／30歳以下／未経験歓迎
例：福祉用具相談専門員（営業含）／資格・経験不要・30歳以下
例：正社員／相談対応型営業（介護・福祉用具他）／土日完全休み
例：ケアプラン基づく介護・福祉用具等の提供（レンタル・販売）
例：介護・福祉の営業／既卒者・第二新卒の皆さんの再出発を応援

「仕事内容」記入のポイント

▼求人のメインターゲットとした既卒者や第二新卒者の持つ「今度こそは自分に合った仕事で働きたい」「やり直したい」という強い思いを汲んで、冒頭3行の中で『再出発』という前向きな言葉を用い、求人への注目を狙う。
▼介護や福祉用具のルート営業という仕事は、職種名と冒頭3行で紹介済みのため、ここでは「仕事の特徴」を3点紹介して仕事をイメージしやすくする。
▼再度、入社後はこれまで就職がうまくいかなかったことを糧にして再スタートできるよう会社も応援していく姿勢をアピールし、応募につなげる。

会社の情報

事業内容	介護や福祉用具のレンタルおよび販売のほか、住宅改修など介護保険制度に沿った事業を展開しています。営業エリアを限定することで利用者さまを常に一番近くでサポートできるようにしています。
会社の特長	異業種からの転職者が多いことが特徴です。自分が本当に活躍できる新しいフィールドを求めてたどり着いた当社で、現在は介護・福祉用品のアドバイザーや専門相談員として幅広く活躍しています。

労働時間

就業時間	（1）　08時　30分　〜　17時　30分 （2）　　時　　分　〜　　時　　分 （3）　　時　　分　〜　　時　　分 又は　　時　　分　〜　　時　　分の間の　　時間
	就業時間に関する特記事項 ＊季節などによる業務の繁閑期は特にありません ＊時間外労働は、毎月1日の全体会議での1時間のほか、利用者さまや家族の要請により不定期に1回1〜2時間発生します ＊隔週金曜日は全社定時退社日として定着しています
休日等	土　　日　　その他 週休2日制　　毎週 ＊夏季8／12〜15、年末年始12／31〜1／3（令○年度） ＊働き方の改善に向け有給休暇取得の前年プラス1日運動を展開中 6ヶ月経過後の年次有給休暇日数　　　10日

求人に関する特記事項

求 人 に 関 す る 特 記 事 項
■求人条件および仕事内容の補足 ＊既卒と第二新卒は卒業後おおむね3年以内とします。既卒者の賃金や教育は新卒と同様に、また、第二新卒や卒業後3年超の方は中途採用者として処遇します。 ＊アポ電営業や飛び込み営業は無い安心な営業です。 ＊訪問件数は相談内容により異なりますが1日平均5〜6軒です。 ＊公的資格の福祉用具専門相談員を取得すれば、専門家としての信頼度や活動の幅も大きく広がります（費用会社負担）。 ＊仕事の成果は人事評価の中でプラス評価し賞与に加算します。 ■職場の様子と育成方針 ＊現在、営業職は20〜40代の男女7名ですが、うち4名は既卒や第二新卒者で、在職5年以上の中堅も活躍しています。 ＊新人には6ヶ月間の「4ステップ育成プラン」があります。先輩に同行しながら「仕事の体験」「利用者さまと仕事の理解」「先輩の仕事を真似してみる」、最後に「実践する」の4段階でじっくりと育成しますので、皆、自信を持って独り立ちしています。 ■メリハリのある働き方 時間外労働もありますが、土・日曜日は完全休養できます。また、自分で仕事を調整できるため有給休暇も取得しやすいです。 ※応募前の見学歓迎。同じ年代や境遇の先輩との面談も可能です。

「会社の情報」
記入のポイント

▼事業内容を紹介したうえで、活動エリアを限定してでも常に利用者の一番近くで寄り添いながらサポートしていきたいという思いをアピールし、求職者の「安心して仕事ができる会社」とのイメージにつなげる。

▼異業種からの転職者が多く活躍していることを紹介し、様々な事情を抱えた転職者にも魅力的な会社イメージをアピールする。

「労働時間」
記入のポイント

▼コメント欄の「就業時間に関する特記事項」欄は120字、休日等の「その他」欄は60字まで記述可能なため、できるだけ入社後の日々や1ヶ月、1年を通した働き方がイメージできる情報を提供します。

▼特に、夜勤を含めたシフト勤務や「会社カレンダー」による休日は働き方に大きく影響するため、具体的な補足情報の提供が望まれます。

「求人に関する特記事項」
記入のポイント

▼求人条件および仕事内容の補足
＊求人条件では、既卒者・第二新卒は卒業後おおむね3年を対象とすること、また、採用後の処遇の違いを明確にする。
＊仕事内容の補足では、飛び込み営業などは一切ないことを伝えて求職者の不安を解消する。
＊営業職にとって「頑張りが報われる」ことは重要情報のため、評価制度と賞与加算もあることを紹介する。
▼職場の様子と育成方針
求職者にとって、「一緒に働く仲間はどんな人たちか」や「指導教育体制はどうなっているのか」は関心も高いため、できるだけ具体的に紹介し疑問を解消する。
▼メリハリのある働き方
求職者の中には、営業職は長時間労働で休みも取りにくいなどのイメージを持つ人もいるため、平日は時間外労働もあるが土・日曜日は完全休養でき、メリハリのある働き方ができることをアピールする。

募集シーン・ターゲット別・ハローワーク求人票の書き方と文例集　中途採用

［ひとり親（シングルマザー）］ 訪問介護

求職者イメージ

▼シングルマザー・ファザーの応募を期待する場合

＊生活の大黒柱として、現在の収入をもう少し増やせる仕事を探している人

＊現在は、施設介護職で働いているが、職場内での人間関係などが得意ではないため、原則1人で取り組める訪問介護に変わりたい人

＊現在はパートで働いているが、将来を考えニーズの高い介護業界で正社員として働きながら、資格やキャリアを積んでいきたいと考えている人

＊現在も介護の仕事に携わっているが、料理や掃除などの家事は好きなので、生活支援もできる訪問介護をやりたい人

＊施設の介護職員として働いているが、料理や家事もある程度こなせるため、男性ヘルパーも採用の求人があれば転職を考えている人

アピールポイント

▼シングルに対して、「ひとり親手当」や休日への配慮などのフォロー体制があること

▼すでに同じ境遇のシングルマザーが活躍していること

▼最初から夜勤を入れれば収入アップも期待できること

▼介護が初めてでも、資格が取得できる育成プランが整っていること

▼当面は日勤でも、将来、家庭やライフステージなどの変化に応じて、夜勤を含めた働き方にも柔軟に変更できること

仕事内容

職種	訪問介護（夜勤なし）／「ひとり親家庭」を応援しています
仕事内容	働き方が調整しやすい訪問介護です。当社ではシングルで頑張っている方を応援しています。先ずは日勤からはじめ、将来子供さんが大きくなったら少しずつ夜勤を入れれば、収入アップも可能です。 ■仕事の概要 ＊利用者宅を訪問し、身体介護や生活支援を行います。 ＊身体介護は食事や排せつの介助、衣類の着替えなど、また生活支援は掃除や洗濯、食事用意、ゴミ出し、買い物代行です。 ■仕事の特徴 ＊利用者さまは約150名で要介護3・4の方が7割です。 ＊訪問は、市内を中心に1日4〜5件、1件当たり平均60分。 ＊日曜日は休みですが、祝日と夜間は対応しています。 ＊現在シングルマザー3人が子育てと両立して活躍しています。

✐「仕事内容」記入のポイント

▼一般の求職者に加え、シングルマザー（ファザー）にも応募を期待していることから、冒頭3行でシングルの人も応援するメッセージを発信し、該当者の注目を狙う。

▼仕事の概要は、訪問介護の未経験者にもイメージできるよう基本事項を2点紹介したうえで、利用者はどのような人か、1日に何件くらい訪問するのかなど、求職者のベーシックな疑問を解消する。

▼最後に、もう一度シングルの求職者に向け、同様のスタッフが3人活躍していることを強調し、応募への気持ちにつなげる。

「職種名」その他例

例：訪問介護／資格・経験不問／シングルマザーも3名活躍中です

例：訪問介護（1日4〜5件）／シングル家庭のスタッフも活躍中

例：訪問介護（〇〇市内）／ひとり親のバックアップ体制あり

例：訪問介護／ひとり親で頑張っている方が働きやすい職場です！

例：訪問介護／将来は夜勤も入れて収入増可／ひとり親をサポート

会社の情報

事業内容	利用者宅での身体介護と清掃や買い物代行などの生活支援も行う訪問介護事業を営んでいます。自宅介護へのニーズの高まりに対応した夜0時までのサービスが利用者さまから好評を得ています。
会社の特長	訪問先では原則一人でサービスを提供します。自分のスタイルを活かせる半面、一人で対応しなければならない緊張感やストレスもあるため、スタッフとの面談やメンタルヘルスは大切にしています。

労働時間

就業時間	（1）　08時　30分　〜　17時　00分 （2）　16時　30分　〜　00時　00分 （3）　　時　　分　〜　　時　　分 又は　　時　　分　〜　　時　　分の間の　　時間 就業時間に関する特記事項 ＊今回募集の日勤は（1）ですが、将来夜勤を希望される場合は（1）と（2）のシフト制となります ＊時間単位の有給休暇も可能ですので、1日の中でも可能な時間だけ柔軟に働くことができます
休日等	日　　その他 週休2日制　　毎　週 ＊日曜日以外はシフト制ですが希望は配慮します ＊夏季は交替で4日間、年末年始は12／31〜1／3 6ヶ月経過後の年次有給休暇日数　　　10日

求人に関する特記事項

求人に関する特記事項
■育成プロセス （1）介護経験ある方 ＊訪問介護のルールや利用者さまとの関わり方などの基本を理解し、1週間の先輩同行を経て独り立ちの予定です。 （2）介護は初めての方 ＊3ヶ月計画に沿って、まず1週間は介護の基本を学びます。 ＊その後、先輩に同行して介護では補助を、生活支援では指示に従って行います。 ＊2ヶ月目には「介護職員初任者研修」の資格を取得していただき再度先輩の下で経験を積み4ヶ月目から独り立ちですが、自信が持てるまでは独りにしませんので安心です。 ■仲間が活躍中 現在は30〜60代の女性15人が活躍、うち2人は未経験から始め、まだ6ヶ月目ですが資格も取得して日々成長しています。 ■働きやすい職場（シングル家庭応援） ＊扶養手当のほか、シングルの方には子供さんが中学校を卒業するまで「シングル手当」1万円を支給します。 ＊家庭の状況変化に応じて夜勤にも入っていただけます。最初は月1回からでもOK。徐々に増やせば収入アップも可能です。 ＊学校行事や急な休みにも待機スタッフがいますので安心です。

「会社の情報」記入のポイント

▼訪問介護事業を営む会社で、特に深夜0時まで対応していることが自宅介護のニーズにマッチし、利用者に好評を得ていることをアピールする。
▼仕事の特性上、訪問先では様々なクレームやトラブルなどもあり、スタッフには大きな精神的負担をかけていることから、メンタルヘルス対策には力を入れている姿勢をアピールし、安心感につなげる。

「労働時間」記入のポイント

▼今回の募集は日勤であるため（1）の固定時間勤務であることを紹介したうえで、将来、夜勤も希望する場合は（2）とのシフト制であることを補足する。また、時間単位の年次有給休暇も可能であることを付け加え、特にシングルマザー（ファザー）には働きやすいことをアピールする。
▼休日では、交替による夏季4日間と年末年始の日程を可能な限り具体的に紹介することで休み方をイメージしやすくする。

「求人に関する特記事項」記入のポイント

▼育成プロセス
介護経験の有無別に、入社後の対応を紹介する。特に、不安の強い未経験者には3ヶ月間の流れを具体的に紹介し、4ヶ月目からの独り立ちしている自分の姿を前向きにイメージできるようにする。
▼仲間が活躍中
求職者にとって、どんな人たちと一緒に働くかは関心もあるため、年代や入社間もない人もしっかり成長している状況を紹介して親近感や安心感を持てるようにする。
▼働きやすい職場（シングル家庭応援）
シングル以外も含めて、家庭との両立や柔軟な働き方ができることを紹介しつつ、特にシングルの人には独自の「シングル手当」などで会社も応援している姿勢をアピールする。

募集シーン・ターゲット別・ハローワーク求人票の書き方と文例集　中途採用

225

[外国人可] 外国人実習生サポーター

求職者イメージ

▼インドネシア滞在経験のある人
貿易関係の仕事をしているが、留学やビジネスでインドネシアに滞在経験があるため、語学力と経験を活かせる仕事がしたい人

▼語学力を活かしたい人
大学や専門学校でインドネシア語を学んだが、現在の仕事は特に同語学力を必要とするわけでもないため、もっと活かせる仕事がしたい人

▼インドネシア語が母語あるいは習得している外国人
国内での活動に制限のない在留資格を持っているインドネシア人やインドネシア語を習得している外国人で、現在は異業種で働いているが、今後は自国の人々や外国人労働者を直接サポートする仕事をしたい人

▼国際貢献に興味がある人
地元のインドネシア国際交流ボランティアなどで活動中あるいは経験があり、同国語での会話力もある程度身に付けているため、来日する同国の人々に対してもっと踏み込んだ関わりが持てる仕事がしたい人

アピールポイント

▼インドネシアと日本をつなぐ大きな役割や使命を持った仕事であること
▼実習生の成長に直接関わりサポートするやりがいのある仕事であること
▼仕事は2人1組での担当のため、1人で悩みを抱えることもなく安心であること
▼組合は技能実習生監理団体の中でも「優良監理団体」の認定を受けていること
▼外国人スタッフも5人活躍していること
▼業務には海外出張があること

仕事内容

職種	外国人技能実習生サポート（インドネシア）／資格・経験不問
仕事内容	インドネシアの技能実習生が来日し安心して就労、生活できるようサポートする仕事です。同国の語学力を活かして、期待と不安を胸に来日する実習生と受け入れ企業を支えてください。 ■受入れ状況と主な業務 ＊受入れ国はベトナムなどの150名とインドネシア5名です。 ＊実習先企業は製造を中心に建設、農業、介護など多種多様です。 ＊主要業務は、書類作成と手続き、日本語教育、通訳、実習先定期訪問、生活指導の他、悩み相談は24時間のフルサポートです。 ■スタッフの体制と特長 すべての実習先企業は日本人と通訳（主に外国人）スタッフの2名体制です。外国人スタッフも単なる通訳ではなく、トータルなサポートを担い、足りない部分は日本人スタッフがしっかり補います。

「職種名」その他例

例：【正】外国人技能実習生の通訳・監理・指導（インドネシア）
例：外国人スタッフも活躍中／インドネシア技能実習生のサポート
例：技能実習生指導員（インドネシア語通訳・指導等）／未経験可
例：国際貢献の仕事がしたい方／技能実習生の就労・生活サポート
例：技能実習生の通訳・指導／要インドネシア語／国籍・経験不問

「仕事内容」記入のポイント

▼法令順守および厳格なルールに沿った実習生や受入れ企業の監理・指導などの堅いイメージの仕事であるが、求職者は国際交流や貢献あるいは人を支える仕事がしたい、また、インドネシア語学力を活かしたいと考えている人などを前提に、求人全体は平易な言葉でのソフトなイメージを意識する。

▼冒頭3行も含めて、主要業務の説明とスタッフ体制の特長紹介により、求職者が「こんな仕事がしたかった」「語学力があれば未経験でも始められる」などといった前向きな印象を持てるようにする。

＊「職種名」その他例の【正】は「正社員（本例では職員）募集」の意。

会社の情報

事業内容	アジア諸国からの外国人技能実習生を受け入れ、就労や生活をサポートする監理団体です。組合員企業は８０社、過去１０年以上の実績を活かし、現在は約１５５名の実習生をサポートしています。
会社の特長	「日本に来てよかった」と思ってもらえるよう、スタッフはビジネスを超えたきめ細かい支援に取り組んでいます。１人ひとりが企業と実習生の架け橋役として、強い使命感を胸に取り組んでいます。

労働時間

就業時間	(1)　09時　00分　〜　18時　00分 (2)　　　時　　分　〜　　　時　　　分 (3)　　　時　　分　〜　　　時　　　分 又は　　時　　分　〜　　時　　　分の間の　　　時間
	就業時間に関する特記事項 ＊巡回業務の内容やタイムスケジュールにより、就業時間を調整することがあります
休日等	土　　　日　　　その他 週休２日制　　毎　週 実習生の入出国集中や不測の事態発生時などには、年６回を限度として月８０時間、年６００時間まで可能（昨年度実績４２０時間） ６ヶ月経過後の年次有給休暇日数　　　１０日

求人に関する特記事項

求 人 に 関 す る 特 記 事 項
■組合の特長と募集理由 当組合は、法令違反がなく技能評価試験の合格率や指導・相談体制などで一定の要件を満たしている優良監理団体の認定を受けています。今回はインドネシアからの受け入れ増加に伴う募集です。 ■仕事内容の補足 ＊年２〜３回程度は受入れ国への出張があります。 ＊巡回指導では実習先企業の他、実習生の寮も訪問します。 ＊作業指示書などの母語翻訳や指導教材の作成も行います。 ＊実習生と企業との親睦会などの企画・運営も行います。 ＊実習生の悩み相談は休日・夜間も当番制で対応します。 ＊ケガや病気、トラブル発生時には迅速に対応します。 ■外国人スタッフも活躍 スタッフは日本人６名と外国人５名（男８女３）です。出身国はベトナム３名、カンボジア１名、インドネシア１名で、実習先で働いていた人もおり、頼りになる存在として活躍しています。 ※スタッフや仕事風景は求人票の画像情報をぜひご覧ください。 ■メッセージ 自分がサポートしている実習生が成長し、帰国後活躍する姿を見せてくれることが一番の喜びです。両国の架け橋となる人材を私たちと一緒に育てていきませんか。まずは一度見学にお越しください。

「会社の情報」記入のポイント

▼外国人技能実習生の受入れから企業への紹介、管理・指導までを担う団体であることを説明したうえで、具体的組合員企業数や現在サポートしている実習生人数なども紹介する。

▼自国での予備知識は得ているものの期待と不安を抱えて来日する実習生に対して組合スタッフ１人ひとりが強い使命感を胸に活躍していることをアピールする。

「労働時間」記入のポイント

▼実習生の生活支援は必ずしも決められた就業時間内でできる仕事でもないことから、就業時間を調整する場合があることを説明しておく。

▼職業柄、業務の集中や不測の事態への緊急対応などもあるため、36協定における特別条項による時間外労働があるが、昨年度の実績を公表して求職者の疑問・不安を解消しておく。

「求人に関する特記事項」記入のポイント

▼組合の特長と募集理由
「優良監理団体」の認定を受けていることを紹介し、安心して働ける職場であるイメージをアピールする。また、今回は受入れ増加が見込まれるインドネシアからの実習生に対応できる人材確保のための募集であることも紹介し、採用者に対する期待も大きいことを感じてもらう。

▼仕事内容の補足
海外出張や巡回指導の内容、教材作成、24時間態勢による悩み相談への対応などについて補足紹介する。

▼外国人スタッフも活躍
出身国別人数や実習先勤務経験者もいることなどを紹介し、外国人も安心して活躍できることをアピールする。

▼メッセージ
やりがいのある仕事であることを改めてアピールし、「こんな仕事がしたかった」と考えている求職者をまずは見学へ誘導する。

［UIJターン希望者］木工家具職人

求職者イメージ

▼地元企業で働く転職希望者
＊現在も地元の木工会社で働いているが、量産品ではなくオーダー品の製作ができる仕事に転職を希望している人
＊現在働いている地元企業での仕事が自分のやりたいこととは異なるため、もともと好きなモノづくりの仕事に転職したいと考えている人
▼Uターン・Jターン希望者
学校卒業後は都会で働いてきたが、やはり地元に戻りたくなり、地場産業の木工の仕事を探している若手・中堅層
▼Iターン希望者
都会生活に馴染めず、以前から木工の仕事ができる地方暮らしを計画している人

アピールポイント

▼ライン方式による量産品ではなく、オーダー品の製作であり、家具職人としての腕を磨けること
▼単に「UIJターン歓迎」ではなく、希望者を積極的に受け入れる姿勢と就職にあたってのフォロー体制も整えていること
▼木工職人としてある程度活躍できるためには長期間を要するが、募集では未経験を前提に到達目標を明確にした3年間の育成方針と計画を用意していること
▼未経験から始めた若手や中堅がしっかり活躍していること

仕事内容

職種	オーダー家具の製造技能者（匠を養成）／地元・遠方者共歓迎
仕事内容	ものづくりの原点ともいえる伝統を受け継ぐ「木工職人（匠）」の夢を実現しませんか。憧れの仕事、一生ものの仕事として地元の方はもちろん都会などからの移住を計画している方も歓迎です。 ■仕事の特徴 ＊オーダーメイド家具を中心にお客様に選んでいただいた天然木でテーブルや椅子、家具など約30種類を製作しています。 ＊製作はライン作業ではなく工程別チームで進めますが、一人で全工程をお任せすることもあります。 ＊独自の「3年間3ステップ」育成計画で「匠」を目指します。 ■UIJターン／移住をサポートします 移住には事前の充分な下調べが必要です。仕事と生活面も含めた見学や体験もお手伝いしますので、まずはご相談ください。

「職種名」その他例

例：木工家具職人／40歳以下・経験不要／移住希望者の支援あり
例：木工家具製造（椅子やテーブルなどの注文家具）／未経験OK
例：木工家具職人（伝統の承継者）／3年間の育成計画で独り立ち
例：憧れの地方暮らしと家具製造職人の両立OK／移住希望者応援
例：家具製造技能者（見習いから）／モノづくりやDIY好きな方

「仕事内容」記入のポイント

▼募集対象は、地元求職者はもとよりUIJターン希望者も想定しているため、単に「UIJターン歓迎」ではなく、冒頭でその意思をアピールしてインパクトを狙う。
▼募集対象はもともと「木工（家具）職人」の希望者であることから、仕事内容については具体的な作業内容の説明は省略し、オーダーメイド家具であることだけを紹介する。その分、求人全体はUIJターン希望者に対して「この会社は本気で受け入れる姿勢がある」との意思が伝わる内容を盛り込んだものとする。

会社の情報

事業内容	特注家具を中心とした製造・販売会社です。昭和２５年に先代が個人で立ち上げた工房を、現在の二代目が法人化して販路も広げ、今では大手百貨店での展示会にも出展するまでになりました。
会社の特長	伝統の技を若い人に伝承していくため、人材は広く全国から募集するとともに、合理的な指導方針と計画で育成しています。独り立ちまでには時間がかかりますが、すでに２人が独立していきました。

労働時間

就業時間	(1) 08時 30分 ～ 17時 30分 (2) 時 分 ～ 時 分 (3) 時 分 ～ 時 分 又は 時 分 ～ 時 分の間の 時間
	就業時間に関する特記事項 ＊午前１０時と午後３時に各１５分の小休憩があります ＊若手は業務終了後も自主的に技の練習に取り組むため、仕事は定時で終われるように協力していますが、作業状況や納期により１～２時間発生する場合があります
休日等	日 祝日 その他 週休２日制 その他 ＊第１・３土曜日休み ＊夏季８／１２～８／１６、年末年始１２／３０～１／３ ６ヶ月経過後の年次有給休暇日数 １０日

求人に関する特記事項

求人に関する特記事項
■３年間で独り立ちできます ＊育成計画は現役先輩が作成しました。３年間でベーシックなテーブルや椅子が製作できることを目標にします。 ＊１年目は、作業の流れ、材料木の見分け、図面の見方や道具の使い方など、基本の「き」を学びます。 ＊２年目は、工程別チームにも入って一連の工程を経験していきます。お客様との打ち合わせにも同席します。 ＊３年目には、工程作業での技を実践で習得するとともに、終盤には一人でベーシックなモデル製品の試作に挑戦します。 ■同じ目標を持った仲間たちです ＊時間から時間で行う仕事ではありませんが、作業計画はしっかり立てますのでメリハリのある働き方になります。 ＊スタッフは経験２～５年の３０・４０代若手・中堅から経験３０年超の７０代「匠」まで８人。若手・中堅は全員未経験からのスタートですが、皆、同じ目標に向かって日々技を磨いています。 ■ＵＩＪターン・移住を考えている方をサポートします ＊入社に際し引越しが必要な方には借り上げ社宅を準備します。 ＊地元○○市の移住定住支援事業として移住者の家賃補助事業などが紹介されていますので、当社のホームページとあわせてご覧ください。

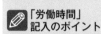

「会社の情報」記入のポイント

▼特注家具の製造を専門として先代が立ち上げた工房を現在の二代目が法人化した会社であり、今では大手百貨店の展示会にも出品できる匠の技を持つまでに成長していることをアピールする。

▼匠の技を伝承していくため、人材を全国に求め、若手にも受け入れられる新しい方法で育成に取り組んでいることをアピールする。

「労働時間」記入のポイント

▼職人的な働き方に納得した人たちの職場であることから、時間外労働でミスマッチにはなりにくいと思われるが、一応作業状況などにより発生する場合があることは紹介する。

「求人に関する特記事項」記入のポイント

▼３年間で独り立ちできます

求職者の一番の関心は入社後の指導であることから、まずは３年間で最低限の独り立ちができるよう計画的に育成していくことを紹介して不安を和らげるとともに、未経験の求職者が自分の成長をイメージできるようにする。

▼同じ目標を持った仲間たちです

現在のスタッフ８人を紹介し、特に募集対象の30・40代は全員未経験からのスタートだが、皆が「匠」という大きな目標に向かって日々取り組んでいることをアピールする。

▼ＵＩＪターン・移住を考えている方をサポートします

移住にあたっては仕事以外にも住まいや引越しなど様々な問題があるため、会社としても可能な限りフォローしていく姿勢を強調したり、自社独自で移住支援を行うことが困難な場合にも、地方自治体による移住支援策の情報提供を行うことなどにより、求職者に「まずは話を聞いてみよう、相談してみよう」という気持ちへ誘導する。

[専門職] 医療ソーシャルワーカー

求職者イメージ

▼急性期医療機関からの転職希望者
 ＊救急患者も多く、日々の業務をこなしていく仕事振りに疑問を感じ、もう少しゆとりを持った仕事のできる職場に転職を希望している人
 ＊学校卒業時には急性期医療機関を勧められて就職したが、仕事や職場に馴染めず離職した第二新卒
▼自分の考えてきたMSW像に近づきたい人
 業務範囲が明確でなく「何でも屋」のような存在の現実にギャップを感じ、もう一度自分の目指す姿に近い働き方のできる職場を探している人
▼現在抱えている課題を改善したい人
 急性期・慢性期医療機関を問わず、現在の職場では問題やクレームに対して利害関係者の板挟みとなり相談する人もなくて1人で問題を抱えることが多いため、協力・支援体制のある職場に変わりたい人

アピールポイント

▼医療ソーシャルワーカーとしての位置づけや役割が院内で認識・共有されていること
▼基本的な業務は業務分掌により決められており、いわゆる「何でも屋」や「便利屋」的な存在にならないよう配慮していること
▼慢性期医療機関のため1人ひとりの患者とじっくり向き合った仕事ができること
▼院内での所属は独立した「医療福祉相談室」であり、問題を1人で抱え込むことがないようチームによる相談体制を整えていること
▼時間外労働は比較的少なく、プライベートや家庭とも両立しやすい働き方ができること

仕事内容

職種	医療ソーシャルワーカー（ＭＳＷ）／療養型病院／3名体制へ
仕事内容	幅広い業務に追われる日々から、自分の目指すＭＳＷの姿に少しでも近づきたいと思っている皆さん。慢性期医療と福祉を提供する当院で一人ひとりの患者さまとじっくり向き合ってください。 ■業務範囲 入院・退院・転院の相談や調整を中心に、患者さまや家族が抱える心理的・経済的問題などを関係機関とも連携しながら援助・解決します。業務は多様ですが院内の業務分掌により「何でも屋」となるようなことはありません。 ■当院ＭＳＷの特徴 ＊病状は安定した長期入院の方が多く、病状経過もゆっくりであるため、一人ひとりの患者さまとじっくり向き合えます。 ＊現在2名のＭＳＷを3名体制としチーム対応力を高めます。

「仕事内容」記入のポイント

▼冒頭3行において、自分の考えている医療ソーシャルワーカー（MSW）としての仕事ができていない求職者に対して、慢性期医療機関としての当院なら求める姿に近づけることをアピールし、求人への関心を惹きつける。

▼MSWの一般的転職理由では業務範囲が不明確で「何でも屋」的な存在になっていることへの不満が多いため、当院での方針や特徴を紹介し、他院との違いをアピールする。

「職種名」その他例

例：医療ソーシャルワーカー／患者さまとじっくり向き合うＭＳＷ
例：療養型病院にて福祉を提供するソーシャルワーカー（ＭＳＷ）
例：医療ソーシャルワーカー（ＭＳＷ）／あなたの目指す姿を応援
例：療養型病院のソーシャルワーカー（ＭＳＷ）／第二新卒歓迎
例：医療ソーシャルワーカー（ＭＳＷ）／年間休日110・残業少

会社の情報

事業内容	慢性疾患対応の療養型病院です。診療科目は内科、循環器科、胃腸科、リハビリテーション科で病床数は６０床。年齢を問わず、通院困難な方が快適に生活できる在宅医療にも取り組んでいます。
会社の特長	病院待合室には皆さんからのアンケートが掲示してあります。内容は毎月院内のＣＳ委員会で検討し、特に厳しい意見には必ず改善結果を記載するとともに、私たちの仕事への行動基準にしています。

労働時間

就業時間	変形労働時間制（１ヶ月単位） （１）08時　30分　～　17時　00分 （２）08時　30分　～　17時　30分 （３）　時　　分　～　　時　　分 又は　　時　　分　～　　時　　分の間の　　時間
	就業時間に関する特記事項 ＊月末５日間は各種ミーティングもあるため（２）の勤務時間もある１ヶ月単位の変形労働時間制です ＊月平均時間外労働１０時間は、突発的な事案や各部門との調整などが必要となる場合に発生することが多いです
休日等	日　祝日　　その他 週休２日制　　その他 ＊土曜日は交替で月３回程度の休みとなります ＊夏季３日間、年末年始４日間は交替で取得します ６ヶ月経過後の年次有給休暇日数　　　　１０日

求人に関する特記事項

求人に関する特記事項
■問題はチームで解決 ＊ＭＳＷは「医療福祉相談室」の所属で、現在所長以下４名です。 ＊板挟みによる難しい事案やクレームも１人で抱え込むことがないようメンバーで解決の道を考えていきますので安心です。 ■働き方の特長 ＊急性期医療機関ほど時間に追われないため、先輩からはゆとりを持って指導が受けられます。 ＊緊急入院や手術は少ないため時間外労働も比較的少なく、自己学習の時間確保や家庭とも両立しながら長く働ける職場です。 ■再チャレンジへのエール 最近は療養や障害によって支援を必要とする人が急増しており、医療機関におけるＭＳＷのニーズは高まっています。 当院では、ＭＳＷが医療の福祉専門職として機能することが患者さまの満足度を高め、病院の評価にもつながることが医師や看護師も含めた院内で認識・共有されるようになりました。患者さまの様々なニーズにお応えしていくことは、業務の多様化や複雑化ともなりますが、当院ではＭＳＷとしての基本業務を守りつつ、本来の役割を果たせるようにしています。これまでの経験を活かして自分の目指す姿にもう一度チャレンジしてください。 ※見学歓迎です。先輩ＭＳＷの仕事ぶりもご紹介します。

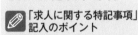

「会社の情報」記入のポイント

▼療養型病院であることを診療科目や病床数も交えて紹介する。また、通院困難な患者のための在宅医療にも取り組んでいる地域の医療機関であることもアピールする。

▼来院者アンケートの活用状況を紹介し、医師以下病院スタッフの患者に対する姿勢や仕事振りをイメージしてもらえるようにする。

「労働時間」記入のポイント

▼通常7.5時間勤務を基本に月末5日間は定例ミーティングなどもあるため8.25時間とする１ヶ月単位の変形労働時間制勤務であることや時間外労働の発生状況などを説明する。

▼また、休日は日曜日および祝日をベースに土曜日や夏季・年末年始は交替制での休みとなることも説明し、就業時間と合わせて具体的な働き方をイメージできるようにする。

「求人に関する特記事項」記入のポイント

▼問題はチームで解決

MSWの仕事は、所属部署によって業務範囲や相談体制も変わります。当院では独立した部署を設け、難しい事案はチームで解決していく体制を整えていることなどを紹介し、安心感をアピールする。

▼働き方の特長

慢性期医療機関の特徴から、先輩の指導はゆとりを持って受けられることや少ない時間外労働によりプライベートの充実や家庭との両立もしやすいことをアピールする。

▼再チャレンジへのエール

MSWの業務範囲や職場での位置づけ・役割などは医療機関によって異なることが多いため、MSWとして働く人もより良い環境を求めて転職していきます。そうしたMSWを取り巻く環境を踏まえて当院の認識や考え方を紹介し、転職希望者の気持ちをつかむ。

［管理職］営業部長（候補）

仕事内容

職種	営業部長（候補）／主要顧客の管理と営業チームの底上げを
仕事内容	環境用品リース事業で創業30年を迎えるにあたり、営業力の底上げを担っていただける人材を求めています。前職の業界やポストは問いません。男女7名の集団に変化を起こしてください。 ■お任せしたい業務と役割 （1）通常業務 ＊当面、営業スタッフの業績管理は営業課長が中心に行いますので部長としてはアドバイスやフォローをお願いします。 ＊スタッフ担当の主要顧客約20社を管理してください。 （2）メイン業務 3年後を目標に、営業力底上げに向けた現状の課題や今後の改善策を経営陣と一緒に考えながら実行していきます。 ■入社時の役職は部長候補ですが1年後には部長に昇格予定です。

「仕事内容」記入のポイント

▼冒頭で、今回の求人の目的と採用人材への期待を紹介することで、営業で働いてきたミドル世代や定年前後の世代の注目を惹きつける。

▼営業部門の管理者と言えば、中小企業ではプレイングマネージャーとして業績追求だけの役割が多い中、今回のメインは新しい営業集団づくりという大きな課題を担う立場であることを紹介する。重責ではあるがやりがいのある仕事であることを感じてもらい、求職者のチャレンジ意欲を引き出す。

「職種名」その他例

例：営業管理職（1年後に部長）／営業力の底上げに向けた牽引役
例：営業部長（候補）／営業チーム7名／前職の業種・ポスト不問
例：営業部長候補／営業経験を活かして第二の人生も第一線で活躍
例：営業部長候補／当社初めてのポスト／要営業経験／定年65歳
例：営業部門のリーダーとしてチームの活性化を（1年後は部長）

会社の情報

事業内容	玄関マットと清掃モップのリースから始めた事業ですが、現在では県内の店舗や事務所、個人宅２，０００件以上のお客様に水や空気も含めた幅広い「クリーン」な環境用品を提供しています。
会社の特長	女性社員が６割を占めることから、ライフイベントなどがあっても働ける職場づくりを目指してきました。連続休暇や育児休業の推進により、全社員の平均勤続年数も５年前に比べ２年延びました。

労働時間

就業時間	変形労働時間制（１ヶ月単位） （１）　08時　30分　～　17時　00分 （２）　08時　00分　～　17時　30分 （３）　　時　　分　～　　時　　分 又は　　時　　分　～　　時　　分の間の　　時間
	就業時間に関する特記事項 ＊月末と月初め６日間は、社内会議や月締め業務などがあるため（２）の勤務時間となります ＊お客様対応により不定期に１回で１～２時間程度の時間外労働が発生しますが、通常はほぼ定時で終了します
休日等	土　　日　　その他 週休２日制　　毎　週 ＊夏季８／１２～１６、年末年始１２／３０～１／３ ＊５日間連続休暇あり（土日＋有給休暇２＋特別休暇１） ６ヶ月経過後の年次有給休暇日数　　　１０日

求人に関する特記事項

求人に関する特記事項
■待遇の補足 ＊これまで営業部長職は在籍者がなく、今回初めてのポストです。 ＊賃金は部長候補で標準モデル３５万円ですが、前職での経験内容を考慮します。（部長職就任後の標準モデルは４５万円） ＊管理職のため時間外労働手当の支給はありません。 ■現在の課題と今後目指す姿 ＊１人のエース級営業スタッフに頼らない集団 ＊昔ながらの営業スタイルを変えたい ＊お客様から「お宅の営業員は変わったね」と言っていただける ■新しい営業チームづくりの進め方 ＊１年間は１人ひとりの同行や話し合いのほか、お客様を訪問して当社営業の評価や要望を聞き取り、課題を整理します。 ＊２年目には改善策を経営陣と話し合い、実行に移していきます。 ＊営業スタッフとの認識共有のため、何度も話し合いを重ねながら進めていきます。 ■ぜひ応募いただきたい方（当社定年の６５歳以下の方ならＯＫ） ＊第二の人生も第一線で活躍したい方 ＊これまで温めてきた自分の考える営業部門を作ってみたい方 ＊トップセールスの実績は不要です（名選手、名監督にあらず） ※応募前見学にお越しください。当社の現状を詳しく説明します。

 「会社の情報」記入のポイント

▼創業時は、玄関マットと清掃モップで始めたリース事業が、現在では県内の2,000件以上のお客様にご利用いただくまで成長した会社であることをアピールする。

▼社員の半数以上が女性の会社であることから、性別に関係なく安心して働ける職場づくりに取り組み、具体的な実績として平均勤続年数も延びていることを紹介する。

「労働時間」記入のポイント

▼勤務は１ヶ月単位の変形労働時間制で、月末月初の勤務時間（２）の紹介とその理由および時間外労働の発生理由を説明し、１ヶ月間の働き方がイメージできるようにする。

▼休日には、特別休暇を加えて最大５日間の連続休暇が取得できることを紹介し、プライベートも充実できる働き方をアピールする。

「求人に関する特記事項」記入のポイント

▼待遇の補足
入社時の部長候補と部長就任後の賃金標準モデルを公開し、現役で働く40～50代求職者の転職後の経済的な見通しが立つようにする。

▼現在の課題と今後目指す姿
今回の役割を引き受ける以上は、経営者がどのような営業集団を求めているかは求職者にとっても必須情報のため、３点を掲げ、目指す姿をイメージできるようにする。

▼新しい営業チームづくりの進め方
仕事の進め方の方針を紹介し、求職者に流れや手法をあらかじめ理解してもらう。

▼ぜひ応募いただきたい方（当社定年の65歳以下の方ならOK）
想定される40～60代の求職者から、今回の仕事に前向きに取り組んでもらえる人材像を例示し、該当者の応募を促す。

募集シーン・ターゲット別・ハローワーク求人票の書き方と文例集 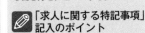 中途採用

［オープニングスタッフ］ベーカリーショップ販売員

求職者イメージ

▼販売職などで働いている転職希望者
現在は販売やサービス業などで働いているが、もっと店づくりや商品企画などにも携われる仕事を探している20～30代

▼第二新卒
学校卒業後の初職の仕事が自分に合わなかったり職場の人間関係が上手くいかなかったりして離職したため、今度はそうした点が少しでも改善された職場を探している20代

▼アルバイトや派遣で働いている人
正社員での就職が上手くいかず離職し、非正規雇用で働きながら再度正社員の仕事を目指している20～30代

▼パートで働いている人
現在はパート雇用で働いているが、フルタイムで働ける条件が整ったので正社員の仕事を探している30～40代

▼久しぶりに働きに出ようとしている人
前職を退職後は子育てに専念していたが、フルタイムで働ける条件も整ったのでブランクはあるが再度働きに出たく、家庭への配慮もある仕事を探している人

アピールポイント

▼オープニングスタッフならではのポスティングやマニュアル作りなどもあり、新鮮な気持ちで仕事ができること

▼新規オープンの新しい職場のため、人間関係もゼロからのスタートであること

▼販売職経験者に希望の多い「自分たちで考える店づくり」に直接携われること

▼プロ講師による事前研修もあり、アルバイトやパートなどの非正規雇用で働いてきたことによるキャリア不足や接客未経験でも安心であること

▼子どもの学校行事などには配慮もあり働きやすいこと

仕事内容

職種	ベーカリーのオープニングスタッフ／販売と楽しいお店づくりを
仕事内容	２０２×年９月にオープンするカフェ併用のお店。スタッフ全員が同時スタートのため人間関係はフラットで、ゼロからのお店づくりにも参加できます。焼きたてのパンの香りの中で働きませんか。 ■お店の特徴 約４０種類のパンとヘルシーで食べやすいベーグルを提供。また、１６席のカフェでは焼きたてを楽しんでいただけます。 ■ホールスタッフの主なお仕事 ＊焼きあがったパンとベーグルの陳列や包装とレジ業務 ＊カフェのお客様への接客サービスとドリンク作り ＊ＰＯＰ広告作成や飾りつけなどの販売促進（楽しいお店作り） ■一緒に働きませんか 第二新卒や子育てに余裕が出た「パン好き」の方も歓迎。

✎「仕事内容」記入のポイント

▼現在の仕事におけるマンネリ感や人間関係がうまくいかず転職を考えている求職者の中には、そうしたしがらみのない新規開業のオープニングスタッフを求める人もいることから、冒頭3行でそうした魅力をアピールし、注目を狙う。

▼店の特徴をパンの品数やカフェコーナーの席数も交えて具体的に紹介するとともに、主な仕事内容3点と応募を期待する求職者を示してイメージしやすくする。

「職種名」その他例

例：新規開店のベーカリー販売スタッフ（カフェ併用）／職歴不問

例：ベーカリーオープニングスタッフ（販売とカフェ）／○○○店

例：オープニングスタッフ／ベーカリー販売／９～１８時固定勤務

例：焼きたてパンとベーグルのホールスタッフ／９月新規オープン

例：【正社員】カフェベーカリーのオープニングスタッフ（販売）

会社の情報

事業内容	焼きたてのパンやベーグルとカフェも併用したカフェベーカリー「○○○」です。１０年の修業で温めてきた季節を活かしたパンや親しい仲間のミニパーティーで楽しめる商品を提供していきます。
会社の特長	お店も職場もゼロからのスタートです。職歴や年齢も異なる見知らぬ同士が、ひとつの目的に向かってこのお店に集い、これからチカラを合わせて作っていく職場はどんな職場になるのか楽しみです。

労働時間

就業時間	(1) 09時 00分 ～ 18時 00分 (2) 　時 　分 ～ 　時 　分 (3) 　時 　分 ～ 　時 　分 又は 　時 　分 ～ 　時 　分の間の 　時間
	就業時間に関する特記事項 ＊パン作りには携わりませんので営業時間での固定時間勤務です ＊新規オープンのため時間外労働の実績はありませんが、オープン前後は繁忙が予想されるため最大１日１時間程度発生する見込みです。その後は月平均５時間以内に収める計画です。
休日等	月　その他 週休２日制　　毎　週 ＊月曜日の定休日のほか平日に１日を交替で取得します ＊夏季８／１２～１６、年末年始１２／３０～１／３ ６ヶ月経過後の年次有給休暇日数　　１０日

求人に関する特記事項

求 人 に 関 す る 特 記 事 項
■仕事内容の補足 ＊商品名は覚えていただきますが、価格はレジに表示されますので覚える必要はありません。 ＊お客さまの質問には的確に答えられるよう、味や素材、賞味期限などの商品知識は身に付けておく必要があります。 ■オープニングスタッフならではの経験ができる仕事 ＊オープン１週間前には近隣へのポスティングを予定しています。 ＊全商品を試食して販売トークのマニュアルを皆で作成します。 ＊季節やイベントなどに合った店づくりに携われます。 ■働き方の補足 ＊かわいい動物キャラクター付きのユニフォームを貸与します。 ＊子供さんの学校行事などは配慮し、皆で助け合っていきます。 ＊日曜日は月１～２回は休めるようシフトを工夫していきます。 ■オープン前の研修内容 当店ではマニュアル的な接客は行いません。お客様に応じた接客のノウハウやポイントをオープン前後の２回にわたりプロの講師から学びますので、接客経験のない方も安心です。 ■オーナーメッセージ １０年かけて準備してきた念願のお店です。オープン前後は忙しいと思いますが、皆で働きやすいお店を作っていきましょう。

「会社の情報」記入のポイント

▼カフェベーカリー「○○○」を紹介したうえで、オーナーが長年温めてきた季節やミニパーティーなどで楽しめるメニューを得意とするお店であることをアピールする。

▼何もかもがゼロスタートとなる中、これから新しいスタッフでチカラを合わせて作る職場がどんな職場になるか楽しみである気持ちを表現する。

「労働時間」記入のポイント

▼時間外労働は実績がないため紹介できないが、オープン前後は繁忙が予想されること、また、その後は５時間以内に収める見込みや方針を紹介する。

▼休日は定休日のほか平日１日（交替制）の週休２日であり、ゆとりのある働き方ができることをアピールする。

「求人に関する特記事項」記入のポイント

▼仕事内容の補足
すべての商品名と価格を覚えなければならない店もある中、当店ではレジで対応できるため価格は覚える必要がないことなどの情報を補足し、仕事をイメージしやすくする。

▼オープニングスタッフならではの経験ができる仕事
新規開店の職場を希望する求職者に対して、既存店では経験できない仕事を紹介し、新鮮なイメージをアピールする。

▼働き方の補足
子育て世代などを意識して、働き方への配慮もあることを伝えて不安を和らげ、応募しやすくする。

▼オープン前の研修内容
プロ講師による接客の事前・事後研修があることを紹介し、接客に自信のない人や未経験者に対して安心感をアピールする。

▼オーナーメッセージ
最後にオーナーの気持ちを短く発信し、求職者の心をつかむ。

［アルバイト］ ポスティング

求職者イメージ

▼空いた時間に少しだけ働きたい主婦（夫）層
子育てや家事での隙間時間2〜3時間を活用して柔軟に働ける仕事があればやりたい人
▼シニア層
定年後の再雇用も終了したが、健康のためにも自分のペースで無理のない仕事があれば週1〜2日は働きたい高齢者
▼就職活動中の人
転職のため前職を退職して就職活動に取り組んでいるが、希望の仕事が見つからないため、当面は短時間のアルバイトをしながら就活を続けていきたい人
▼Wワーク可能な仕事を探している人
現在もアルバイトなどで週3日程度働いているが、空いた日を活用してWワークしたい人

アピールポイント

▼一定の条件内であれば自分の都合に合わせて柔軟に働けること、また、続けやすい仕事であること
▼チラシ等を住宅のポストに投函するだけのシンプルな仕事であること
▼賃金は歩合制でなく時間制であること
▼配布先からの問い合わせには報酬が支給され、自分の仕事の成果も実感できる仕組みがあること

仕事内容

職種	チラシ等のポスティング（アルバイト）／時間・曜日は自由
仕事内容	職場に出勤して決められた時間で働くのは難しい皆さん。子育てや家事の隙間2〜3時間があればOKです。チラシ等を徒歩または自転車で指定エリアの住宅や事業所に配布するシンプルな仕事です。 ■こんなお仕事です ＊配布物はチラシや情報誌、ダイレクトメールなどです ＊受持ち地域を1回2時間約200軒、1〜2日間で配布します ＊仕事は原則、毎月月初と月末に発生します ＊配布エリアはお住いの近辺またはご近所以外も希望できます ＊期限内に配布していただければ就業時間帯や休憩は自由です ■どなたでも始められます 就職活動中や主婦（夫）、Wワークの方はもちろん、シニアの方には健康のためにもちょうど良い仕事です。

「仕事内容」記入のポイント

▼冒頭3行では、決められた職場に出勤して決められた時間で働く一般的な働き方が難しい人に向け、本当に自分の生活スタイルや都合に合わせて働ける魅力をアピールし、注目を惹く。

▼ポスティングの仕事には多様なパターンがあるため、今回の仕事の基本概要を説明し、求職者が自分の働く姿をイメージできるようにする。

▼再度、応募が期待できる求職者を具体的に紹介し、特にシニア層には「健康」を強調して興味関心を惹く。

「職種名」その他例

例：ポスティングスタッフ（チラシ・情報誌）／1日2h・週2〜
例：○○市中心のポスティングスタッフ／1回2h・200軒程度
例：ポスティング／○○市内及び近郊で徒歩又は自転車／1回2h
例：週の隙間時間2hを活用したポスティング業務／WワークOK
例：徒歩や自転車でチラシ配布（ポスティング）／シニアも活躍

会社の情報

事業内容	○○市および隣接2市を中心としたエリアのポスティング代行事業を展開しています。チラシの印刷から配布エリア選定のコンサル業務も含め、ワンストップでお客様のご要望に対応しています。
会社の特長	配布スタッフはアルバイトやパートが多く、正規スタッフとの接触も少ないため、いつでも来社して自由に利用できるフリールームの活用や年2回のミニ懇親会により交流を持てるようにしています。

労働時間

就業時間	(1)　　　時　　分　～　　時　　分 (2)　　　時　　分　～　　時　　分 (3)　　　時　　分　～　　時　　分 又は　09時　00分　～　17時　00分の間の　　2時間
	就業時間に関する特記事項 ＊基本は、所定の時間帯の中で、自分の都合に合わせた曜日での2時間勤務ですが、勤務日数と合わせて相談のうえ決定します
休日等	その他 週休2日制　　その他 ＊年次有給休暇は雇用条件により法定通り付与します 6ヶ月経過後の年次有給休暇日数　　3日

求人に関する特記事項

求人に関する特記事項
■仕事内容の補足 ＊配布物と地図は、指定日までに会社で引取りをお願いします。 ＊最初の配布では、当社スタッフが同行しますので安心です。 ＊チラシ内容に関する説明はありません。お客様から質問がある場合は指定の問い合わせ先にご連絡いただくよう説明します。 ＊配布エリアは、自宅近くでも離れたエリアでも選べますので、気軽に相談ください。 ＊配布期限はチラシ等により原則1週間以内ですが、イベント関係などでは3日程度もあります。 ■勤務にあたっての補足 ＊週20時間未満の勤務です。 ＊出退勤はメール等で確認します。（詳細は面接時に説明） ＊チラシ引取りや配布エリアまで車・バイク等による移動には規程の交通費を支給します。 ■そのほか ＊現在の配布スタッフは、学生3名、主婦（夫）7名のほか60代のシニアの方も3名活躍中です。Wワークの方も1名います。 ＊配布エリアからの問い合わせ1件につき500円～1,000円の報酬が支給されますので、仕事の成果も実感できます。

募集シーン・ターゲット別・ハローワーク求人票の書き方と文例集

中途採用

✎「会社の情報」記入のポイント

▼○○市を中心に、ポスティングに関わるチラシ等の作成から配布に関するコンサル業務、配布代行までをワンストップで展開できる強みが好評な会社であることを紹介する。

▼単独仕事を担うアルバイトやパートの配布スタッフも、会社の一員としての意識を持てるよう、正社員との交流機会も設けて配慮していることをアピールする。

✎「労働時間」記入のポイント

▼この仕事の一番の魅力は、一定の条件の範囲内であれば、勤務時間や曜日も自分の都合に合わせて働けること。一般的にはパートでも勤務時間や曜日は固定制やシフト制が多い中、そうした決められた枠の中で働くことが難しい求職者にとっては好条件であることをアピールする。

✎「求人に関する特記事項」記入のポイント

▼仕事内容の補足
「仕事内容」欄での概要説明に加え、求職者の疑問や不安などを解消するために、5点について補足説明する。

▼勤務にあたっての補足
実際に働くにあたっての疑問を解消するために、出退勤管理やチラシ引取り時の交通費などについて補足説明する。

▼そのほか
現在、この仕事では学生から主婦（夫）層、シニア層までの幅広い人が活躍していることや、配布エリアからの問い合わせには報奨金もあることを紹介し、求職者の「やってみようかな」という気持ちを引き出す。

MEMO

								10					
			20										30
								40					
			50										60
								70					
			80										90
								100					
			110										120
								130					
			140										150
								160					
			170										180
								190					
			200										210
								220					
			230										240
								250					
			260										270
								280					
			290										300

第**7**章

募集シーン・ターゲット別・ハローワーク求人票の書き方と文例集

新卒採用

「高卒」求人票の構成と作成ポイント

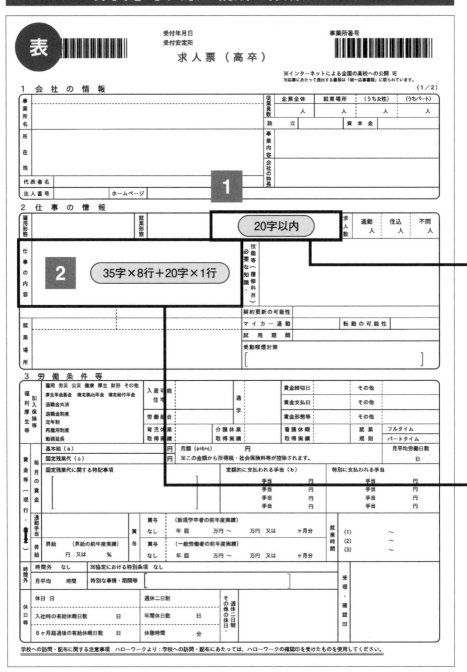

高卒求人票の作成ポイント

▼わかりやすい言葉で具体的に記載する

仕事経験のない高卒者に対して、業界用語や仕事に特有な用語は、求人票作成者は当たり前でも生徒にはイメージできません。また、例えば「明るい職場」のような抽象的な表現も、高卒者によってイメージは異なります。求人票作成にあたっては、わかりやすい言葉で数値や事例などを活用した具体的な説明が重要です。

高卒求人票の作成にあたって事前に心得ておくと良いポイントを解説しています。

高卒求人票は、一般求人票とは異なり、初めて社会に出る若者が職業や企業を選択するための重要な情報です。入社後のミスマッチを防ぐためにも、ポイントを踏まえた情報を提供していくことが大切です。

1　職種名

電気工事士

20文字まで記述可能ですが、高卒者の場合はアピールワードなどを盛り込まず、シンプルに職種名だけを記述した方が理解されやすく、イメージもしやすいようです。

2　仕事の内容

◆公共施設やマンションなどの電気設備工事です。

◆作業内容は、配管工事や配線や、配電盤の設置および仕上げとして電気器具の取り付けがメインです。

そのほか、情報ネットワークに必要な通信施設や火災感知器の消防施設工事における配線や器具設置などを行います。

◆仕事の特徴

＊仕事エリアは県内（○○市・△△市他）や都内（足立区・千代田区・西東京市）で、片道約1時間以内です。現場へは本社出勤後移動します。

＊仕事はチームを組んで担当します。

高卒者は、初めて職業に就くため、自分がどのような仕事や作業をするのかを具体的に知りたいというニーズが強くあります。

例えば、「製造加工作業員」の場合、単に自動車部品の製造だけではなく、どんな部品をどんな機械や工具を使って、どう加工するのかまでがわからないと、自分の仕事がイメージできません。

また「事務職」で「市役所へ書類を届ける仕事もあります」という場合、「自動車は普通車か、軽自動車のATか？」などといった、一般求職者の場合は説明するまでもないことでも高卒者には必要な情報であることを心にとどめて作成することが必要です。

裏 ‖‖‖‖‖‖‖‖

受付年月日
受付安定所

事業所番号 ‖‖‖‖‖‖‖‖‖‖

求人票（高卒）

事業所名

※応募にあたって提出する書類は「統一応募書類」に限られています。　(2／2)

4 選考

応募・選考	受付期間				複数応募			選考結果	面接選考結果通知　面接後　日以内
	既卒の応募	既卒応募	入社日	既卒者等の入社日）　　（赴任旅費）	応募前職場見学				
		高校中退者応募			選考方法	面接　適性検査　その他 [　　]			
	選考場所					学科試験	一般常識　国語　数学　英語 社会　理科　作文　その他		
						（選考旅費）　　あり・なし			
	担当者	課係名 役職名			氏名	採用担当者			
		電話番号	内線 [　　]		FAX				
		Eメール							

5 補足事項・特記事項

補足事項	**3** 30字×10行	かかる求人条件に特記事項	**4** 30字×10行

青少年雇用情報

1 募集・採用に関する情報

		企業全体の情報							
		新卒等採用者数	（うち男性）	（うち女性）	新卒等離職者数	新卒等採用者数	（うち男性）	（うち女性）	新卒等離職者数
(1)	令和3 年度	人	人	人	人	人	人	人	人
	年度	人	人	人	人	人	人	人	人
	年度	人	人	人	人	人	人	人	人
(2)	平均継続勤務年数	従業員の平均年齢（参考値）	年	歳				年	歳

2 職業能力の開発及び向上に関する取組の実施状況

(1)	研修の有無及びその内容	
(2)	自己啓発支援の有無及びその内容	**5** （3）を除く各項目60〜63字
(3)	メンター制度の有無	
(4)	キャリアコンサルティング制度の有無及びその内容	
(5)	社内検定等の制度の有無及びその内容	

3 職場への定着の促進に関する取組の実施状況

		企業全体の情報			
(1)	前事業年度の月平均所定外労働時間／有給休暇の平均取得日数	時間	日	時間	日
(2)	前事業年度の育児休業取得者数／出産者数 ※1	取得者数　女性　　人　男性　　人		女性　　人　男性　　人	
		出産者数　女性　　人　男性　　人		女性　　人　男性　　人	
(3)	役員及び管理的地位にある者に占める女性の割合 ※2	役員　　　%　管理職　　　%			

※1 については、男性は配偶者の出産者数を示しています。　※2 については、雇用形態に関わらず企業全体における割合を示しています。

産業分類		職業分類		就業場所住所	
雇用保険適用事業所番号			識別欄		

求人条件に関する注意事項　ハローワークより：求人票は雇用契約書ではありません。採用時には必ず、書面により労働条件の明示を受けてください。

3 補足事項

* ＊1年間は、先輩メンター（指導・助言者）が中心となって個人のペースに合わせた業務指導やメンタル面のサポートを行います。
* ＊仕事の評価シートを基に、毎月上司と「1on1面談」（1対1の対話）で業務習得状況を確認しながら成長をサポートしていきます。
* ＊配属の工事部では平均年齢30代の15名が活躍しています。
* ＊職場では「ありがとうカード」で社員同士が感謝の気持ちを伝え合っています。2021年には新人がサポート賞を受賞しました。
* ＊1人ひとりの頑張りは、仕事の成果だけでなく、個人の役割行動やスキルアップの実績なども含めて公正に評価します。
* ＊表彰制度から誕生日祝いのケーキなど、充実した福利厚生です。

求人票各欄の補足や書ききれなかった情報などを記述します。具体的には、伝えておきたい情報や仕事内容の補足、高卒者が知りたい職場の状況、入社後の配属や処遇、当面の指導・育成やフォロー体制などの情報を提供します。

なお、本欄のほかに、「青少年雇用情報」欄でも情報提供できますので、両欄をうまく活用して紹介していくとよいでしょう。

4 求人条件にかかる特記事項

* ＊時間外労働は、工事の進み具合や工事竣工近くに発生しますが、新人は当面残業や休日出勤がないようにします。
* ＊電気の知識や工事士の資格がない方は、まずは3級を入社1年後に取得できるよう指導し、その後2級を目指します。
* ＊週休2日に加え、昨年度からは1週間連続休暇も採り入れてワーク・ライフ・バランスの実現に取り組んでいます。
* ＊DIAT/OPIは適性検査の「職場適応性テスト」（約○分）です。
* ＊家族手当（月額）：配偶者○○千円／子○○千円～○○千円
* ＊【既卒3年以内の方】前職の経験を糧にして、当社で新しい職業生活をスタートしてください。会社も皆さんの成長を支援します。

求人条件の補足欄として活用します。特に、労働条件のうち時間外労働・休日などの働き方や賃金に関わることは、入社後に「知らなかった」や「思っていたのと違う」などにより就職自体がミスマッチとなりかねません。あらかじめ伝えておくべき情報は本欄で紹介しておきます。

5 青少年雇用情報（一部抜粋）

若者雇用促進法では、青少年の雇用機会の確保および職場への定着に関して事業主などが適切に対処するための指針が定められています。

「青少年雇用情報」とは、事業主が応募者などに対して、平均勤続年数や研修の有無といった就労実態等の職場情報を提供するものであり、事業者が新卒者の募集を行うにあたっては、企業規模を問わず提供が努力義務とされています。

本書では、全体の中から一部の「職業能力の開発及び向上に関する取組の実施状況」を取り上げ、記入のポイントを解説しています。

07-01　新卒採用（高卒）／ 建設作業員

▼求人票は教員や保護者も踏まえて作成する

高卒求人票は、生徒だけでなく教員および保護者の３者が見るため、求人票作成にあたってはこの３者を想定し、その人たちの関心に沿った情報を盛り込むことが必要です。

例えば、一般的に生徒は仕事内容を中心に時間外労働や休日などの働き方、教員は生徒の仕事に対する適性や教育体制、保護者は企業の安定性や資格取得などのキャリア形成支援の体制などに関心が高いです。求人票は、そうしたニーズを踏まえて作成していくことが必要です。

▼わかりやすい言葉で具体的に記載する

仕事経験のない（乏しい）高校生に対して、業界用語や仕事に特有な用語は、求人票作成者には当たり前でも生徒にはイメージできません。また、例えば「明るい職場」のような抽象的な表現も、生徒によってイメージは異なります。求人票作成にあたっては、わかりやすい言葉で数値や事例などを交えた具体的な説明が重要です。

◆仕事内容　（35字×8行＋20字×1行）

> ◆生まれ育った地域の道路や橋の建設・補修、各種防災工事など、人々が安心して暮らせる町づくりの仕事です。皆さんにも馴染みのある○川中央橋や○地域の治山工事などは、私たちが未来に残した財産です。
>
> ◆１年目は、まず当社の中心部門である土木部において、図面の見方から資材の手配や搬入、建設機械による土砂の採掘や整地、コンクリート練りなどの先輩補助を担当しながら現場作業全体の流れと基本を経験します。
> 同時に、工事現場の写真撮影とデータの整理・管理の現場監督補助も担うほか、後半にはパワーショベルなどの運転資格も取得します。
>
> ◆３年目からは建設部に配属予定です。

＊「仕事内容」記入のポイント

▼仕事内容は具体的に紹介する

高卒者は、一般求職者のように仕事内容を全体像で捉えるよりも、実際にどんな作業をするのかという点に関心があります。そのため、求人票では、入社後に担当する仕事をできるだけ多く紹介します。それにより、生徒は自分が働いている姿をイメージすることができ、その姿に納得できると職場見学（応募）につながりやすくなります。

▼仕事の意味や価値をアピールする

高卒求人票では、抽象的な表現は避けることは前述しましたが、単に仕事内容だけを事務的・機械的に紹介するだけでは生徒の興味関心は惹きつけられません。まずは、冒頭で短く募集職種の意味や価値を高校生にもわかりやすく紹介し、注目を狙います。

◆補足事項　(30字×10行)

◆若手社員の安全対策に力を入れています
　毎月1回の安全教育と日々の監督者による現場指導により30歳以下では過去20年間無事故を達成しています。
◆働きやすく成長できる職場です
＊工事部では昨年入社の高卒者1名を含めて20〜30代の若手が6名活躍しており、新人にはいつも声をかけています。
＊毎月1回、若手社員と社長でフリートーク会を開催しています。
◆若い人材に期待しています
　今後、若手によるドローン操作技能者の養成計画など、新しい技術や手法も採り入れた建設業人材を育成していきます。

◆求人条件にかかる特記事項　(30字×10行)

＊普通自動車免許は入社後の取得も可能です。（教習所通学可）
＊小型車両系建設機械などの運転資格は順次取得します。
＊時間外労働は工事の進み具合により発生しますが、入社1年間は時間外労働を抑え、休日出勤もないようにします。
＊週休2日に加え、昨年度から土・日曜日と有休を活用した5日間連続休暇を導入し、ワーク・ライフ・バランスを進めています。
＊各種手当として、該当者には皆勤手当5千円のほか、建設機械運転資格手当5千円〜3万円を支給します。
＊福利厚生の一環として、仕事でのケガに対しては会社で上乗せ保険に加入していますので、万が一の際にも安心です。

◆青少年雇用情報　((3)を除き各項目計60字〜63字)

2　職業能力の開発及び向上に関する取組の実施状況			
(1)	研修の有無及び その内容	あり	入社2日目から1週間は座学で業務の基礎知識や安全教育を受講、その後は先輩に同行して現場で簡単な作業から始めます。
(2)	自己啓発支援の有無 及びその内容	あり	資格取得支援として、受験料の全額会社負担をはじめ、試験日が休日の場合は休日出勤手当または振替休日で対応します。
(3)	メンター制度の有無	あり	
(4)	キャリアコンサルティング 制度の有無及びその内容	あり	資格取得やスキルアップは上司と話し合いながら取り組みます。1年後、2年後の姿を共有してキャリア形成を図っていきます。
(5)	社内検定等の制度の有無 及びその内容	あり	入社2年間を対象に、当社独自で作業機器などの操作スキル習得検定を実施し、上位のAランクの取得を目指します。

＊「補足事項」記入のポイント

▼本欄は、会社によって記述内容が大きく異なり、高校生の応募にも大きく影響します。基本は、職場の様子や人材育成などの関心が高い情報のアピールです。

▼今回は、建設業であるため保護者も関心のある安全対策や具体的な先輩像を交えた職場の状況に加え、話題のドローンにも関われるチャンスを強くアピールし、仕事への興味を引き出します。

＊「求人条件にかかる特記事項」記入のポイント

▼本欄は、タイトル通り求人条件に関する補足情報を提供しますが、基本は時間外労働や休日の特徴です。それらは生徒にとって働き方を左右する重要な情報のため、具体的な紹介がポイントです。

▼そのほか、賃金に関わる各種手当や職種によっては資格・免許取得に対する支援策、福利厚生なども生徒の関心が高い情報であり、優先的なものを紹介していきます。

＊「青少年雇用情報」記入のポイント

若者雇用促進法に基づき提供が望ましいとされている情報から、特に職業能力の開発に関する取り組み状況を示すものです。文字数は60〜63文字と少ないですが、具体的な情報が求められます。

(1) 入社時の新入社員研修の内容や会社全体の人材育成方針などを具体的に紹介します。

(2) 特に、業務に関連する資格取得に対する費用補助などの支援策を紹介します。

(3) メンター制度は「有無」の回答のみとなっているため、必要な場合は補足事項で紹介します。

(4) 正規な制度でなくても、上司や人事担当者と将来を話し合う機会があれば紹介します。

(5) 正規な制度でなくても、知識やスキルの客観的評価や認定などを行っていれば紹介します。

「大卒等」求人票の構成と作成ポイント

表 | 受付年月日
受付安定所

求人票（大卒等）

事業所番号

公開希望：事業所名等を含む求人情報を公開する
オンライン自主応募可　　地方自治体、民間人材ビジネス共に可
留学生

（1／2）

1　会 社 の 情 報

大学院　　大学　　短大　　高専　　専修学校　　能開校

事業所名		従業員数	企業全体	就業場所	（うち女性）	（うちパート）
			設　立		資本金	
所在地		事業内容 会社の特長				
代表者名						
法人番号	ホームページ					

1

2　仕 事 の 情 報

雇用形態		就業形態		40字以内		求人数

2　35字×8行＋20字×1行

仕事の内容	履修科目
	免許・資格 必要

		契約更新の可能性		
就業場所		転勤の可能性	試用期間	
		受動喫煙対策		

3　労 働 条 件 等

区分＼学歴	大学院	大学	短大	高専	専修学校	能開校
賃金形態	月給	月給	月給	月給	月給	月給
基本給（a）	円	円	円	円	円	円
定額的に支払われる手当 手当	円	円	円	円	円	円
手当	円	円	円	円	円	円
手当（b）	円	円	円	円	円	円
手当	円	円	円	円	円	円
固定残業代（c）	なし	なし				
計（税込）（a+b+c）	円	円	円	円	円	円
固定残業代に関する特記事項						

賞与	賞与あり （新規学卒者の前年度実績） 年　回　　万円 ～　　万円　又は　　ヶ月分	昇給	昇給あり（新規学卒者のベースアップ込みの前年度実績） 円　又は　　％
	賞与あり （一般労働者の前年度実績） 年　回　　万円 ～　　万円　又は　　ヶ月分	通勤手当	マイカー通勤

福利厚生等	加入保険等	雇用　労災　公災　健康　厚生　財形　その他 厚生年金基金　確定拠出年金　確定給付年金 退職金共済 退職金制度	定年制 再雇用制度 勤務延長	休暇取得実績等	育児 介護 看護	賃金締切日 賃金支払日 労働組合	その他 その他 就業規則　フルタイム　　パートタイム

就業時間	(1)　　分 ～　　分 (2)　　分 ～　　分 (3)　　分 ～　　分	時間外 休憩時間 入居可能住宅	月平均　　時間 分 単身用　　世帯用	36協定における特別条項 特別な事情・期間等			

休日等	休日 週休二日制	年間休日数　　日	有給休暇	入社時　　　日 6ヶ月経過後　　日	その他の休日・ 週休二日制	

246

大卒等求人票の作成ポイント

▼平易で具体的に説明する

業界用語や仕事に特有な用語は、求人票作成者は当たり前でも生徒にはイメージできません。また、例えば「明るい職場」のような抽象的な表現も、高卒者によってイメージは異なります。求人票作成にあたっては、わかりやすい言葉で数値や事例などを活用した具体的な説明が重要です。

大卒等求人票の作成にあたって事前に心得ておくと良いポイントを解説しています。

大卒等の求職者は、就職活動にあたって学校への直接求人や様々な求人サイトで求人情報に接していることから、求人票を見る目も養われています。求職者のニーズを踏まえた魅力的な求人票作成にあたってのポイントを紹介します。

1 職種名

事務スタッフ（一般・営業事務）／フラットな組織で働きやすい職場と充実した福利厚生

40文字まで記述可能ですが、大卒等の場合はアピール項目を端的なワードにして盛り込むことにより、職種名だけで求人全体の特長やイメージが理解でき、求人への興味関心を惹きつけることができます。

2 仕事の内容

県総合体育館や駅前タワーマンション等の施工例もある電気工事会社です。昨年完成した新しいオフィスで活躍できます。人材育成、福利厚生、働き方改革への取組みは業界でも先進的な職場です。主な業務は入札・落札に関する書類や見積書、注文書、請求書の作成などの定型事務が中心です。
【働く魅力】
＊メンター制度や上司との「1on1」面談などのフォロー体制
＊女性の役員や管理職が多く、キャリアアップの目標がある
＊ワーク・ライフ・バランスの実現

大卒等の求人票では、単に仕事や作業を列挙するだけでは興味関心を持ってもらえません。アルバイトやインターンシップ経験もある新卒者にとっては、ある程度仕事はイメージできることも多いことから、仕事や作業を列挙するほか、その仕事の特徴や同業他社の仕事との違いなどを紹介することも効果的です。本欄の活用を少し幅広く考えた情報提供のポイントを解説します。

「大卒等」求人票

受付年月日
受付安定所

事業所番号

求人票（大卒等）

事業所名

4 選考

(2／2)

受付期間		説明会	日時・場所					選考日	
選考方法	書類選考　面接　適性検査　その他 筆記試験　一般常識　英語　作文　専門　その他			書類提出先		応募書類等		その他の応募書類	[ ]
応募書類の返戻					既の卒応者募	既卒応募		中退者応募	
選考場所					既の卒入者社等日			その他 [　　　]	
担当者	課係名 役職名			氏名					
	電話番号		内線 [　]		FAX				
	Eメール								

5 補足事項・特記事項

補足事項	**3** 30字×10行	かかる求人条件に特記事項	**4** 30字×10行

青 少 年 雇 用 情 報

1 募集・採用に関する情報

		企業全体の情報							
		新卒等採用者数	（うち男性）	（うち女性）	新卒等離職者数	新卒等採用者数	（うち男性）	（うち女性）	新卒等離職者数
(1)	令和3年度	人	人	人	人	人	人	人	人
	年度	人	人	人	人	人	人	人	人
	年度	人	人	人	人	人	人	人	人
(2)	平均継続勤務年数	従業員の平均年齢（参考値）	年	歳				年	歳

2 職業能力の開発及び向上に関する取組の実施状況

(1)	研修の有無及びその内容		
(2)	自己啓発支援の有無及びその内容	**5**	（3）を除く各項目60〜63字
(3)	メンター制度の有無		
(4)	キャリアコンサルティング制度の有無及びその内容		
(5)	社内検定等の制度の有無及びその内容		

3 職場への定着の促進に関する取組の実施状況

		企業全体の情報				
(1)	前事業年度の月平均所定外労働時間／有給休暇の平均取得日数		時間	日	時間	日
(2)	前事業年度の育児休業取得者数／出産者数　※1	取得者数	女性　　人	男性　　人	女性　　人	男性　　人
		出産者数	女性　　人	男性　　人	女性　　人	男性　　人
(3)	役員及び管理的地位にある者に占める女性の割合　※2	役員	％	管理職　　％		

※1 については、男性は配偶者の出産者数を示しています。　※2 については、雇用形態に関わらず企業全体における割合を示しています。

産業分類		就業場所住所	
職業分類	・・・	識別欄	

求人条件に関する注意事項　ハローワークより：求人票は雇用契約書ではありません。採用時には必ず、書面により労働条件の明示を受けてください。

3 補足事項

＊入社後２ヶ月間の研修期間は、メンターが中心となって個人のペースに合わせた指導を行い、その後はチームもフォローします。

＊スキルと仕事の評価シートを基に、毎月上司と「1on1」面接で業務の習得状況を確認しながら成長をサポートしていきます。

＊配属の事務部門では平均年齢30代の３名が活躍しています。

＊職場では「ありがとうカード」で社員同士が感謝の気持ちを伝え合っています。2021年にサンクスカードを一番多く獲得した人や、2022年には全社員の投票で一番サポートしてくれた人を選ぶサポート賞に、いずれも新人が選ばれました。

＊１人ひとりの頑張りは、仕事だけでなく行動も公正に評価します。

求人票各欄の補足や書ききれなかった情報などを記述します。具体的には、仕事内容の補足、求職者が知りたい職場の仲間や状況、入社後の配属や処遇、当面の指導・育成やフォロー体制などの情報を提供します。そのほか、大卒者等においてはキャリアプランやキャリア形成の支援など、将来に向けた情報もニーズの高い情報です。

なお、本欄のほかに、「青少年雇用情報」欄でも情報提供できますので、両欄をうまく活用して紹介していくと良いでしょう。

4 求人条件にかかる特記事項

＊時間外労働は月平均10時間程度ですが、基本的に１年目はお願いする予定はなく、定時退社となります。

＊表彰制度から誕生日祝いのケーキまで、充実した福利厚生です。

＊試用期間　２ヶ月（期間中の労働条件の変更はありません）。

＊仕事の理解とお客様からの信頼を高めるため、事務職にも電気に関する資格取得を推進しており、先輩もチャレンジしています。

＊【既卒３年以内の方】前職の経験を糧にして、新しい職業人生を切り開いてください。会社も皆さんの成長を支援します。

求人条件の補足欄として活用します。特に、労働条件のうち時間外労働や休日などは働き方を左右する重要情報となるため、できるだけ具体的に紹介しておくことが大切です。そのほか、入社後に求職者が「知らなかった」「説明がなかった」などとならないよう、あらかじめ伝えておくべき情報は本欄で紹介しておきます。

5 青少年雇用情報（一部抜粋）

若者雇用促進法では、青少年の雇用機会の確保および職場への定着に関して事業主などが適切に対処するための指針が定められています。

「青少年雇用情報」とは、事業主が応募者などに対して、平均勤続年数や研修の有無といった就労実態等の職場情報を提供するものであり、事業者が新卒者の募集を行うにあたっては、企業規模を問わず提供が努力義務とされています。

本書では、全体の中から一部の「職業能力の開発及び向上に関する取組の実施状況」を取り上げ、記入のポイントを解説しています。

07-02　新卒採用（大卒等）／　自動車販売営業

大卒等求人票の作成ポイント

▼地元志向を狙う
民間の大手就職支援機関によると、大学生の約6割が地元での就職を希望しており、地方の企業にとっては採用の好機となります。そうした人は求人情報もハローワークを活用する人が多いことから、求人票は単に人手の確保ではなく、新卒者の専門性や社会人基礎力に期待した「人財」の募集として魅力ある内容で作成することがポイントです。

▼わかりやすい言葉で具体的に記載する
新卒者は求人票から自分の働く姿をイメージします。仕事内容の紹介にあたっては、専門用語や業界用語はわかりやすい言葉に置き換え、かつ数値や事例などを交えて具体的に説明することが必要です。

▼人材育成の姿勢
新卒者は、基本的に募集職種は未経験であるため、入社後の新入社員研修や当面の指導・育成・フォロー体制などが応募を左右する重要な情報となります。また、将来の姿であるキャリアビジョンがイメージできるような情報も提供していくことが重要です。

◆仕事内容　（35字×8行＋20字×1行）

> ◆自分の頑張りがダイレクトにはね返ってくる仕事、それが営業の魅力です。
> 　「せっかく車を買うなら、この人から買いたい」と思ってもらえる自分のお
> 　得意様を増やす喜びが味わえ、その頑張りも評価される魅力的な仕事です。
> ◆仕事の特徴
> ＊国内全メーカーの車を扱います。
> ＊飛び込み訪問はなく、既往先および来店や紹介による見込みのお客様です。
> ＊仕事の基本は売り込みではなく「お客様の話をお聞きすること」です。
> ＊販売目標はありますが、目先ではなく年間でじっくり取り組みます。
> ＊夏季はしっかり休み、メリハリをつけます。

＊「仕事内容」記入のポイント

▼仕事の魅力を端的にアピール
アルバイトで仕事の経験や社会性もある程度身につけた大卒者等であることから、冒頭では募集職種の魅力や自社で働くことのメリットをアピールし、まずは求人への興味関心を惹きつけます。特に、今回の営業職では新卒者によって「苦手な人、得意な人」があるため、モノを売ることよりも「頑張りがダイレクトに跳ね返ってくる」仕事としてアピールします。

▼仕事の特徴を紹介
仕事は未経験を前提に、限られた記述スペースを活かして「仕事の特徴」を何点か紹介します。同業他社もある中で、自社の営業スタイルの特徴を示すことで、新卒者が自分の活躍している姿をイメージできるようにします。

◆補足事項　（30字×10行）

◆販促広告や年４回のキャンペーンによるご来店客の接客も担当し
　その後は見込み先として訪問営業をしていきます。
◆入社後はディーラー研修後、社内で関連法律や登録・保険・車検
　などの基本を学びます。その後、先輩に付いて仕事の準備から訪問、
　提案などを実践で学び、７ヶ月目からは独りで活動します。
◆営業スタッフは第二新卒入社２年目の２０代～５０代の５名。
◆ディーラーと比較した販売店営業の魅力
　＊お客様には各メーカーの車を比較して提案できます。
　＊メーカーの縛りがないため自社方針の営業を展開できます。
　＊お客様と営業スタッフの人間関係が強く、信頼感も得られます。

◆求人条件にかかる特記事項　（30字×10行）

＊家族手当は配偶者１万円、子５千円／人（月額）
＊頑張りに対する報奨金は販売１台につき５千円～２万円で、先輩
　の平均額は１ヶ月約４万円。そのほか、仕事への取組み姿勢や仲
　間のアシストなども評価し、賞与に反映します。
＊働き方改革に取り組み、通常は定時退社もあります。また、休日
　は定休日とシフト制（希望休日も可能）による週休２日に加え、
　夏季や年始など有給休暇を活用して連続７日の休暇も取得でき
　プライベートや家族との時間も充実できます。
＊中古自動車の「査定士」や「販売士」の資格が取得でき（費用会
　社負担）将来は専門的なカーアドバイザーとして活躍できます。

◆青少年雇用情報　（(3)を除き各項目計60字～63字）

2	職業能力の開発及び向上に関する取組の実施状況		
(1)	研修の有無及びその内容	あり	毎月１回、営業スタッフを対象にした接客や商談の進め方などの勉強会や事例研究会を開催し、スキルアップを図っています。
(2)	自己啓発支援の有無及びその内容	あり	自動車や営業に活かせるテーマの書籍購入費として年間１万円までを補助し、自己啓発を支援しています。
(3)	メンター制度の有無	あり	
(4)	キャリアコンサルティング制度の有無及びその内容	あり	半期に１回、上司とのキャリア面談において将来の姿を話し合い、必要な新しい仕事の経験や資格取得などを支援します。
(5)	社内検定等の制度の有無及びその内容	あり	ロールプレイング検定で営業スキルを３段階に認定し、その認定段階に応じて社内用の称号を授与しています（名刺にも表記）。

＊「補足事項」記入のポイント

▼本欄は、会社によって記載内容が大きく異なり、新卒者の応募にも大きく影響します。まずは新卒者の関心が高い入社後の研修から独り立ちするまでの流れを紹介し、自社の人材育成に対する姿勢をアピールします。そのほか、車の販売ではディーラーが競合するため、自社のような「販売店」と他店との違いや魅力をアピールします。

＊「求人条件にかかる特記事項」記入のポイント

▼本欄は、タイトルどおり求人条件に関する補足情報を提供するところです。今回は営業職であることから、新卒者の関心が高い成果に対する見返りを可能な範囲で具体的に紹介します。そのほか、社会的にも話題の働き方改革に対する具体的取組み状況や、将来のキャリアビジョンを紹介して、「この会社で頑張ろう」との気持ちを誘導します。

＊「青少年雇用情報」記入のポイント

若者雇用促進法に基づき提供が望ましいとされている情報から、特に職業能力の開発に関する取組み状況を示すものです。文字数は60～63文字と少ないですが、具体的な情報が求められます。
(1) 入社後も定期的に勉強会などを開催し、スキルアップに取り組んでいることを紹介します。
(2) 任意で能力開発に取り組む人の支援策として、書籍購入費を補助していることを紹介します。
(3) メンター制度は「有無」の回答のみとなっているため、必要な場合は補足事項欄で紹介します。
(4) 毎年、上司と将来を話し合う機会を設け、必要な支援につなげていることを紹介します。
(5) 知識や業務スキルを社内で認定していることを紹介し、人材育成への姿勢をアピールします。

監修・執筆 ──────────────

五十川　将史（いかがわ　まさし）

ウエルズ社会保険労務士事務所代表。1977年、岐阜県生まれ。明治大学卒。大手食品スーパー店長、民間企業の人事担当者、ハローワーク勤務を経て、社会保険労務士の資格を取得し、独立。ハローワークを活用した採用支援を専門としている。商工会議所・商工会、労働局、社会保険労務士会などでの講演実績も多数あり、受講者は10,000名を超える。著書に『ハローワーク採用の絶対法則』『人が集まる！ 求人票実例集 160職種：そのまま使える文例と解説』（以上、誠文堂新光社）がある。

執筆協力 ──────────────

梅村　聡（うめむら　まさる）

キャリアアドバイザー。金融機関、大学、ハローワークで就職支援や求人業務に従事。現在は、求人ノウハウを活かして個別企業のハローワーク求人票作成をサポートしている。

若井　夏実（わかい　なつみ）

上場企業の技術商社にて、労務管理や社会保険手続き、新卒・キャリア採用活動に約10年従事。総務・人事部門での経験を活かして、クライアントに寄り添ったきめ細かい対応に定評を得ている。

渡邊　公珠（わたなべ　くみ）

一般企業で約20年勤務し、販売・案内業務や総務・人事・労務担当として中途採用や給与計算業務などに従事。現在は、社会保険手続きのアウトソーシング業務や給与システム導入やなどをサポートしている。

繁原　ゆかり（しげはら　ゆかり）

一般企業での営業事務や販売業務の経験を積んだ後、ハローワークで7年間、職業訓練のサポートや若者向けの就職支援、求人業務に従事。2018年からは高校生への進路支援や企業向けの高卒求人サポートに携わっている。

ウエルズ社会保険労務事務所　https://www.wels-sr.com/

ハローワーク採用支援を切り口に、労働・社会保険の手続きや給与計算代行から、セミナーの企画・登壇、書籍や雑誌記事の執筆までを手掛ける社会労務士事務所。「欲しい人材を引き寄せるハローワーク求人票の作成支援」には定評がある。

購入者特典 ❶

文章を書くことが苦手という方も安心！
より簡単・便利な求人原稿の書き方も伝授します

　本書を読んでいただいてハローワーク採用を活用するメリットや求人原稿作成の考え方については理解したものの、

「実際に自社のハローワークの求人票に効果的な文言を書く自信が持てない」
「とにかく簡単に〈効果的な求人票〉が作成できるようになりたい！」

という読者の方のために、
より簡単・便利に求人原稿（主要項目②「仕事内容」と⑦「求人に関する特記事項」欄）を作成する方法をまとめたレジュメ**「いかがわ式　かんたん！ハローワーク求人原稿のつくり方」**（PDF形式）を購入者特典としてプレゼントします。

　求人原稿作成に役立つ各種ワークシートも記入例とともに収めていますので、手軽に自社の欲しい人材を引き寄せる求人原稿とする際の参考にしてください。

購入者特典 ❷

高卒用や大卒用にも対応！
求人票の文章レイアウトが思いのままに

　本書の第4章～第6章でご紹介したハローワーク求人票（一般求人用）の主要7項目（「職種」「仕事内容」「就業時間」「休日等」「事業内容」「会社の特長」および「求人に関する特記事項」）の文章やレイアウトを、求人票作成前に検討できる**「いかがわ式 求人票レイアウト検討シート」**〈Word形式・PDF形式〉を記入例〈PDF形式〉と併せて購入者特典としてプレゼントします。

　また、一般求人用（中途募集）とはレイアウトが異なる第7章で紹介した高卒や大卒等の新卒用の求人票に対応した**「いかがわ式 求人票レイアウト検討シート」（高卒用／大卒等用）**〈Word形式・PDF形式〉もそれぞれ**記入例**〈PDF形式〉と併せてご提供します。

　以下の『「ハローワーク採用」完全マニュアル 購入者専用ホームページ』にアクセスし、プレゼントをお受け取りください。
　なお、アクセスするにはパスワードが必要です。

ダウンロードサイトURL　　https://www.wels-sr.com/booktokuten2024
　　　　パスワード　　harowa8689

※Word形式は、お客さまの環境により文字ずれなどが発生する可能性があります。
※本書に記載されたURLなどは予告なく変更される場合があります。
※購入者特典データに関する権利は、ウエルズ社会保険労務士事務所・五十川将史が所有しています。許可なく配布したり、Webサイトに転載することはできません。
※本書・購入者特典をご利用になることで生じた、いかなる損害に対しても、筆者および出版社が保障することはありません。皆さんの責任の下でご活用ください。
※購入者特典データの提供は予告なく終了することがあります。あらかじめご了承ください。
※ご登録頂いたメールアドレス宛に、ウエルズ社会保険労務士事務所からのお知らせをお送りする場合がございます。

おわりに

「求人票の作成は健康診断のようなものだ」と冒頭でお伝えしました。

健康診断が体の状態を把握し、必要に応じて改善策を講じるように、求人票も柔軟に変化し、進化し続ける必要があります。

求人票の作成を通じて見つかる企業の強みや魅力を磨きながら、同時に自社の課題にも真摯に向き合い、その改善に努め、その成果を求人票に反映させる——。

このサイクルを繰り返すことで、他社との圧倒的な微差をつくりだし、魅力的な求人票、企業となることで、自社が求める人材が採用できるようになるでしょう。

私がハローワークの活用を勧めている真の理由はここにあります。

もちろんハローワークだけで採用に関する企業の悩みがすべて解決することはありませんが、このサイクルを繰り返すことで、自社の採用力を確実に押し上げることができ、他の求人媒体や専門家を利用する際にも大いに役立つことでしょう。

本書が世に出ることにより、企業はハローワークを通じて費用をかけることなく自社が求める人材を採用でき、求職者はハローワークで自分に合った魅力ある企業を見つけ、豊かな社会生活、家庭生活、人生を送ることができるようになること。これにより、企業と求職者との架け橋となり、良い出会いや新たな可能性を切り開く一助となることを期待しております。

最後に、本書のご担当をしていただいた日本実業出版社の佐藤美玲様、その佐藤様とおつなぎいただいた特定社会保険労務士の下田直人様、執筆協力をしてくれた事務所の梅村聡さん、若井夏実さん、渡邊公珠さん、繁原ゆかりさん、そしてハローワーク採用というニッチな分野にもかかわらずご関心を持ち、本書を手に取ってくださる読者の皆さまのおかげで出版に至ることができました。

本書に関わってくださったすべての方々に感謝を申し上げます。ありがとうございました。

五十川 将史（いかがわ　まさし）
ウエルズ社会保険労務士事務所代表。1977年、岐阜県生まれ。明治大学卒。大手食品スーパー店長、民間企業の人事担当者、ハローワーク勤務を経て、社会保険労務士の資格を取得し、独立。ハローワークを活用した採用支援を専門としている。商工会議所・商工会、労働局、社会保険労務士会などでの講演実績も多数あり、受講者は10,000名を超える。著書に『ハローワーク採用の絶対法則』『人が集まる！　求人票実例集 160職種：そのまま使える文例と解説』（以上、誠文堂新光社）がある。

「求人票」で欲しい人材を引き寄せる

中小企業のための「ハローワーク採用」完全マニュアル

2024年 2 月10日　初 版 発 行
2024年10月10日　第 2 刷発行

著　者　五十川 将史 ©M.Ikagawa 2024
発行者　杉本淳一

発行所　株式会社　日本実業出版社　東京都新宿区市谷本村町3－29 〒162-0845
　　　　編集部　☎03-3268-5651
　　　　営業部　☎03-3268-5161　振　替　00170-1-25349
　　　　　　　　　　　　　　　　　https://www.njg.co.jp/

印 刷／木元省美堂　製 本／若林製本

ISBN 978-4-534-06070-9　Printed in JAPAN

日本実業出版社の本

下記の価格は消費税（10%）を含む金額です。

新標準の就業規則
多様化に対応した〈戦略的〉社内ルールのつくり方

戦略的な就業規則により1,000社超の経営問題を解決してきた「就業規則の神さま」として知られる社労士が、昨今の労働環境や多様な働き方を踏まえたうえで、自社の理念を落とし込んだ「新標準の社内ルール」のつくり方を解説する、就業規則本の決定版。

下田直人
定価 2750円（税込）

新標準の人事評価
人が育って定着する〈二軸〉評価制度の考え方・つくり方

「有能な社員を採用できないし、定着しない」「長くいる社員が自動的に高給をもらう状況になっている」「社員を育成できる人材が不足している」「経営理念が浸透しない」……、課題だらけの中小企業に適した「人財育成」ができる人事評価制度の導入法を解説。

安中 繁
定価 2420円（税込）

新版 総務担当者のための産休・育休の実務がわかる本

手続きに戸惑う担当者をバックアップする産休・育休の定番解説書が、2022年度から段階的に施行される育児・介護休業法の改正内容も盛り込んで新版化。産休・育休を「取得する従業員」と「取得させる企業」、それぞれに役立つ実務ポイントがすべてわかる！

宮武貴美
定価 2420円（税込）

総務担当者のための介護休業の実務がわかる本

定年延長、雇用確保などにより、今後、企業が必ず直面することになる、従業員の「親や配偶者、子どもの介護×仕事」の両立支援について、総務担当者が知っておきたい実務を解説する本。従業員向けと管理職向けの著者オリジナル手引きダウンロードサービス付。

宮武貴美
定価 2420円（税込）

定価変更の場合はご了承ください。